中共黑龙江省委党校（黑龙江省行政学院）学术著作出版资助项目

（DXCB2021005）

Parallel Approval
to
Promote Cooperation among
Government Departments

并联审批
促进政府部门间合作研究

——基于目标和行动的维度

于丽春 著

人民出版社

前　言

在组织活动中，通过合作能够提升组织的效率和服务质量，而合作缺失则会带来服务质效的下降。政府组织亦如此，即政府部门间合作与否会对其服务质量和效率产生重要影响。从全球的角度来看，公共机构也面临着在纵向的组织结构中构建横向工作流程的挑战，而协调合作是解决这一问题的关键。在中国现代化的过程中，社会的转型、经济的发展、公共服务需求的提升、信息化的推进等，使政府部门间合作成为发展的内在要求。在具体的实战中，我国政府逐步加强对政府部门间合作问题的关注，并通过"大部制"改革、跨部门协调机制等方式促进政府部门间合作，但仍存在着不足之处。"大部制"改革促进了政府部门间关系调整，但没有形成顺畅的政府部门间合作关系；建立协调机制对高效推动特定跨部门事项发挥了积极作用，同时也推动了政府部门间合作，但容易带来机构林立，政府部门间合作的长效性、内生性不足等问题。

促进政府部门间合作的方式，可以划分为组织机构调整和运行机制优化两个层面。组织机构的调整，强调以流程为中心建立扁平化的网络型组织结构，以打破纵向的层级节制和横向的职能分割，从而提高政府的效率与效能。运行机制的优化，是以现有的组织框架和各部门职能边界为基础，提供整体性的"一站式"服务。并联审批是伴随着行政审批制度改革而产生、发展的一种促进审批效率提升的运行方式，外在形式上，其是探索政府部门间合作的一个微观切口，内在本质上，其通过流程优化促进政府部门间合作，避免了组织机构变动和新的机构设置，有助于形成长效性、内生性的合作机制，是探索政府部门间合作的一个必要切口。而作为一种创新性运行机制的并联审批，本书的研究表明，其具有促进政府部门间合作的重要作用。

总的来说，在科层制背景下，政府部门间合作历来是一个难题，而合作又是治理时代政府部门间关系的变革方向。本书关注的核心问题是如何促进政府部门间合作，并结合中国现代化过程，从并联审批制度入手，基于目标和行动两个维度分析其促进政府部门间合作的优势与效果，进而系统地论证了政府部门间合作困境的生成逻辑包括生成机理和深层诱因两个层面，而并联审批面对合作困境生成逻辑的不同层面，其有效性与有限性并存。概言之，基于目标和行动的维度，并联审批促进了政府部门间合作，但由于分化的组织结构，其促进政府部门间合作也呈现出了有效性和有限性共存的结果。而本书的意义不仅体现在基于目标和行动的维度构建的分析框架具有延展性，为推进现代国家治理体系提供启发，还体现在从运行机制层面探讨如何促进政府部门间合作的问题，为提升政府的整体性治理效能提供参考。

目 录

第一章　探究政府部门间合作的新视角

政府部门间合作是提高公共服务效率和水平的重要途径。党的十八大以来，党和国家机构改革不断深化，政府治理体系不断健全，党的十九届四中全会再次强调推进国家治理体系和治理能力现代化，对提高政府治理效能提出更高要求。

一、政府部门间合作的现实需求与困境

（一）政府部门间合作：中国现代化过程的现实需求

新中国成立初期，在苏联计划经济传统的影响下，我国建立了许多具体的专业化行业管理部门①，这有利于推动具体领域的工作，却增加了部门间合作的难度。但在当时的社会环境下，政府部门所面临的事项复杂程度低、确定性强，只要各司其职即可完成法定职责，政府部门间合作问题并不突出。改革开

---

① 参见景跃进等：《当代中国政府与政治》，中国人民大学出版社2016年版，第117页。

放以来，伴随着中国现代化进程的推进，复杂、多元的公共治理问题层出不穷，且往往超出单一部门的能力范围，挑战着"各司其职"式的传统行政模式，主要体现在政治、经济、社会、技术四个方面。

第一，社会转型带来的复杂性和不确定性问题，要求通过政府部门间合作提升治理能力。改革开放以来，中国进入社会转型期，使原有的社会基本结构、社会利益格局发生明显的变化。转型期的中国经历着农业社会向工业社会、工业社会向后工业社会的双重转型，传统性、现代性、后现代性相互重叠。全球化的推进，又给转型社会带来了更多的风险和不确定性因素。在此背景下，需要政府以更大的力量去应对来自经济、社会方面的压力，如经济危机、流行性疾病、群体性事件等，对这类危机事件的处理属于跨越职能边界的公共服务，往往使传统的按职能分割的政府组织形式"力不从心"，与社会的急速变化相比，政府的治理能力则显得较为薄弱和滞后[1]。在此背景下，合作是有效政府治理的必然选择，而政府部门间合作，是"政府合作性治理的基础性要求"和"构建有效能政府的第一原则"[2]。

第二，发展经济的压力，要求通过政府部门间合作提高办事效率。改革开放以来，我国经济长期高速增长，即使在 2020 年面临国内外压力特别是新冠肺炎疫情的冲击下，我国 GDP 总量约 101.6 万亿元人民币[3]。虽然我国 GDP 总量排名位居世界前列，但人均水平依然偏低，经济下行压力增大。李克强强调："行政审批制度改革是转变政府职能的突破口，是释放改革红利、打造中国经济升级版的重要一招"[4]。但实践中，仍然存在政府部

---

① 参见燕继荣等：《中国治理——东方大国的复兴之道》，中国人民大学出版社 2017 年版，第 103 页。

② 余亚梅、唐贤兴：《政府部门间合作与中国公共管理的变革——对"运动式治理"的再解释》，《江西社会科学》2012 年第 9 期。

③ 参见《中华人民共和国 2020 年国民经济和社会发展统计公报》，国家统计局网站，2021 年 2 月 28 日，http://www.stats.gov.cn/tjsj/zxfb/202102/t20210227_1814154.html。

④ 魏礼群主编：《中国行政体制改革报告（2014—2015）No.4——行政审批制度改革与地方治理创新》，社会科学文献出版社 2015 年版，第 2 页。

门间"分割式""串联式"审批等问题，导致审批效率低下。"强大的国家（包括有效的政府）和繁荣的市场是经济增长的两大助推器，也是改革开放后中国经济治理的两个主要维度"①，有效的政府一定是高效的政府，这在客观上要求加强政府部门间合作以提升审批效率，为企业营造良好的营商环境。

第三，社会方面公共服务需求的不断提升，要求通过政府部门间合作满足公众需求。党的十九大报告中明确指出，现阶段我国社会的主要矛盾是人民日益增长的美好生活需要和不平衡、不充分的发展之间的矛盾。人民日益增长的美好生活需要包含对便捷高效公共服务的需求，而传统的公共服务模式以政府为本位，政府部门的职能结构、公共服务的流程等均按照政府要求进行设计。公众在办理跨部门事项时，需依次前往不同部门进行办理，自行了解办事流程及各部门办理该事项的要件。公共服务是现代政府最基本的职能②，不断满足公众需求是其行动的基本准则，面对公众日益增长的服务需求，需要政府部门在原有职能分工的前提下相互协调、配合，通过合作的方式逐步实现无缝隙管理和"一站式"服务。

第四，技术方面，信息化的推进，要求通过政府部门间合作打破传统的"碎片化"运行模式。20世纪90年代以来，网络信息技术飞速发展，给全世界带来广泛而深刻的影响，政府信息化建设应运而生。我国的现代化过程包括政府信息化建设，目标是打造"一线式的办理和不受时间空间限制的在线服务"③。而传统的各政府部门间分割的、"碎片化"的运行模式，往往带来"数据烟囱""信息壁垒"等问题，阻碍信息化建设。客观上需要各部门之间在合作的基础上，打破政府部门间的"碎片化"以及信息流动的限制，进行交互式办公，实现互通互联。

---

① 燕继荣等：《中国治理——东方大国的复兴之道》，中国人民大学出版社2017年版，第78页。
② 姜晓萍主编：《建设服务型政府与完善地方公共服务体系》，中央编译出版社2015年版，序言第1页。
③ 汪玉凯：《中国政府信息化与电子政务》，《新视野》2002年第2期。

（二）促进政府部门间合作的主要方式及其不足

我国政府已加强对政府部门间合作问题的关注，并通过"大部制"改革、跨部门协调机制等方式促进政府部门间合作，但其仍存在着不足之处。

第一，"大部制"改革及其限度。改革开放以来，我国逐步构建起社会主义市场经济体制，在此过程中，作为上层建筑的政府机构不断进行适应性调整，集中体现在八次行政体制改革之中。虽然其首要目标并非政府部门间关系调整，但"政府部门间关系的调整内嵌于整个行政体制改革进程之中"[1]。在总结前五次行政体制改革基础上，党的十七大报告提出"加大机构整合力度，探索实行职能有机统一的大部门体制，健全部门间协调配合机制"[2]。"大部制"改革注重政府部门间协调性建设，通过对职能相近部门的合并，以及政府部门间职能、权力运行机制的重组，打破部门间的传统界限，促进跨部门问题的解决。但是，改革后形成的大部门之间仍然存在部门间边界、职责分工等。即"大部制"改革虽促进了政府部门间关系调整，但没有形成顺畅的政府部门间合作，需"发展新的协调合作方式，建立政府跨部门合作机制"[3]。

第二，跨部门协调机制及其问题。面对"各个部门在共同完成政府基本责任上缺乏制度化的协调机制，部门利益严重，相互推卸责任"[4]的问题，除"大部制"之外，跨部门协调机制是促进政府部门间合作的一个重要方面，其主要包括领导小组协调、议事协调机构、部际联席会议等。

"中国共产党有效运用领导小组制度来提高决策制定能力、执行能力和统筹协调能力"[5]，在国家治理体系中，从中央到地方党委中普遍存在领导小组，发

---

[1] 张翔：《中国政府部门间协调机制研究》，南开大学博士学位论文，2013年，第89页。

[2] 胡锦涛：《高举中国特色社会主义伟大旗帜　为夺取全面建设小康社会新胜利而奋斗——在中国共产党第十七次全国代表大会上的报告（2007年10月15日）》，《人民日报》2007年10月25日。

[3] 孙迎春：《国外政府跨部门合作机制的探索与研究》，《中国行政管理》2010年第7期。

[4] 杨雪东：《国家治理的逻辑》，社会科学文献出版社2017年版，第190页。

[5] 燕继荣等：《中国治理——东方大国的复兴之道》，中国人民大学出版社2017年版，第32页。

挥着对跨领域、跨部门重大事项的领导与协调功能,如2001年成立的国务院行政审批制度改革工作领导小组①。议事协调机构是在既定科层组织框架下,为了完成某项特殊性或临时性任务而设立的跨部门协调机构,从中央到地方各级政府都大量存在。其通过高效配置政府部门间行政资源,在处理短期的、迫切的跨部门、跨区域公共问题时效果较好。部际联席会议也是为解决涉及多部门职责的特定事项而设立,如2008年国务院批准建立行政审批制度改革工作部际联席会议制度②,旨在加强政府部门间沟通、协调,推进行政审批制度改革工作。

建立协调机制对高效推动特定跨部门事项发挥了积极作用,同时推动了政府部门间合作,但容易带来一些问题。首先,政府治理过程中涉及跨部门的特定事项繁多,导致以解决特定事项为目的的协调机构林立;其次,协调机构的长效性不足,当特定任务完成即对其撤销,促进政府部门间合作的机制也随之消失;最后,在实际管理过程中,协调机制"发挥作用的原因是上级主要领导的主导和参与,并非议事协调机构本身的功能和作用"③,政府部门间合作缺乏内生性。

---

① 2001年成立的国务院行政审批制度改革工作领导小组,是中央层面负责行政审批制度改革的组织,时任国务院副总理李岚清为组长,包括当时的监察部、国务院法制办公室等11个部门。该领导小组的牵头部门为监察部,但2013年行政审批制度改革的牵头部门为中央编办,反映了中央政府的组织建设思路。在具体实践中,改革工作领导小组对准备取消和调整的审批项目逐项同各部委协商,如就涉及多个部门联合审批的112个项目的处理征求相关部门的意见,对措施不力、进展迟缓的部门发出督办函,对个别问题较多的部门则派出督查组现场督办。参见吴爱明、刘文杰:《政府改革——中国行政改革模式与经验》,新华出版社2010年版,第112页。

② 2008年成立的行政审批制度改革工作部际联席会议,由当时的监察部、中央编办等12个部门组成,发布了《行政审批制度改革工作部际联席会议工作规则》《关于深入推进行政审批制度改革意见的通知》等。该联席会议会定期开会讨论有关行政审批制度改革的计划,对审批项目的设置依据、实施主体、收费等基本情况进行了解,摸清各部门的审批项目底数,为进一步取消、下放审批项目做基础。在推进过程中,联席会议会在多个部门之间进行组织协调、沟通协商,确保改革顺利进行。其有效促进各层级政府的行政审批制度改革,包括集中行政审批权、取消或调整审批事项、涉及多部门的审批流程优化等。

③ 赖先进:《论政府跨部门协同治理》,北京大学出版社2015年版,第6页。

综上，政府部门间合作成为一种必然趋势，但以往促进合作的方式却存在局限性。如何系统认识政府部门间合作的困境和生成逻辑？如何促进政府部门间长效性、内生性的合作？这构成了研究政府部门间合作的一个现实出发点。与此同时，回顾政府部门间合作的相关研究是探索促进政府部门间合作方式的前提。

二、政府部门间合作状况的现有研究

政府部门间合作是政府体系内部的重要互动方式之一，追根溯源，政府部门间合作源于传统官僚体制中部门分工体系的建立，其满足了工业社会对政府效率的要求，但也因分工过细而导致"政府失败"。在后工业社会的影响下，为满足民众需求，以"政府再造"为主要内容的新公共管理运动，提高了行政效率和服务质量，但其强调的市场机制和分权化也带来了"碎片化"的政府结构，无法有效应对跨部门的公共事务。伴随着全球化、信息化、公民社会以及治理理论的发展，政府部门间合作成为政府治理的新趋势。在此背景下，国内外都对政府部门间合作展开了丰富的研究。

（一）国外关于政府部门间合作研究

政府部门间合作研究，是国外公共行政学领域关注的重点问题之一，相关研究开始较早，主要集中在促进政府部门间合作方式的探索，如强调目标一致的机构联合的协同政府、打造一体化的执行机构的整体政府、基于信息技术的集中效应的电子政府，注重理论与实践的结合是其突出特点。但是，国外相关研究中的政府部门间合作是在重新审视传统官僚体制和新公共管理的"碎片化"问题的基础上，基于系统化的结构功能视角，倡导以合作的方式来应对日益复杂的挑战，其不同于我国基于现代化过程的内在需要而推进的政府部门间合作，因而需要在注意差别的基础上进行选择性借鉴。

1. 强调目标一致的机构联合——协同政府

（1）协同政府的概念

英国布莱尔政府时期，出现犯罪率、贫困率上升等问题，这些问题无法清晰的划入某一个具体的政府部门加以解决，具有明显的跨部门性质，从而促使各部门间的联合行动成为必然趋势。在此背景下，政府部门间处理社会问题时合作的理念得到提倡，"协同政府"随之被提出。Pollitt 认为，"协同政府"（Joined-up government）与"网络""伙伴关系"一起成为日益兴起的"横向"管理和组织方式中的一个主题，认为"协同政府是指基于横向和纵向协同的思想和行动以实现预期目标的政府改革模式"[①]。Perri 6 将协同政府定义为"组织安排中的计划、政策或机构之间的前后一致性，这可能会保证它们相互协作"[②]。Tom Ling 认为，"协同政府是一个总括性的概念，它描述了为追求治理的目标使正式的分割的组织之间协调一致的各种方式"[③]。

（2）协同政府的发展策略

第一，强调共同目标是协同政府的显著特点。20 世纪 90 年代中期以来，公共服务呈现"碎片化"特征，且学界对"碎片化"阻碍了公共政策重要目标的观点日益显著，协同政府是对这一观点的一系列回应。[④]其基本观点是，"碎片化"的组织结构带来的分散化活动阻碍了公共政策目标的实现，所以协同政

---

① Pollitt, C., "Joined-up Government: A Survey", *Political Studies Review,* 2003, 1 (1), pp.34-49.

② Perri, 6., "Joined-Up Government in the Western World in Comparative Perspective: A Preliminary Literature Review and Exploration", *Journal of Public Administration Research and Theory,* 2004, 14 (1), pp.103-138.

③ Ling, T., "Delivering Joined-up Government in the UK: Dimensions，Issues and Problems", *Public Administration,* 2002, 80 (4), pp.615-642.

④ Cf.Ling, T., "Delivering Joined-up Government in the UK: Dimensions，Issues and Problems", *Public Administration,* 2002, 80 (4), pp.615-642.

府的目的不是移除组织之间的边界，而是力求正式的分割性的组织活动与公共政策的核心目标保持一致，即所有政府部门都尝试着在目标一致的前提下"联合起来"。Perri 6 等人提出了以"目标"和"手段"两个维度构成的分析框架，每个维度的一端是"增强"，另一端是"冲突"，将其两两组合得到五种政府管理形态，如图 1—1 所示。

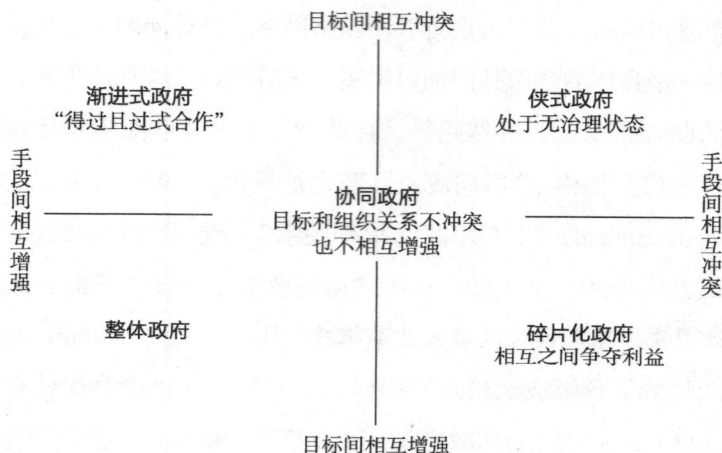

图 1—1 基于目标与手段维度的政府管理形态

如图 1—1 所示，无论是协同政府还是整体政府，都是建立在以往政府职能的分工和专业化基础上，强调通过政府部门间目标和手段的相互增强抑或避免冲突来应对"碎片化"。目标和手段的一致性程度是二者之间的主要区别，协同政府要求部门间的目标和手段不冲突，而整体政府管理形态下，部门间的目标和手段不但不冲突还要相互增强，所以整体政府管理形态很难达到，但英国许多地区以及预算改革中的一些举措表明，为了达到整体政府其正在进行重要尝试。在实践中，协同政府通过围绕特定的政策目标等方式，突出政府部门间的共同目标，进而消除部门间的职能重叠和冲突部分，加强不同部门之间的合作。

第二，更加注重政府部门间的合作。在合作的范围方面，协同政府更强调政府内部各部门间的合作，Tom Ling 从四个维度概括了协同政府合作的范围，如图 1—2 所示。

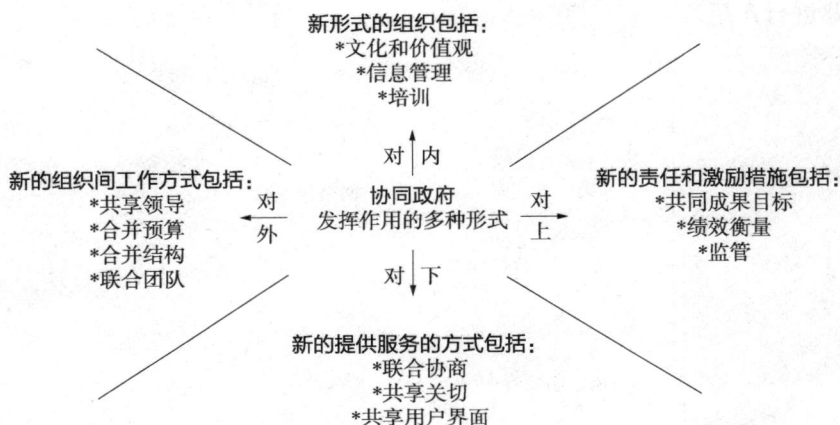

图 1—2 协同政府的合作维度 ①

如图 1—2 所示，Tom Ling 认为协同政府的合作涉及对内、对外、对下和对上四个维度，从而形成新的组织形式，包括新形式的组织、新的组织间工作方式、新的提供服务的方式、新的责任和激励措施。总体来看，四个维度上形成的合作，是以政府内部组织的合作为核心的，如"对外"与组织之间的活动相关，包括共享领导、合并预算、合并结构、联合团队，从而形成促进组织间合作的新工作方式；"对下"则强调政府部门如何通过合作向用户提供新的服务方式，包括与用户的联合协商、发展共同的用户关切、为用户提供"一站式"服务等。

而且，Goldsmith 和 Eggers 在有关公私部门合作关系的分析中，以"公私合作程度"和"网络管理能力"两个维度构建分析框架，每个维度的一端是"高"，另一端是"低"，两两组合得到四种政府管理形态，如图 1—3 所示。

如图 1—3 所示，协同政府的特点是具有较高的网络管理能力，能有效实现跨界合作，但其公私合作程度较低，仅限于政府不同部门之间的合作。在此

---

① Cf.Ling, T., "Delivering Joined-up Government in the UK: Dimensions，Issues and Problems", *Public Administration*, 2002, 80（4）, pp.615-642.

框架中，网络化政府是一种理想的政府管理形态，后文有关电子政府的分析中将对此进行介绍。

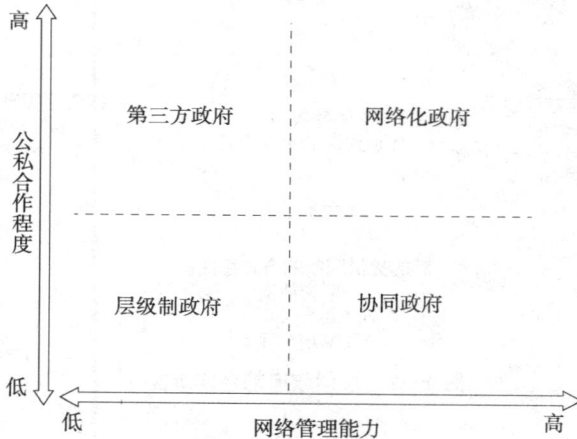

图 1—3　基于公私合作程度与网络管理能力维度的政府管理形态 ①

　　总的来说，协同政府是布莱尔政府改革的目标框架，目的在于整合相互隔阂的不同政府组织，以实现政府整体的共同目标。在具体运行过程中，其就某一个特定的问题打破组织壁垒，将不同的部门资源整合起来，实现跨部门合作，进而改变了层级制中的条状壁垒。加之对新兴网络技术的积极应用，使各机构之间能够更好地分享信息、协同合作，向服务对象提供一次性的、一站式的便捷服务。但协同政府也面临一些问题，如分工不明确、职责交叉以及部门利益冲突等，导致其应对"碎片化"的效果有限。随着改革的不断深入，协同政府逐渐发展为针对碎片化、部门化的"整体政府"改革，更加强调通过协作与整合来保证政府作为一个整体进行行动，整体政府逐步发展成行政改革的潮流。

① Cf.Stephen Goldsmith, William D.Eggers, *Governing by Network: The New Shape of the Public Sector*, Washington: Brookings Institution Press, 2004, p.20.

2. 打造一体化的执行机构——整体性政府

（1）整体性政府的概念

20世纪90年代整体性政府成为一种新型的理论[①]，逐渐被英国、美国、加拿大等国家接受并付诸实践，成为各国进行管理模式再造的一个重要参考。Perri 6 基于目标和手段维度（见图1—1），通过区分其在冲突和强化两种条件下的表现，在对协调与整合分别定义的基础上，将整体性政府定义为一项要求更高的业务，它需要从"清晰的、相互强化的一系列目标开始，并且以结果为导向，然后再从中找出一系列的相互之间具有相同关系的工具来达到这些结果"[②]。Pollitt 在总结关于整体政府的含义和目标的基础上，提出了一个临时性定义："整体政府"是指从横向和纵向上能实现思想和行动的协调，通过这种协调能获得很多的益处。[③] 第一，它能消除不同政策相互排斥的情况；第二，匮乏资源可以得到更好利用；第三，在特定的政策环境或网络中，使不同的利益相关者相互协同；第四，促使向市民提供无缝隙的而不是碎片化的服务成为可能。综上，整体性政府总体上包含政府组织结构维度的协调与整合，以及围绕如何有效提供公共服务而进行的运行机制重塑。

　　Perri 6 的第三本相关著作[④]，更加全面地分析了政府进行协调的理论及规划等，同时将整体性政府改为整体性治理。从上文整体性政府的概念论述中可

[①] Cf.Christensen, T., Lægreid, P., "The Whole-of-Government Approach to Public Sector Reform", *Public Administration Review*, 2007, 67（6），pp.1059-1066. 参见［挪威］Tom Christensen，Per Lægreid：《后新公共管理改革——作为一种新趋势的整体政府》，张丽娜、袁何俊译，《中国行政管理》2006 年第 9 期。

[②] Perri, 6., "Joined-Up Government in the Western World in Comparative Perspective: A Preliminary Literature Review and Exploration", *Journal of Public Administration Research and Theory*, 2004, 14（1），pp.103-138.

[③] Cf.Pollitt, C., "Joined-up Government: A Survey", *Political Studies Review*, 2003, 1（1），pp.34-49.

[④] Perri 6 等学者们撰写的 *Towards Holistic Governance: The New Reform Agenda*（2002）相对于前两本 *Governing in the round: strategies for holistic government*（1999）、*Holistic government*（1997），对整体性政府进行了更为深入的分析。

知，整体性政府倡导多个部门的联合行动以解决社会问题，通过从组织结构到服务方式层面对职能相近的不同部门进行整体性整合，进而实现"整体性治理"。

（2）整体性政府的发展策略

第一，重视整体性的设置目标。整体政府强调整合与协作，认为以往政府管理过程中出现的问题源于官僚制组织模式强调分工和专业化而形成的分割式管理，以及新公共管理改革中产生的碎片化格局。分割式的设置使组织间相互隔离，"碎片化"进一步加深了这种困境，使组织间的资源无法进行有效整合，进而对公众需求的反应速度、效率下降。Perri 6 结合相关文献对其表现进行了总结，包括：为了各自的利益将问题和成本转嫁给其他机构来承担、程序的冲突导致部门之间相互拆台、职能重叠使对公民提供服务时产生浪费和困难、部门之间的目标不一致进而导致部门之间相互冲突等。① 分割式和碎片化不仅使政府机构林立，行政流程破碎，而且导致部门中心主义，并且为了维护本部门的利益，在政策的执行中各自为政，注重局部环节而侵蚀了政府的整体目标和效率，降低了服务的高效性和便捷度。而整体政府与"部门主义""碎片化"相对立，围绕整体性的目标设置，改变业务分割带来的部门间相互隔离，从而缩短业务周期、简化程序，提升公共服务的回应性。在运行过程中，"公共服务协议"是整合目标的重要工具，以抵制受部门利益影响的部门优先目标，主要表现为在协商的基础上，使各部门的优先目标与政府的整体目标一致，目标上形成合力，促进跨部门合作。②

第二，强调政府内部部门间的整合。在 Perri 6 通过目标和手段两个维度建立的分析框架中（见图 1—1），整体性政府的目标、手段之间相互增强，从而形成整体性的运行方式。整合是达到相互增强的有效手段之一，体现在整体性治理的理念和具体操作过程中，整体性治理倡导通过整合进行整体性运作，

---

① Cf.Perri 6, Diana Leat, Kimberly Seltzer, Gerry Stoker, *Towards Holistic Governance: The New Reform Agenda,* New York: Palgrave, 2002, pp.37-38.

② 参见［挪威］Tom Christensen，Per Lægreid：《后新公共管理改革——作为一种新趋势的整体政府》，张丽娜、袁何俊译，《中国行政管理》2006 年第 9 期。

包括组织整合、信息整合、预算整合、公共服务提供途径等多个方面。依据整体性治理的理念，实践中的整体性政府强调各部门间的整合，并且，在电子信息技术飞速发展的背景下，整体政府在技术上具有越来越大的可行性。但是，政府的整合涉及的面向是多元而复杂的，就政府组织方面的整合来看，要实现整体性治理包含三个维度，如图1—4所示。

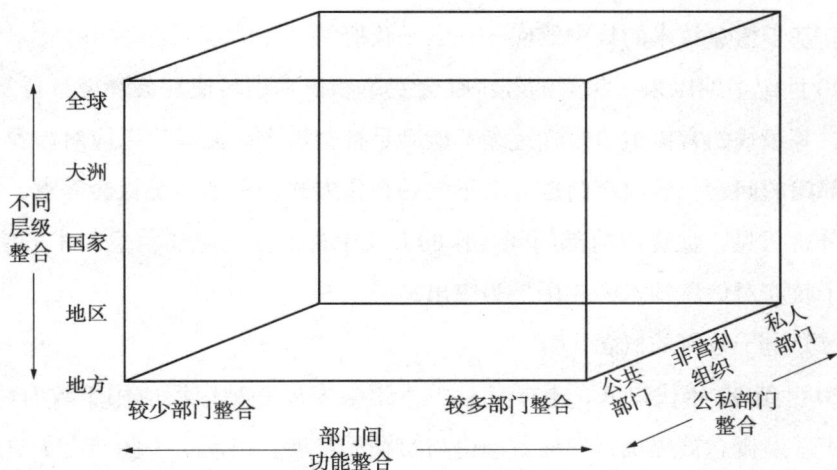

图1—4 整体性治理整合的维度 [①]

如图1—4所示，整体性治理不仅要克服内部以职能为依据的部门分割、以等级为依据的层级分割，还涉及外部即政府与市场、社会之间关系的调整，形成整合型、协调性的治理网络，并提高政府的公共服务能力及民众和企业的满意度。但无论是政府内部层级、部门间，还是政府与非政府部门的整合，政府在整合参与主体、确保公共服务供给的同时，还要发挥管理和监控的作用，是核心主体。所以，加强政府内部不同职能部门间的整合是必要的，有助于更好地发挥政府作用。同时，整体政府也关注政府部门的整体性运作机制，具体

---

① Cf.Perri 6, Diana Leat, Kimberly Seltzer, Gerry Stoker, *Towards Holistic Governance: The New Reform Agenda*, New York: Palgrave, 2002, p.29.

表现为对"一窗式"服务模式的倡导。传统的分部门化行政将一个完整的事件流程分割到若干个部门，民众需要往返于不同部门之间提交申请及相关材料。整体性政府以民众需求为基础进行政务流程再造，不仅需要政府各个部门的单独努力，更需要各部门间相互协同的努力，因此政府的整合型运作成为必要条件。

3. 基于信息技术的集中效应——电子政府

20世纪中期以来，深刻的经济社会变革和技术进步使社会环境日益复杂、多元，等级式的官僚组织模式逐渐不能满足社会需求，尤其难以应对涉及多个政府部门的问题。政府部门也寻求不同的合作方式来不断满足社会需求，依据前文分析可见，促进政府部门间合作的方式中都涉及对电子信息技术的应用，而电子政府对信息技术的应用最为突出。

（1）电子政府的概念

20世纪90年代以来，电子信息技术迅猛发展并被广泛应用于政府领域，自电子政府概念被提出，伴随着理论与实践的发展，出现了一些与电子政府相关的派生概念，如虚拟政府、信息政府、移动政府、智慧政府等，其并无本质差别，只是体现了电子政府的不同发展阶段，本研究以电子政府为主线进行论述。电子政府（E-government）指"通过互联网或其他数字化手段，在网上传递政府信息和服务"[①]的政府形式，即电子政府是将信息技术应用于政府管理过程之中，通过信息化来提升服务效率的一种政府创新形式。与传统的层次性的、线性的和单向的信息传递结构不同，电子政府的传递结构是非层次性的、非线性的和双向的，必然对政府部门间合作产生影响。

（2）电子政府的发展策略

第一，利用现代信息技术促进政府业务流程再造。"数字时代的治理强

---

① West, D.M. "E-Government and the Transformation of Service Delivery and Citizen Attitudes", *Public Administration Review*, 2004, 64（1）, pp.15-27.

调服务的重新整合，整体的、协同的决策方式以及电子行政运作的广泛数据化"①，因此，电子政务是电子政府的首要表现形式。电子政务并不是对政府简单的电子化，而是借助信息技术，通过政府流程再设计和管理，对原有的服务方式进行改造，甚至使公共服务系统发生转变，通过提高效率、加强监管为企业和居民提供更好的服务。政府机构建立在层级制和职能分工的基础之上，"流程设计是就工作流程横向地观察组织"，"目标是通过使一个人与尽可能多的任务联结在一起的'一站式服务'，消除工作流程的不连贯，并使效率最大化"②。将信息技术应用于政府业务流程，相比于以职能为中心的设置，能够实现流程的整合与简化，能够缩短业务所需的时间，此外，也使追踪管理成为可能，强化了相关部门的责任。从电子政务的发展阶段来看，大致经历了简单发布信息的初始阶段、提供部分文件下载的单向使用阶段、政府和用户可以沟通的互动阶段，以及基本完成业务流程和服务方式重构的网上办事阶段，但总的来看，"信息技术应该促进而不是主宰流程改革"③。

　　第二，通过连接促进政府部门间沟通。由于信息技术本身具有易于沟通、传递、连接、整合等特性，将跨越政府部门之间的沟通变得更好、更快、成本更低，使政府的扁平化、整体化运转成为可能。以此为技术支撑，电子政府"实质性地改变了生产、经验、权力与文化过程的操作与结果"④，在一定程度上改变了政府的治理流程和部门间的沟通方式。较为具体的做法是，通过建立

---

① Patrick Dunleavy, Helen Margetts, Simon Bastow, Jane Tinkler, *Digital Era Governance: IT Corporations, the State, and E-Government,* New York: Oxford University Press, 2006, p.7.

② 斯蒂芬·B.彼得森：《层级与网络：非洲公共官僚机构中组织能力建设的战略》，载［美］梅里利·S.格林德尔编：《打造一个好政府——发展中国家公共部门的能力建设》，孟华、李彬译，商务印书馆 2015 年版，第 161 页。

③ 斯蒂芬·B.彼得森：《层级与网络：非洲公共官僚机构中组织能力建设的战略》，载［美］梅里利·S.格林德尔编：《打造一个好政府——发展中国家公共部门的能力建设》，孟华、李彬译，商务印书馆 2015 年版，第 164 页。

④ ［美］曼纽尔·卡斯特：《网络社会的崛起》，夏铸九等译，社会科学文献出版社 2006 年版，第 434 页。

统一的电子门户，允许重要信息的及时传递，每个加入的组织"都必须认同一个信息共享议定书，保证共享除了最敏感信息之外的所有信息"①，并通过统一的入口实现迅速有效的沟通，甚至达到一定阶段以后，会实现数据的实时共享。

第三，提高政府部门间合作能力和服务效率。电子政府广泛应用电子信息技术，沟通的便捷性弱化了组织管理的中间层，组织呈现出扁平化的特点，以问题为导向的任务型组织开始出现。这样的组织更为注重自身的核心业务能力，而通过协调等方式把非核心业务委托给其他组织，以构建一个全新的生产网络体系，网络化治理随之出现。网络化治理"象征着改变公共部门形态的四种有影响的发展趋势，即第三方政府、协同政府、数字化革命和消费者需求的合流"②。前文亦提到，电子政务不仅在于将政府电子化，更是利用现代信息技术对政府形态和运行方式的改造。公共管理的新形态是高水平的公私部门间合作能力和高水平的网络管理能力相结合，并通过信息技术连接到一起的网络化治理，运行方式上"除按照传统的自上而下层级结构建立纵向的权力线以外，政府治理还必须依靠各种合作伙伴建立起横向的行动线"③。基于各种计算机网络，电子政府像一个更为动态的网，它"通过从任务开始，然后进行流程配置，从而对传统政府进行根本性的改变"④。有学者指出，"在很多时候，电子政务仅仅是提高了技术效率而并未导致政府组织结构的变化"⑤，但其"有助于推倒

---

① ［美］斯蒂芬·戈德史密斯、威廉·D.埃格斯：《网络化治理：公共部门的新形态》，孙迎春译，北京大学出版社 2008 年版，第 84 页。

② ［美］曼纽尔·卡斯特：《网络社会的崛起》，夏铸九等译，社会科学文献出版社 2006 年版，第 434 页。

③ ［美］斯蒂芬·戈德史密斯、威廉·D.埃格斯：《网络化治理：公共部门的新形态》，孙迎春译，北京大学出版社 2008 年版，第 7 页。

④ Stephen Goldsmith, William D.Eggers, *Governing by Network: The New Shape of the Public Sector*, Washington: Brookings Institution Press, 2004, p.56.

⑤ Heintze, T., Bretschneider, S., "Information Technology and Restructuring in Public Organizations: Does Adoption of Information Technology Affect Organizational Structures, Communications, and Decision Making?", *Journal of Public Administration Research and Theory*, 2000, 10（4）, pp.801-830.

组织之间的壁垒，赋予政府及其合作伙伴各种工具，以跨越组织界限进行有效的合作"①。可以说，电子政府建设推动了网络化治理的发展，促进了政府部门间的管理变革，修复了新公共管理运动中的"碎片化"，其本质上反映了走向整体性政府的大趋势。而且，虽然信息技术不能代替组织层面的改革，但确是走向整体政府的技术基础。

总体而言，国外相关研究中促进政府部门间合作的方式与我国存在差异，但是通过政府部门间合作，摆脱分割的政府部门结构、对社会作出整体性回应的需求是相通的。对不同类型的促进政府部门间合作方式的概念、发展策略梳理，为我们区分组织机构层面、运行机制层面促进政府部门间合作提供了有益启发。

（二）国内关于政府部门间合作研究

全球化背景下，"区域发展状况和部门配合程度决定了国家的发展水平"②，如何促进政府部门间高效合作是全世界普遍面临的问题，各国的应对策略受到不同发展环境的影响。国内对促进政府部门间合作方式的研究，包含立足于我国基本国情对国外研究成果的吸收、借鉴，如大部门体制改革；也包含依据我国行政体制特殊性而发展出的具体合作方式，如各种议事协调机构。

1. 大部门体制改革相关研究

经济、社会的发展，要求更高的行政效率和公共服务水平，而政府部门之间机构重叠、职责交叉、权责脱节等带来的协调困境阻碍政府效能的提升。理论界通过引入"整体政府"理论，注重以组织机构的改革来理顺政府

---

① 参见［美］斯蒂芬·戈德史密斯、威廉·D.埃格斯：《网络化治理：公共部门的新形态》，孙迎春译，北京大学出版社 2008 年版。

② 蔡英辉、刘文静：《政府间伙伴关系：超越条块和层级的共同治理》，《燕山大学学报》（哲学社会科学版）2013 年第 1 期。

部门间关系，党的十七大以来，我国实行的大部门体制改革体现了整体性政府的思路。作为从组织机构改革层面促进政府部门间合作的方式，相关研究主要围绕大部门体制改革的评价、面临的挑战以及实现路径三个方面展开。

（1）大部门体制改革的评价

大部门体制，也称大部委制、大部门制、大部门有效管理体制，指横向组织的结构调整与优化。"大"主要指扩大政府的行政管理幅度，相应地减少部门数量。经历过机构改革、职能改革，大部门体制改革的重点已不是单纯的精兵简政，而是力求从机构设置的层面出发，加大职能相近部门的整合力度、探索职能部门的有机统一，完善行政运行机制，以解决政府部门间职能交叉、相互推诿等问题。围绕其改革目的，相关学者对其进行了评价。

第一，大部门体制改革是符合时代背景的选择。在市场化、全球化和信息化的背景下，"应急式"改革无法应对挑战，而涉及范围宽、侧重于宏观管理战略以及大政策制定的"大部制"是一个新的思路，有助于理顺政府、社会、市场之间的关系，而且在国外也有丰富的理论和实践经验。[1]有学者基于政府机构改革价值取向的角度，认为相比于历次政府机构改革，"大部制是一种既有利于实现效率价值又有利于实现公平价值的体制，因而是政府机构改革的有益方向"[2]，原因在于其通过对相似部门合并，促进了政府部门间职责交叉、权责脱节等问题的解决，降低了跨部门协调与沟通成本，提高了行政效率，同时，部门数量的减少促进了精简机构和裁减人员。有学者在分析"集体行动理论"和"部门冗余理论"的片面性基础上，总结出公共物品的两个属性，即"成本的供应关联性"和"集体奖励的公共性"，提出"公共物品的集体供给理论"，该理论中阐释了一个理想状态下打造服务性政府的部门设置准则，且"理想状态下的部门设置蓝本基本符合本届政府的大部门体制

---

[1] 参见陈天祥：《大部门制：政府机构改革的新思路》，《学术研究》2008 年第 2 期。

[2] 陈天祥：《政府机构改革的价值逻辑——兼论大部制机构改革》，《中山大学学报》（社会科学版）2012 年第 2 期。

改革的实际措施"①。

第二，大部门体制改革"集中了职能，整合了机构"②，还带来了行政服务效率和效能的提升，以及行政成本的下降。一是效率提高。有学者从组织结构、组织目标、组织问责的角度论述了大部制改革提升了政府部门办事效率。在组织结构方面，大部制按职责将多个部门合并、统一管理，以克服职能交叉等问题，有助于效率提升；在组织目标方面，合并后的大部门利益趋同、目标一致，能从根本上遏制争权夺利等现象，所以运行高效；在组织问责方面，形成的大部门克服了权责交叉体制下的部门责任问题，奠定了高效运行的基础。③二是效能提升。大部制改革着眼于宏观层面的管理，有助于系统性问题的解决，因为它不是职能相近部门间的简单合并，而是涉及内部权力运行机制的建立和部门职能及人员的重组等一系列问题。对职能相似的部门之间的整合，适应了经济发展的需要，也进一步减少了行政审批事项，改变了以往审批中多头管理、效率不高等情况，提升了服务效能。而且，大部制改革可以简化办事程序，"将办公地点、办公部门、办公职能甚至办公时间集中起来"④，改变以往办事人按部门"跑章"的现象，提升了公共服务效能。三是成本降低。大部制改革可以构建政府内部的协调机制，"将在以往多部门下发生的部际矛盾变成部内协调，以减少机构、人员、会议与相关的运转成本"⑤，如"交通运输部的组建初步减少了原各部门之间的外部协调成本，更好地发挥出组合效率"⑥。

第三，大部门体制改革促进了部门间关系的改善。我国的行政体制中存在

① 朱旭峰：《服务型政府与政府机构改革：一个公共物品的集体供给理论》，《中国行政管理》2010年第3期。
② 石亚军、于江：《大部制改革：期待、沉思与展望——基于对五大部委改革的调研》，《中国行政管理》2012年第7期。
③ 参见沈荣华：《国外大部制梳理与借鉴》，《中国行政管理》2012年第8期。
④ 施雪华、孙发锋：《政府"大部制"面面观》，《中国行政管理》2008年第3期。
⑤ 刘伟：《论"大部制"改革与构建协同型政府》，《长白学刊》2008年第4期。
⑥ 石亚军、于江：《大部制改革：期待、沉思与展望——基于对五大部委改革的调研》，《中国行政管理》2012年第7期。

分工过细而导致的部门林立现象，各司其职式的专业化分工管理需要部门间的行政协调，而大部制改革的核心在于，将职能相对接近的部门进行横向合并，设立一个大部门来执行原来几个部门的职能，这"至少可以减少需要协调的部门数量"[①]。同时，"改革还着力强化部门责任，在赋予部门职权的同时，已明确了各部门的200多项责任，力求做到有权必有责、权责对等"[②]，责任的清晰化有助于减少部门之间的摩擦，"有利于解决目前政府部门职能交叉混乱的问题"[③]。而且，无论是中央还是地方层面，"实行大部制可以打破部门壁垒和部门封锁"[④]，将部门资源置于一个大部门之中运行，这将改变行政资源分割的局面，有利于克服部门本位主义。

（2）大部门体制改革面临的问题

大部制改革取得了一定的成效，但相关学者也从推进大部门体制改革中，以及改革后形成的大部门之间、内部等方面对其面临的问题展开分析。

第一，推进大部门体制改革面临的问题。一是横向推进中的权力整合问题。推进大部门体制改革的目的在于合并、重组职能相近的部门，对交叉、重叠的职能部门权力重新"洗牌"，相当于对部门权力"割肉"，"稍有不慎，不是形成权力真空，就是形成新的权力交叉、重叠，还会引起官场'地震'"[⑤]。二是纵向推进中的权力关系问题。从地方政府改革角度来看，"大部制改革是对地方政府的自我革命，这是行政改革的核心"[⑥]，而其面临的主要难点在于省级政府部门改革的决定权在中央，因此缺乏省级政府部门的改革配套。在中央与地方政府权力关系没有理顺的情况下，组织变革会因缺乏地方政府内在推动而导致失灵。

---

① 施雪华、孙发锋：《政府"大部制"面面观》，《中国行政管理》2008年第3期。

② 吴爱明、刘文杰：《政府改革——中国行政改革模式与经验》，新华出版社2010年版，第41页。

③ 王姝怡：《大部制改革：转变政府职能是关键》，《人力资源》2013年第1期。

④ 施雪华、孙发锋：《政府"大部制"面面观》，《中国行政管理》2008年第3期。

⑤ 蔡恩泽：《大部制有四难》，《廉政瞭望》2008年第2期。

⑥ 叶贵仁、冯文辉：《广州市大部制改革中的政府职能转变研究——基于2010年行政年历的视角》，《甘肃行政学院学报》2011年第6期。

　　第二，改革后形成的大部门之间面临的问题。一是部门间边界问题。"部门再大也得有个边界，超越这一边界，职责交叉就是必然的，矛盾和扯皮也不可避免，大部门之间也不例外。"①二是部门间的职责分工问题。无论国内外，部门职责的多层次性普遍存在，即宏观职责、微观职责和具有二者双重性质的职责，为实现宏观和微观职责的合理平衡，部门间的职责分工应该从职能和机构相结合的角度进行探讨，但"大部制"改革仍沿袭以往机构改革的做法，仍是"'横向划分'基础上的'职责板块的水平化移动'"②，在宏观管理层面，没有触及行政部门主导；在微观职责层面，没有进行跨部门重组或适度剥离；在宏观职责和微观职责兼而有之的领域，没有明确的约束和限制"微观管理活动"。

　　第三，改革后形成的大部门内部面临的问题。一是内部协调问题。大部门体制改革能够避免职责交叉等问题，减少部门间协调，但整合成的大部门面临内部协调问题，主要原因在于，一方面"随着部门内组成单位的增多，部门内的协调任务也会增加"③；另一方面，改革削减了部门内部机构数量，这意味着单个机构的管理幅度变宽、权力变大，"如何协调这些权力庞大的机构之间以及各机构与总部门之间的权力平衡将会面临着考验"④。加之以往不同的部门文化等因素，都为大部门内部协调带来挑战。二是内部运行机制问题。大部门体制改革中形成的大部门，需要通过运行机制发挥其职能。权力因素涉及部门利益，是机构调整的核心所在。整合而成的大部门内部包含多个机构，为保证其有效运行，客观上要求对内部的运行机制进行协调。理论上通过流程再造和职能重组可以实现"一体化"运行，但实践中如果未能有效理顺，整合后的大部

---

①　周志忍：《整体政府与跨部门协同——〈公共管理经典与前沿译丛〉首发系列序》，《中国行政管理》2008 年第 9 期。

②　周志忍：《论宏观/微观职责在部门间的合理配置》，《公共行政评论》2011 年第 4 期。

③　施雪华、孙发锋：《政府"大部制"面面观》，《中国行政管理》2008 年第 3 期。

④　施雪华、陈勇：《大部制部门内部协调的意义、困境与途径》，《深圳大学学报》（人文社会科学版）2012 年第 3 期。

门将成为一个"拼盘",如能源部 ① 作为大部制改革的成果之一,至今仍不具备协调、高效的运行机制。但也要客观看待此问题,如英国的大部制改革也并非一蹴而就,也经历了机构的反复分合 ②,而且由相似职能部门整合而成的大部门也不会迅速实现"一体化"运转,而是需要经历磨合期,并随着内部沟通协调机制的逐步建立而不断改善。三是监督和腐败问题。改革通过将职能相近的部门整合而形成新的大部门,类似于把分散在职能相近部门的利益,聚集为一个集中的大部门的部门利益,大部门必然带来权力和资源的集中,这意味着"大部门规模大,权力大,监督控制的难度也大" ③。如果缺乏有效的监督和管理,就可能会滋生腐败 ④。

(3)怎样才会出现真正的大部门体制

改革的"最难之处在于利益博弈" ⑤。对于如何实现大部制,相关学者从不同角度进行了分析。

第一,总体的方向性对策。一是调整政府职能转变与机构设置调整之间的顺序。大部门体制改革与政府职能转变是密切相关的,在二者没有取得突破的情况下,"试图通过大部制改革来完成整个政府改革的任务,可能并不一定能够取得很好的效果" ⑥。在地方政府的大部制改革层面,有学者提出机构设置

---

① 以大部制改革中的能源部的设置为例,"中国能源管理体制涉及石油、煤炭、电力三大领域,管理体制上中央设有国家能源办,但管理的实体是国家发改委内设的能源局,能源局下设的能源处办事人员 10 人左右,却主管着整个中国的能源供应;在管理运行过程中,一方面是高高在上的能源处,另一方面是能源管理多头并举,石油和煤炭的管理比较分散,电力管理除了接受国家电力体制改革领导小组统筹领导,国家电力监管委员会、国家发改委、国资委三大部门都在管理。众多的政府部门进行分管,部门间政策标准不统一,表面上看谁都可以管,实际却是谁也管不好"。参见吴爱明、刘文杰:《政府改革——中国行政改革模式与经验》,新华出版社 2010 年版,第 36 页。

② 周志忍:《大部制溯源:英国改革历程的观察与思考》,《行政论坛》2008 年第 2 期。

③ 沈荣华:《国外大部制梳理与借鉴》,《中国行政管理》2012 年第 8 期。

④ 张爱军:《大部制改革的逻辑困境及化解》,《行政论坛》2013 年第 3 期。

⑤ 《"大部制"改革任重道远 专家、学者评述说》,《交通建设与管理》2008 年第 4 期。

⑥ 李文钊、毛寿龙:《中国政府改革:基本逻辑与发展趋势》,《管理世界》2010 年第 8 期。

调整和政府职能转变的大部门体制改革解释框架，认为 G 省大部制改革的两个核心要素是政府职能转变和机构设置调整，其根本立场应该是政府职能转变，在具体实践中不是简单地将部门机构合并，而是以政府职能为中心"逐步削弱传统过细的政府部门机构设置模式，代之以一种宽而优的大部制模式"，如顺德"通过推进行政审批制度改革，更好地彰显大部制运作效率和能量，将政府部门从烦琐的事务中解脱出来，摆脱疲于奔命的现状"①，即围绕政府职能转变来推动改革进程，再依据改革进程调整机构设置，从而形成行政成本低且整体上共同服务于市场和社会的行政管理体制。二是理顺"形式"与"实质"之间的关系。"大部制改革相对于政府的简政放权来说，前者是形式，后者是实质"②，大部制改革的前期过程中注重政府机构数量的削减，可以看成是"量"的进展，"质"的飞跃成为进一步推进大部制改革的重点。大部制改革的最终目标是通过机构优化实现效能型政府、服务型政府，随着改革推进机构削减数量放缓，针对政府职能转变的简政放权更具有实质性的意义。二者之间是相辅相成的，简政放权通过"权力清单"等具体举措来实现优化政府权力结构的目的，可以使大部门改革的整合方向清晰化，而大部制改革中的机构撤并、职能整合，能够促进政府权力的合理化。

第二，具体的调整性措施。一是权力分离。将大部制运作过程中的决策权、执行权和监督权分离，"使三者相互制约和互相协调，这意味着部门内部运作机制的改变"③。应注重通过决策、执行、监督权力分离的方式重构权力结构和运行机制，主要包括部与部之间区分出行使决策权、行使执行权、行使监督权的部门，部门内部分化出决策、执行和监督的功能机构。④ 二是部门间协

---

① 叶贵仁：《权威体制下的分散式改革模式研究——以广东省大部制改革为例》，《学术研究》2013 年第 3 期。

② 陈科霖：《大部制改革：历史回顾与路径前瞻》，《云南社会科学》2014 年第 3 期。

③ 竺乾威：《大部制改革与权力三分》，《行政论坛》2014 年第 5 期。

④ 参见汪玉凯：《大部制改革：值得注意的 4 个问题》，《理论参考》2008 年第 5 期。

调。立足于社会高度复杂化、职权明晰界定困难化的现实，有学者提出部门协调和大部制改革同等重要，探索有效的"部门间的协调配合机制"是出路所在。①"单纯采用撤并机构的方式处理交叉领域的社会问题，将导致大部门职能过度膨胀和领导协调任务不堪重负，必须发展新的协调合作方式，建立政府跨部门合作机制"②。仅就大部制改革本身而言，"即使在已经具备现代国家要素的大多数国家，现代行政改革的轴心也并非是'大部制'，而是政府体系内不同利益的协同机制和渠道"③，在这一点上中国与这些国家是高度相似的。

2. 跨部门协调机制相关研究

跨部门协调机制是促进政府部门间合作的一个重要方面，在我国的改革实践中广泛存在，如领导小组协调、议事协调机构、部际联席会议等，旨在通过组织或功能协调来促进政府部门间合作。随着政府部门间合作研究的不断深入，学术界对跨部门协调机制也愈加重视，相关研究主要围绕跨部门协调机制的作用、存在的问题及其发展方向展开。

（1）跨部门协调机制的作用

"有效地整合现有的国务院议事协调机构，更好地打破部门之间的壁垒，加强部门间协调，降低交易成本，将是中国行政管理体制改革的重要目标"④。总体而言，跨部门协调机制是政府治理的一种方式，目的是在既定的科层组织框架下完成某项涉及两个及以上部门的任务，在我国的行政管理过程中，从中央到地方各级政府都大量存在。相比较而言，以往研究更多关注大部制改革，没有足够重视部门间协调机制，但"跨部门协同至少同大部制改革一样重要，甚至更为重要"⑤，

---

① 参见周志忍：《大部制：难以承受之重》，《中国报道》2008 年第 3 期。

② 孙迎春：《国外政府跨部门合作机制的探索与研究》，《中国行政管理》2010 年第 7 期。

③ 何艳玲：《"无变革的改革"：中国地方行政改革的限度》，《学海》2016 年第 1 期。

④ 景跃进等：《当代中国政府与政治》，中国人民大学出版社 2016 年版，第 111 页。

⑤ 周志忍：《整体政府与跨部门协同——〈公共管理经典与前沿译丛〉首发系列序》，《中国行政管理》2008 年第 9 期。

因为"部际协调是大部门制改革成功的前提和保障"①。除此之外，部门间协调还是解决"政府结构日益分化，内部效率反而降低"这一"两难"问题的一个重要思路和方法。②并且，这种"横向协调是克服因组织过度分化而导致的管理和服务碎片化困境的重要机制，也是现代政府充分发挥其管理效能的关键"③。

（2）跨部门协调机制存在的问题

跨部门协调机制对跨部门事项的推进发挥了积极作用，推动了政府部门间合作，但因其应用背景和自身的局限，应用中需要面对诸多问题和挑战，相关研究对此进行了关注，并指出跨部门协调机构存在机构膨胀、反复设置、成本上升等问题。第一，为规范权力运行、提高行政效率，数次的机构改革中大都包含精简议事协调机构的内容，有学者对1993年至2008年数据进行统计，指出"反弹比率显著大于撤销比率从另一个侧面也反映了在机构改革中虽然精简力度很大，但是膨胀力度甚至更大的现状"④，致使议事协调机构难逃"膨胀—精简—再膨胀—再精简"怪圈。党的十八大以来的机构改革，把深化行政审批制度改革作为重要抓手，跨部门协调机制在推进行政审批制度改革的统筹推进、流程优化等方面发挥了积极作用，但不断发展的经济社会也对其提出了新的要求。第二，协调机构还存在长效性不足，反复设置的问题。通常情况下，特定任务完成，即对协调机构进行撤销，促进政府部门间合作的机制也随之消失。而且，"在机构设置方面除了具有反弹严重和存续时间普遍较短的特点之外，部分机构还存在反复变动的现象"⑤，这种不稳定性和反复性会影响政府部

---

① 曹丽媛：《建国以来中央政府部际协调的历史演进、基本经验及启示》，《南京社会科学》2013年第3期。

② 参见施雪华：《中央政府内部行政协调的理论和方法》，《政治学研究》1997年第2期。

③ 朱春奎、毛万磊：《议事协调机构、部际联席会议和部门协议：中国政府部门横向协调机制研究》，《行政论坛》2015年第6期。

④ 刘新萍、王海峰、王洋洋：《议事协调机构和临时机构的变迁概况及原因分析——基于1993—2008年间的数据》，《中国行政管理》2010年第9期。

⑤ 王洋洋：《国务院议事协调机构和临时机构存在的问题及原因分析》，《云南行政学院学报》2010年第5期。

门间有效协调。第三，政府治理过程中涉及跨部门的特定事项繁多，导致以解决特定事项为目的的协调机构林立、繁杂，如在 G 省 S 市某区 2017 年的一份通知中，由区长兼任的区直议事协调机构的职务达到43个①，成立的办事机构、办公场所等无形中增加了行政成本②。

此外，相关研究指出，旨在增进部门间协调的协调机制可能走向对立面，"这些领导小组或委员会本为临时机构，在实际中变为常设机构或取代职能部门的情况很多"，加之"部门间协调机制往往演变为谋取部门利益、加强部门自身权威的途径，丧失了部门间协调机制原本的目的"③，加大了协调难度。而且，部门间协调机制存在动力来源问题，因为在实际管理过程中，协调机制"发挥作用的原因是上级主要领导的主导和参与，并非议事协调机构本身的功能和作用"④，也就是说，其凭借组织机构、形式设置等方式高效推进跨部门事项的解决，政府部门间的合作源于这种体制外的压力，而非内生性的。在政府治理方式现代化的背景下，客观上要求探索更多促进政府部门间合作的新方式。

（3）跨部门协调机制的发展方向

周志忍、蒋敏娟提出了一个叙事和诊断框架，在研究中将跨部门协同的模式分为三类，即以权威为依托的等级制纵向协同模式（议事协调机构）、横向协同模式（部际联席会议）、围绕专项任务的条块间协同模式（省部际联席会议），但是"完整的结构安排并没有展现出理想的效果"⑤，文章从技术理性和制度理性两个层面对制约因素进行了分析，"鉴于高层次制度决定着技术理

---

① 参见木须虫：《精简议事协调机构还需更多改革药方》，《人民法治》2019 年第 3 期。

② 参见普永贵：《临时机构的负面功能及消解》，《云南行政学院学报》2004 年第 2 期。

③ 张成福、李昊城、李丹婷：《政府横向协调机制的国际经验与优化策略》，《中国机构改革与管理》2012 年第 5 期。

④ 赖先进：《论政府跨部门协同治理》，北京大学出版社 2015 年版，第 6 页。

⑤ 周志忍、蒋敏娟：《整体政府下的政策协同：理论与发达国家的当代实践》，《国家行政学院学报》2010 年第 6 期。

性的发展限度,因此体制方面的问题更为重要"①,所以,需要通过高层次的制度层面进行系统思考、系统规划来完善跨部门协同。曹丽嫒基于对国内外中央政府部际协调的实践考察,认为结构协调方法和程序协调方法以及包含的众多协同技术"通过加强中央政府内部横向协调和机构整合力度,克服了政府日益加剧的碎片化和空心化趋势,从而更好地应对社会复杂化带来的种种挑战"②。麻宝斌、仇赟认为,在大部门体制成为改革方向的背景下,要加强综合性协调机构和机制建设、完善原有的协调形式、科学界定各类协调机制的适用范围和改善协调效果、推进协调机制的法制化进程。③

总的来看,国内促进政府部门间合作方式的相关研究,主要从大部门体制改革和跨部门协调机制两个方面展开。大部制改革有效应对了权责交叉、政出多门等问题,促进公共服务质效提升,但是形成的大部门也存在部门间边界问题、部门内的权力整合与运行机制问题。跨部门协调机制发挥了协调作用,促进了特定领域、重大事项的推进,但是无法突破"一事一协调"的限制。而面对市场和社会对公共服务需求的提升,探究促进企业和民众关心领域的部门间合作问题显得越来越重要。

三、并联审批——一个新的视角

(一) 文献回顾:并联审批的由来与实践状况

作为行政审批制度改革的重要创新举措,推行并联审批是优化政府服务的

---

① 周志忍、蒋敏娟:《中国政府跨部门协同机制探析——一个叙事与诊断框架》,《公共行政评论》2013 年第 1 期。

② 曹丽嫒:《中央政府部际协调的理论和方法》,《学术论坛》2012 年第 1 期。

③ 参见麻宝斌、仇赟:《大部制前景下中国中央政府部门间行政协调机制研究》,《云南行政学院学报》2009 年第 3 期。

重要手段，与建设服务型政府的方向一致。并联审批的相关研究主要围绕其含义与发展背景、现状与优化对策展开。

1. 并联审批的含义及发展背景研究

（1）并联审批的含义

并联审批是相对于"串联式"审批而言的，其本质属性是将行政部门整合、将办事流程精简、提升效率。[①] 相关研究指出，并联审批即"对需要多个部门联合办理的事项，理清办理程序、划分办理责任、明确牵头全程代理部门，实施跨部门办事全程代理"[②]。也可将并联审批的含义置于具体的审批项目中解读，如在企业注册登记事项中，其指"以工商部门企业注册大厅为依托，以电话传真或计算机联网的方式，组合多部门批证与工商部门核照为一体的审批模式"[③]。总体而言，并联审批形式上是办事人只与牵头部门人员或者综合窗口办事人员接触，但实质是通过职能部门间协调，打破部门间的职能界限，弥补条块分割体制的弊端，并提升政府效能。

（2）并联审批发展的制度和技术动力

行政审批制度改革的持续深化、信息化及电子政务的深入发展为并联审批的发展提供了制度和技术动力，使并联审批发展具备可行性。

第一，行政审批制度改革的持续深化。优化行政权力运行机制是行政体制改革的重要方面，一直以来，政府通过审批管理市场和社会，行政审批制度改革是行政体制改革最显性的部分，是政府探索职能转变的一个重要突破口。自2001年开始，行政审批制度改革大量清理、精简审批事项，党的十八大以前

---

① 参见杜昕星：《政府并联审批制度的应用研究——以江苏省宿迁市为例》，东南大学硕士学位论文，2016年，第8页。

② 佘建国、孟伟：《以跨部门并联审批机制提升政府行政能力》，载《中国行政管理学会2005年年会暨"政府行政能力建设与构建和谐社会"研讨会论文集》，2005年。

③ 章一超、张锡炯：《推行并联审批 构建高效的证照审批体系》，《工商行政管理》2002年第20期。

的行政审批制度改革是一种"减量型改革"。党的十八大以来的行政审批制度改革，是"从行政体制改革整体框架上进行系统推进的战略思考"①，兼顾数量削减的同时，更加注重通过审批流程优化探索服务质效提升。纵观行政审批制度改革历程，体现了从注重数量削减到重视运行机制的转变。

党的十八大以来的行政审批制度改革依然围绕政府与市场、社会之间关系的调整和重塑进行，其强调简政放权、放管结合、优化服务，重点是在转变政府职能的过程中进行审批权力配置。从政府内部来看，通过构建新的权责分配体系，克服"条块分割"的制度障碍，才能提升服务质效，满足市场经济发展的要求、提升群众和企业的满意度。但是行政审批制度改革的组织基础是"条块分割"的行政体制、执行机构是"条块分割"的部门，全面深化行政审批制度改革，需要更多配套措施与创新举措来打破二者之间的矛盾局面。这为"加强了行政审批部门间协作"②的并联审批发展提供了动力支持。而且，为促进行政审批制度改革，《中华人民共和国行政许可法》规定"行政许可依法由地方人民政府两个以上部门分别实施的，本级人民政府可以确定一个部门受理行政许可申请并转告有关部门分别提出意见后统一办理，或者组织有关部门联合办理、集中办理"③，这为推行并联审批提供了法律支持。

第二，信息化及电子政务的深入发展。伴随着行政审批制度改革的深入推进、信息技术的快速发展，电子政务进入交互式的信息发布和公文传输阶段，审批服务的网络化、一体化成为必然趋势。政府提供审批服务的流程模式，除受管理理念和制度因素影响外，也受制于技术水平。④我国的信息化建设形成了一定的硬件、软件基础，"但是政府各部门之间联合审批事项数据始终不能

① 薛澜：《行政审批改革的最大难点》，《人民论坛》2013 年第 25 期。
② 柏培峰：《关于改进和完善并联审批制的思考》，《中国工商管理研究》2003 年第 5 期。
③ 《中华人民共和国行政许可法》，中国政府网，2005 年 6 月 27 日，http://www.gov.cn/flfg/2005-06/27/content_9899.htm。
④ 参见章一超、张锡炯：《推行并联审批 构建高效的证照审批体系》，《工商行政管理》2002 年第 20 期。

共享"[1]，打破数据壁垒、促进政府部门间协同工作成为电子政务发展面临的重要问题。

"并联审批系统是电子政务系统的重要组成部分"[2]，其目的在于促进政府部门间的数据对接和共享，打破传统上各部门依据自身业务需求而建立的分割系统。面向服务的体系架构（SOA）具有重用性、松散耦合性和灵活性的特点，采用 SOA 的系统能够对跨越不同系统的业务流程进行整合，突破硬件平台和操作系统限制而实现数据共享，这可以满足并联审批将关联部门进行对接的要求，其系统架构如图 1—5 所示。

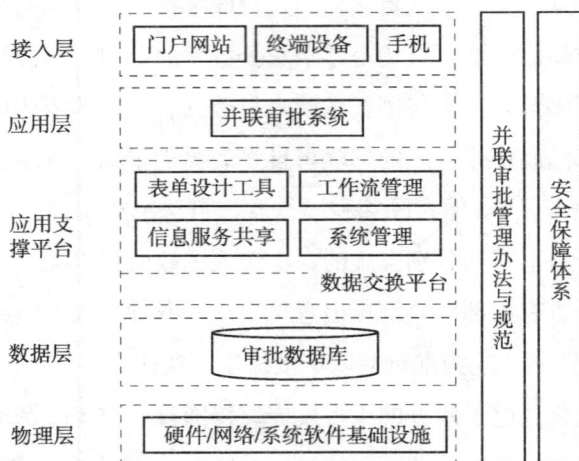

图 1—5　并联审批的系统架构 [3]

如图 1—5 所示，整个系统可以分为五个层次，分别为物理层、数据层、支撑层、应用层和接入层，按照统一的管理办法和业务规范运行。并且，基于文献梳理可知，通过数字政府建设，有助于实现"信息多跑路、百姓少跑腿"的目标，随着"互联网＋政务"的不断深入融合，能够不断扩大职能审批的

---

①　胡庆成、邢春晓、杨吉江、李益民：《基于 PI—演算的网上并联审批业务流程建模及验证》，《计算机应用研究》2007 年第 12 期。

②　高雪梅：《并联审批系统的设计及实现》，《电子技术与软件工程》2014 年第 17 期。

③　参见高雪梅：《并联审批系统的设计及实现》，《电子技术与软件工程》2014 年第 17 期。

广度和深度，通过在线并联审批监管平台，促使"政务服务从原本的'一门进、一站式、一窗办'，升级到'一张网、一秒批、一起管'"①。如全国投资项目在线审批监管平台，能有效应对"数据烟囱""信息孤岛"等问题，"是建立多部门协同、联动审批管理机制的重要的载体"②。可见，信息化及电子政务的深入发展是促进并联审批实践的技术动力。

（3）发展并联审批的现实需求——审批效率低下

2001年以来，行政审批制度改革持续推进，但从整体上来讲仍然存在效率偏低的问题，其原因是多方面的，如分工体制带来的审批业务流程分割、审批过程中前置审批和"串联式"审批等程序设置、审批事项程序复杂导致时限过长等，这些问题成为促进并联审批发展的现实条件。

第一，审批业务流程分割阻碍效率提升。我国的政府部门是依据职能分工进行划分的，相对应地，审批权分割于各职能部门之间，形成了部门分治下的行政审批管理体制。但审批事项的完整流程是整体性的，在碎片化的分割管理形式下，运行过程处于各部门分割的状态，且各部门在其中都有一定的自由裁量权，职责交叉、边界模糊。与此同时，业务分割凸显了"不同审批部门之间存在着信息壁垒、资源不共享问题"③，使信息孤岛现象更为突出。加之"在涉及多个单位审批的事项中没有形成协同审批的工作机制，职能运行协调配合机制不够健全"④，都实质地影响了审批效率提升。

第二，审批程序设置带来的效率低下。审批程序设置带来的效率低下主要体现在前置审批和"串联式"审批两个方面。企业投资项目自2004年投资体

① 杨鹏、陈智霖、陈光忠：《优化营商环境，推进住房城乡建设高质量发展》，《广西城镇建设》2019年第4期。

② 朱春琴：《基于投资项目在线审批监管平台跨部门并联审批的设计与实现》，《中国信息化》2018年第10期。

③ 朱春琴：《基于投资项目在线审批监管平台跨部门并联审批的设计与实现》，《中国信息化》2018年第10期。

④ 滕惠君、蒋灵梅、伍南志等：《完善并联审批机制 提高桂林市政务环境满意度》，《中共桂林市委党校学报》2015年第1期。

制改革以来，核准制和备案制取代了传统审批制，实际执行中的核准制只需要一道程序即可，但其包括的前置条件却涉及法律、行政法规、部门规章等规定的审批事项，核准机关要求前置手续。"前置审批内容多为限制性、达标型审批"①，一般情况下，企业对相关法律和办事要求不够熟悉，需要花费大量的时间去办理，客观上增加了办事难度。相关文献指出，"导致企业审批难的主要原因是前置手续繁杂、效率低下"②，极端情况下还会出现互为前置现象，使审批流程陷入僵局。

"串联式"审批即下一部门的审批以上一部门的审批结果为依据，因此要求群众和企业办理审批事项时需要与多个部门打交道。各部门在执行审批任务的过程中，依据各自的部门规章与办事要求，难免出现办事程序的复杂化、相关资料的重复提交等问题。加之，相关的绩效测评只是从各部门负责的本职任务出发，导致各部门更加注重本职工作的提升，而忽视整体性的协调和外部办事人的要求，容易造成行政审批办事效率的低下。

第三，审批事项程序复杂导致审批时限过长。行政审批中还存在程序复杂、时限过长等问题，如 C 市基本建设项目，整个行政审批过程中涉及 11 个职能部门和单位，审批以及管理服务项目 46 项，相对应的审批环节 46 个，共需要 29 枚公章共计加盖 41 次，至少需要 18 批次的现场勘查，整个历程历时 302 个工作日，审批时间过长。③ 在推进并联审批之前，如办理建设工程许可证，自项目受理开始，申请人首先到规划局办理建设用地规划许可证，再到国土局进行相关土地手续办理，然后再回到规划局办理建设工程许可证，"整个规划局的审批流程涉及两大部分四个科室，时间跨度接近一个月"④，行政成本

---

① 胡良华：《上海卢湾分局：实施并联审批 3 年回顾》，《工商行政管理》2002 年第 13 期。

② 丽珍：《网上并联审批将终结审批"长征"——国家发展改革委积极推进企业投资项目核准制度改革》，《紫光阁》2015 年第 2 期。

③ 参见孙立忠：《关于实施基本建设项目并联审批管理的思考》，《现代营销》（下旬刊）2011 年第 5 期。

④ 寿光市编办：《"开源""节流""并联审批"走上审批快车道》，《机构与行政》2015 年第 9 期。

中人力物力的消耗是惊人的，同时也致使申请人付出较大的时间成本。

综上，并联审批在此背景下展开，其重点在于"改变以前行政审批单位按序逐家进行行政审批的模式，对涉及两个以上部门共同审批办理的事项，实行由一个中心（部门或窗口）协调、组织各责任部门同步审批办理的行政审批模式"①。在具体的实践中，不同审批事项依据实际情况探索不同方式推行并联审批。如企业注册登记中，并联审批指"在企业设立或变更登记时，对依法需前置审批的项目，由相关行政审批部门实行同步审批"②。而工程建设项目涉及部门多、流程长，改革中依据关联性和同步审核的可能性，将整体的审批流程整合后划分成几个并联审批阶段，如分为立项用地规划许可、工程建设许可、施工许可、竣工验收等阶段，在牵头部门的主管下，各部门开展并联审批。③

2. 并联审批的实践状况与优化对策

（1）并联审批的实践

并联审批实践在全国各地展开，相关文献对其进行了描述、总结。如成都市试行的并联审批，是在总结一站式、一表制、会审制、全程代办制等审批方式的基础上，探索的更为科学有效的运行机制，因此"并联审批被称为行政审批的'第二次革命'"④。德州市通过五个机制，即中介服务提前介入的"多评合一"、测绘成果多家共享的"多测合一"、图纸设计集中审查的"联合图审"、现场踏勘统一行动的"联合踏勘"以及实行缺席单位默认同意的"联合验收"，来实现建设项目的全流程联审联办，有效推动了并联审批的发展。⑤ 相关研究对北京市怀柔区推行并联审批机制的分析表明，其提升了政府行政能力，主要

---

① 《成都并联审批拉开行政审批"第二次革命"》，《领导决策信息》2007 年第 27 期。

② 魏郑池、吴才庆：《企业登记注册"并联审批"初探》，《发展研究》2002 年第 3 期。

③ 参见杨鹏、陈智霖、陈光忠：《优化营商环境，推进住房城乡建设高质量发展》，《广西城镇建设》2019 年第 4 期。

④ 《成都并联审批拉开行政审批"第二次革命"》，《领导决策信息》2007 年第 27 期。

⑤ 参见杨春勇、王振旻：《德州市"三五七工作法"深化"联审联办"》，《机构与行政》2018 年第 7 期。

表现在：使政府在申请对象面前以有机整体的方式提供服务，切实压缩办理时限，精简办理程序、手续，有效解决部门间审批互为前置、政策法规冲突的矛盾，使政府部门的许可、监督工作实现了"两互动、两主动"。①

（2）推行并联审批的限制性因素

并联审批是行政审批制度改革中的创新方式，其实践遍布全国各地，但在发展过程中面临着共性的限制性因素。有研究以 G 省推行并联审批为例，对存在的问题进行了总结：一是实施并联审批的相关配套制度还需完善，如简政放权中没有明确的放权标准，导致同一事项可能分散在不同层级的政府部门间，给并联审批的执行、协调和监管带来障碍，而且推行并联审批中也缺少中央或者省的标准和规范性文件，影响并联审批的扩散；二是推进并联审批中的按职能分割的部门间存在信息沟通和资源共享难题，以往"串联审批"中无需部门间信息和资源的交流，但推行并联审批的基础性条件就是职能部门间需要共享办事材料、流程等信息，也需要整合相关部门间的资源，提升服务质效；三是网络平台建设滞后且部门间系统难对接，相关部门的办事事项依托该省网上办事大厅进行开发，但因办事大厅系统的不完善，导致一些事项的办理仍然以实体大厅为主，而且各部门之间的系统是独立开发的，存在对接困境，这都给推行并联审批带来不利影响；四是监督评价困境，该省推行并联审批的事项均为建设类、投资类等重大事项，其环节复杂且涉及部门多，加之缺少统一的评价标准和难以确认监督主体，阻碍了并联审批的有效推进。②

（3）优化并联审批的对策建议

并联审批是一个逐步完善的过程，需要电子政务进一步的保障作用，也需要规范的制度保障服务运行和加强监督，相关研究主要从以下三个方面提出优化的对策建议。

---

① 参见佘建国、孟伟：《以跨部门并联审批机制提升政府行政能力》，载《中国行政管理学会2005 年年会暨"政府行政能力建设与构建和谐社会"研讨会论文集》，2005 年。

② 参见韩谱：《对广东省行政许可事项并联审批标准化的思考和建议》，《标准科学》2017 年第5 期。

一是流程优化。相关研究针对复杂的建设项目前期工作，以四川省天全县优化并联审批为例，提出通过"三并联"（即并联评价、并联评审和并联审批）模式促进并联审批发展，在具体实践中，第一，并联评价由所需的专业技术人员以"并联审批组"的方式一次性完成环境影响评价、节能评价等，从基础上保障项目的快速落地；第二，并联评审是通过一场并联评审会完成环境影响评审、可行性研究报告评审等以往需由多次评审会完成的内容，它具有公开公正、简单高效、全面科学、统筹节省和通过信息平台改进程序的优势，是促进项目快速落地的关键程序；第三，并联审批是确认项目落地的最后一道程序，这种运行机制在于改变传统上按顺序逐部门审批的"串联"方式，由一个中心协调或牵头部门组织各职能部门，在规定时间内共同完成审批。① 有研究以企业注册登记为例，从优化并联审批流程的角度提出，将以往"工商受理、抄告相关、并联审批、限期完成"流程中的"抄告相关"调整为"网上公示"。②

二是标准化建设。为了优化并联审批的实施，相关研究从标准化的角度提出建议，具体包括，第一，完善并联审批的组织机制。如建立专门的办公室、由专人负责等，并出台权力下放权威指导文件，确保并联审批的各子项许可权处于同一级职能部门之间。第二，编制并联审批事项目录，将权责明晰化。目录包括事项名称、审批部门与层级以及法律依据等，促进并联审批的标准化，同时有利于部门间责权的清晰化。第三，编制并联审批标准体系。主要标准规范包括标准提供子系统和服务保障子系统，主要为了保障部门间的沟通协调、具体行政许可事项的评价工作、并联审批服务工作的评价和持续改进、便于群众和企业了解并联审批的业务指南和规范手册。第四，加快网络平台建设。强调网络办事系统中专设并联审批模块，建立打破部门间信息障碍的数据库。第五，增加并联审批标准的宣传和培训。第六，试点先行，然后逐步推广并联

---

① 参见罗振宇：《"三并联"破解并联审批的难题》，《领导科学论坛》2015 年第 14 期。

② 参见柏培峰：《关于改进和完善并联审批制的思考》，《中国工商管理研究》2003 年第 5 期。

审批。①

三是信息技术。信息技术是完善并联审批的技术支撑，上述的完善对策只是侧重角度不同，其中都涉及信息技术的应用。相关研究以福建省龙岩市为例，提出建立"多规合一"的基础信息平台，依据一致的数据标准将分散在各部门的规划数据聚集，并通过网上办事大厅、各部门相关内部业务等系统对接，实现发改、国土、规划、住建等部门之间信息联动、数据共享和业务协同，将审批流程优化，从而推进高效的并联审批机制。②

总体而言，发展背景、现状与优化对策，构成了目前并联审批相关研究的基本方向。基于并联审批的发展背景可知，其发展不仅源于政治性改革的压力，市场经济发展、民众公共服务需求上升也对其产生了重要影响。而从并联审批发展现状与优化对策的角度可知，基于政务服务中心、流程标准化建设等形成的运行前提，以及电子科技形成的技术支撑，是促进并联审批发展的重要因素。

（二）并联审批——探索政府部门间合作的新视角

美国著名学者德怀特·沃尔多曾提出："人类有影响的行为都是合作产生的，如果没有合作，也就不会有任何成果。……行政被认为是一种具有高度理性的人类合作努力。"③一直以来，政府部门间合作都是公共管理学的核心研究领域，国内外的相关研究都积累了丰硕成果，这为本书提供了坚实的研究基础。但是，已有文献中围绕政府部门间合作生成机理的系统的、专门的分析较少，聚焦到以并联审批为切口对其进行系统探究的更是匮乏，这构成了并联审

---

① 参见韩谱：《对广东省行政许可事项并联审批标准化的思考和建议》，《标准科学》2017 年第 5 期。

② 参见刘小伶：《搭建"多规合一"基础信息平台 推进审批制度改革》，《福建电脑》2018 年第 3 期。

③ [美] 德怀特·沃尔多：《什么是公共行政学》，载彭和平、竹立家等编译：《国外公共行政理论精选》，中共中央党校出版社 1997 年版，第 187 页。

批促进政府部门间合作研究的出发点。

1. 并联审批：探索政府部门间合作一个微观且必要的切口

并联审批是伴随着行政审批制度改革而产生、发展的一种促进审批效率提升的运行方式，外在形式上，其是探索政府部门间合作的一个微观切口；内在本质上，其是探索政府部门间合作的一个必要切口。

一方面，作为行政审批制度改革的创新方式，并联审批是探索政府部门间合作的微观切口。行政审批制度改革的目的是建立与社会主义市场经济体制相适应的行政审批制度，党的十八大以前的改革，是一种"见诸于形"的"减量型改革"，对政府部门间关系调整不显著。党的十八大以来的行政审批制度改革，基于"从行政体制改革整体框架上进行系统推进的战略思考"[①]，通过"放管服"改革和以"最多跑一次"为代表的结果导向型改革，削减审批数量的同时，更加注重部门间协调。"放"，相较于以往政府内部权力调整，更加注重部门间协调，避免"此放彼不放"的错乱局面；"管"，更加注重全流程的战略思考，将分散化、碎片化的监管部门整合到一个整体性的监管体系中；"服"，更加突出高效和便捷，需要政府部门间发展相互协调、配合、补充的合作关系。而以"最多跑一次"为代表的结果导向型改革，是"放管服"改革的深化，强调以政府部门间合作为基础，提供"一站式"服务。综上，政府部门间合作是推进行政审批制度改革的重要因素，其实质是在政府部门间构建新的权责分配体系，以克服"条块分割"的障碍，进而提升服务质效。但行政审批制度改革的组织基础是"条块分割"的行政体制、执行机构是"条块分割"的部门，全面深化行政审批制度改革，需要更多创新举措来打破二者之间的矛盾。

作为一种创新方式，本书中的并联审批指涉及两个及以上审批部门分别实施的行政审批事项，在牵头部门或服务中心窗口受理申请人的申请后，所涉及的审批部门在规定时限内实施同步审批的方式。这种"同步式"推进的运行方

---

① 薛澜：《行政审批改革的最大难点》，《人民论坛》2013 年第 25 期。

式，改变了办事人逐部门进行审批的模式，不仅提升了审批效率，还撬动了政府部门间合作。如开办企业中以并联审批方式推进"三证合一"登记制度改革，申请人通过填写"公司注册登记（设立）并联审批申请书"，相关材料一次性提交政务服务中心窗口，并通过"企业注册登记并联审批"平台将材料扫描并流转至工商、质监等部门，各审批部门在规定时限内将符合条件的结果送交并联审批综合窗口，最后，申请人在指定窗口取证。[①] 即各审批部门的职能不发生改变，而是通过并联审批的运行方式，达到方便申请人办事、提升审批效率的目的。与此同时，并联审批也改变了政府部门间"各自为政"的审批方式，进而促进了政府部门间关系优化。虽然并联审批涉及的审批事项都是具体而微的，但其遍布经济、社会各领域，这种审批方式是探索政府部门间合作的一个微观且有益的切入点。

另一方面，并联审批的内在本质及促进政府部门间合作具备的优势，使其成为探索政府部门间合作的必要切口。我国的政府部门是依据职能分工进行划分的，相对应地，审批权分割于各职能部门之间，形成了部门分治下的行政审批管理体制。但审批事项的完整流程是整体性的，在碎片化的分割管理下，具体的运行过程处于各部门分割的状态。并联审批的内在本质是流程优化，通过"调整政府审批流程、调整政府内部组织关系"[②]，将行政部门整合、将办事流程精简从而提升效率。[③] 其形式上是办事人只与牵头部门人员或者综合窗口办事人员接触，但实质是通过职能部门间协调，打破部门间的职能界限，弥补条块分割体制的弊端，并提升政府效能。

与此同时，同前文中促进政府部门间合作的主要方式相比，并联审批具备

---

① 参见杜昕星：《政府并联审批制度的应用研究——以江苏省宿迁市为例》，东南大学硕士学位论文，2016年，第17、24页。

② 朱旭峰、张友浪：《新时期中国行政审批制度改革：回顾、评析与建议》，《公共管理与政策评论》2014年第1期。

③ 参见杜昕星：《政府并联审批制度的应用研究——以江苏省宿迁市为例》，东南大学硕士学位论文，2016年，第8页。

一定的优势。首先，避免了组织机构变动和新的机构设置。并联审批通过流程优化，将涉及多部门的审批流程并行推进，探求部门分工基础上的合作。其运行过程中，主要借助政务服务中心等载体，围绕审批事项，由牵头部门统筹配合部门，依据"统一、联合、集中"的要求，以"一门受理、同步审批"的方式办理，在不改变原有制度设置和职能划分的基础上，通过审批流程优化促进政府部门间合作，不涉及组织机构变动和新机构设置。其次，有助于形成长效性合作。行政审批是政府管理市场、社会的有效方式，可以采取并联审批方式的审批事项，较为全面地覆盖了涉及社会公众和市场经济主体的相关事务，如企业投资项目审批、不动产登记等。此类审批事项能够长期有效地管理经济社会事务，使促进合作的机制不会因任务的完成而随之消失。最后，有助于形成内生性合作。并联审批以审批事项为中心，通过优化流程使各审批部门并行推进审批业务，各相关部门基于自身职责进行合作，有助于形成内生性的合作机制。即以并联审批促进政府部门间合作，其实质是通过流程优化，避免了组织机构变动和新的机构设置，有助于形成长效性、内生性的合作机制，以其为切口对政府部门间合作进行探索是必要的。

综上，基于现实问题与实践考量，本研究聚焦并联审批这一"切口"，对其如何促进政府部门间合作进行分析，以并联审批促进政府部门间合作成为本书的研究主题。那么，并联审批如何促进政府部门间合作？通过何种机制、何种路径促进政府部门间合作？这构成了本书要回答的核心问题。

2. 并联审批促进政府部门间合作的提出

基于前述政府部门间合作的相关研究可知，"从全球来看，公共官僚机构都面临着在纵向的组织结构中建设横向的工作流程和挑战"，而"解决这一问题的方法是协调合作"①。促进政府部门间合作的方式，可以划分为组织机构调

① 斯蒂芬·B.彼得森：《层级与网络：非洲公共官僚机构中组织能力建设的战略》，载［美］梅里利·S.格林德尔编：《打造一个好政府——发展中国家公共部门的能力建设》，孟华、李彬译，商务印书馆2015年版，第171页。

整和运行机制优化两个层面。组织机构调整，强调以流程为中心建立扁平化的网络型组织结构，以打破纵向的层级节制和横向的职能分割，打破部门的界限，从而"提高了政府的综合协调与执行统一的政策能力"，"减少了部门间冲突与扯皮现象"①。运行机制优化，是基于现有的组织框架和各部门职能边界的基础，提供整体性的"一站式"服务。而作为一种创新性运行机制的并联审批，相关研究表明，其具有促进政府部门间合作的重要作用。既有研究为本书从并联审批角度出发探究政府部门间合作问题提供了重要启示和思路来源，但是，在促进政府部门间合作方式方面，已有研究在对问题的回应性、对运行机制的重视程度，以及分析角度等方面还存在有待完善之处。

（1）国外促进政府部门间合作的方式对我国现存问题的回应性不强

基于文中对国外政府部门间合作研究的梳理可知，其相关研究开始较早，实践中也顺应整体政府的大趋势对部门间合作形式进行探索，如建立强调目标一致的机构联合的协同政府、打造一体化的执行机构的整体政府、基于信息技术的集中效应的电子政府等，对促进我国政府部门间合作具有十分重要的借鉴意义。具体包括：第一，协同政府强调部门间的共同目标的一致性，在此基础上，突出政府部门间不同层级和维度的合作，对改善层级制之间的条状壁垒具有积极意义，对促进部门间合作的初期改革具有借鉴意义；第二，整体性政府是协同政府的深入发展，重视从整体性的角度设置目标、组织结构方面强调部门间的协调与整合、通过以流程为中心的业务整合来提供一体化的服务，这种从目标到组织结构，再到具体运行机制的系统化设计值得借鉴；第三，电子政府更加突出将电子信息技术应用于政府流程再造领域，其促进了政府服务方式的转变，同时也促进了政府部门间的沟通以及合作能力的培养，且技术对制度环境的差别的敏感度较低，可以助力我国的改革实践。

"作为一个快速发展并具有国际竞争力的经济体，中国是一个不同寻常、

---

① 石杰琳：《西方国家政府机构"大部制"改革的实践及启示——以英、美、澳、日为例》，《郑州大学学报》（哲学社会科学版）2010 年第 6 期。

不可预测的实例，它有着灵活坚韧的国家治理体系"①，立足于中国的实际情况，国外的政府部门间合作研究也存在局限性。总的来看，国内学者也应用"整体性政府""协同政府"等相关理论与做法，力图解决中国政府部门间的合作问题，但由于理论的前提条件与生长环境差异，并没有达到有效解决现存问题的目的。究其原因，国外相关的整体性政府建设理论，是经过传统官僚体制和新公共管理运动的发展，而提出的倡导政府部门间合作的理论范式转型，是在重新审视传统公共行政理论原理和新公共管理的"碎片化"问题的基础上，基于系统化的结构功能视角，倡导以合作的方式来应对日益复杂的挑战。而中国的政府部门没有经历新公共管理运动等塑造出的"以顾客为导向"的运行机制，基于特定的历史背景和组织结构而使其更具特殊性。因此，需要寻找立足于中国背景的促进政府部门间合作的方式，来更好地解释现象、解决问题。对于此，一个可行的切入口是本书所述的根植于中国背景的并联审批运行方式。

（2）国内促进政府部门间合作方式中对运行机制的重视程度不足

国内有关促进政府部门间合作方式的研究，主要从大部门体制改革和跨部门协调机制两个方面展开，前者侧重于组织机构调整，后者侧重于运行机制优化。借鉴整体性治理理论，以大部制为代表的机构重组是部门整合的路径之一，也符合"从结构性分权、机构裁减和设立单一职能的机构转向整体政府"②的趋势。总体而言，相关研究对以大部制为代表的组织机构调整进行了重点关注，而对运行机制优化的研究较少，且往往作为组织机构调整的补充性手段呈现。党的十八届三中全会提出全面深化改革，推进国家治理体系和治理能力现代化，要求政府职能转变"把握行政管理体制和流程的本质性联系"，"使得转变政府职能的改革集中体现为政府行政管理方式的转变"③。行政审批制度改革

---

① ［德］韩博天：《红天鹅——中国独特的治理和制度创新》，石磊译，中信出版集团股份有限公司2018年版，导言。

② ［挪威］Tom Christensen、Per Lægreid：《后新公共管理改革——作为一种新趋势的整体政府》，张丽娜、袁何俊译，《中国行政管理》2006年第9期。

③ 王浦劬：《论转变政府职能的若干理论问题》，《国家行政学院学报》2015年第1期。

作为"转变政府职能的突破口"①，是将政府职能转变到宏观管理和优化服务上的可行路径。而传统行政体制中，"各个部门在共同完成政府基本责任上缺乏制度化的协调机制，部门利益严重，相互推卸责任"②，政府部门间运行机制优化是进一步推进行政审批制度改革的关键。现有研究对优化政府部门间运行机制的重视程度不足，使之对现有实践的指导缺乏理论基础和针对性。

与此同时，对优化运行机制的重视程度不足也体现为缺乏对其内部机理的解释性分析。"随着大部制改革的逐步到位，行政改革重点转移到运作管理改进"③，对机构改革和运作管理之间关系的审视为拓展多种形式部门间合作提供了背景。有研究以行政服务中心为具体案例，提出跨部门并联审批工作机制能促进审批中"互为前置"问题的解决，而且整合跨部门联办事项并不改变现行政策法规及原有部门设置，只是"对涉及多部门办事事项的流程进行整合"④。类似的研究中也表明，并联审批重视工作程序设计、新技术应用以及更好地为民众服务，同时撬动了政府部门间合作，但是对其内在机理的分析是匮乏的。所以，在运行机制优化的进一步研究中，应该更加明确地立足于政府部门间职能分工的现状之上，进行具体方式的探索和内部机理的分析。

（3）从并联审批角度探讨促进政府部门间合作研究的匮乏

通过前文分析可知，并联审批运行方式是探索政府部门间合作的一个微观且必要的切口，且在文献梳理中发现，将二者结合进行分析的研究较为匮乏。或者，在仅有的将二者进行结合的研究中，更多是探讨政府部门间合作对推进并联审批的重要作用，如"并联审批是一种工作方式，只有行政部门之间加强内部沟通融合，信息共享，建立健康的联动机制，真正实现互联互通，才

---

① 魏礼群主编：《中国行政体制改革报告（2014—2015）No.4——政审批制度改革与地方治理创新》，社会科学文献出版社 2015 年版，第 2 页。

② 杨雪东：《国家治理的逻辑》，社会科学文献出版社 2017 年版，第 190 页。

③ 周志忍：《深化行政改革需要深入思考的三个问题》，《中国行政管理》2010 年第 1 期。

④ 佘建国、孟伟：《建立跨部门联办机制 提高政府行政能力——以北京市怀柔区行政服务中心为例》，《中国行政管理》2006 年第 2 期。

能将高效率的并联审批制度落到实处"①，即更加关注政府部门间关系对推进并联审批至关重要。但推行并联审批的主要内容，是以审批事项为核心对审批流程进行优化，并基于这一机制促使政府各部门相互合作，整体性的向群众和企业提供公共服务，其运行过程中必然促进政府部门间关系改善。也就是说，虽然"并联审批"与"政府部门间合作"的关系存在相互性，但在具体的实践中，并联审批基于各相关部门业务流程"并行推进"的运行方式，对促进政府部门间合作具有更为积极的撬动作用。这构成了相关研究有待推进的一个问题，也构成了本书的出发点。

四、研究方法与研究意义

（一）研究方法

1.定性研究方法

定性研究方法是解释社会科学（Interpretive Social Science）研究方法，是对观察进行非数字化考察和解释的过程，其目的是发现内在意义和关系模式②。定性研究中有纯粹的描述研究，也有寻求解释模式的研究，后者比较倾向与个案式解释模式结合，对原因和意义深入剖析，属于"解剖麻雀"式的分析方法，具有很强的解释性。二者的结合是因为，定性研究指向事实，其追求的并非大样本而是有限个案，并通过研究者对个案事实进行解释，更加注重研究对象的性质，寻找其背后的深层次解释。本研究属于解释性的研究，依据构建

---

① 杜昕星：《政府并联审批制度的应用研究——以江苏省宿迁市为例》，东南大学硕士学位论文，2016年，摘要第Ⅰ页。

② 参见［美］艾尔·巴比：《社会研究方法（第11版）》，邱泽奇译，华夏出版社2009年版，第375页。

的分析框架，从目标和行动两个维度对并联审批如何促进政府部门间合作进行解释，并结合具体案例对并联审批促进政府部门间合作的机制进行验证。

2. 案例分析法

案例研究属于定性的（qualitative）研究方法 [①]，是认定研究对象中的某些特定对象，加以调查分析，弄清其特点及其形成过程的一种研究方法。其不仅具有探索功能，而且兼具描述性与解释性的功能。本书主要以涉及自然资源部门、住房与建设部门、税务部门的不动产登记改革为具体案例，依据目标和行动维度对并联审批运行过程、如何促进政府部门间合作进行深入分析、解释。通过案例分析，对"为什么并联审批促进了政府部门间合作""并联审批如何促进了政府部门间合作"进行了更为具体、详尽的回答。本案例研究所需材料，通过询问问题、记录答案的访谈方式收集。

3. 访谈法

访谈是访谈者直接向受访者提问的资料收集方式，是有目的、有计划、有系统地收集有关研究对象现实状况或历史状况材料的方法。本研究中的相关访谈主要以面对面方式进行，也包括电话访谈。访谈过程中，在熟悉访谈提纲问题的基础上，尽量用自然的语言进行表达。对于一些具有开放性答案的问题，进行深入的追问，但严格保持中立立场，不影响受访者回答。访谈结束后，对访谈获得的大量资料进行整理、分析、综合、比较、归纳，从而为本研究提供丰富的材料支撑。另外，也通过专题小组的形式收集相关材料，即同时访谈一群人，并鼓励相互之间进行讨论。

---

① 参见李银河：《社会学精要》，内蒙古大学出版社 2009 年版，第 189 页。

（二）研究意义

党的十八大开启了中国特色社会主义建设的新时代，在以习近平同志为核心的党中央的领导下，力推简政放权、放管结合、优化服务，行政审批制度改革不断向纵深发展，使政府与市场、政府与社会的关系不断优化。与此同时，在社会转型和现代化建设过程中，公共服务与社会管理日益错综复杂，需要进行政府部门间合作以有效应对。党的十九届三中全会提出："加强相关机构配合联动""下决心破除制约改革发展的体制机制弊端"，使"权责更加协同、监督监管更加有力、运行更加高效"，其目的在于通过政府部门间合作提升政府的整体性治理效能。在此背景下，本研究以并联审批为切入点，探索如何促进政府部门间合作这一问题，具有理论和实践的双重意义。

1. 理论意义

研究主题上，促进政府部门间合作是本研究探讨的重点。在学科渊源上，政治—行政二分与科层制是公共行政学的基石。1887 年，威尔逊在《行政学研究》中提出将政治与行政相分离、决策与执行相分离的思想，"开辟了从行政学的角度研究政府管理这一学科领域"[1]，政治—行政二分强调行政的独立自主，进而将职业化和专业分工引入行政管理过程。在行政从政治中分离出来的基础上，马克斯·韦伯提出了最有效率的组织形式，科层制（或称官僚制），认为它"是适应现代工业文明社会合理化倾向需要的，具有专业化、综合化的设层分职能的一种统治与管理体制"[2]。横向分科、纵向分层是科层制的制度安排和组织基础，以职能为中心对政府部门划分代表了合作的难题，也就是说，在现代社会中，只要有科层制组织的存在，就有部门间合作的难题，而"合作

---

① 张康之、刘柏志：《公共行政的继往开来之路——纪念伍德罗·威尔逊发表〈行政学研究〉120 周年》，《湘潭大学学报》（哲学社会科学版）2007 年第 1 期。

② 何艳玲：《公共行政学史》，中国人民大学出版社 2018 年版，第 41 页。

制组织将成为后工业社会的一种主导性的组织形式"①。所以，对"政府部门间合作"这一主题的关注，具有深远的理论意义。本研究关注的核心问题是如何促进政府部门间合作，并结合中国现代化过程，提出以并联审批促进政府部门间合作，通过对其实现路径、机制的探讨，有利于丰富和拓展政府部门间合作的理论体系。

分析框架上，本研究依据整体性治理理论、无缝隙政府理论和协同学，提出基于目标和行动维度的政府部门间合作分析框架。该分析框架从并联审批促进政府部门间目标一致形成以及行动一致生成两个方面，对并联审批如何促进跨部门行政审批事项改革中政府部门间合作的实现进行解释。在研究启示部分，进一步通过将目标与行动、一致与冲突进行组合，划分出四种政府部门间合作类型，即主动高效型合作、主动低效型合作、被动服从型合作、冲突虚假型合作，并且，基于目标和行动的维度的变化能够对政府部门间合作类型进行优化。与此同时，从广义的管理视角来看，这一分析框架对提升执法、监管领域政府部门间合作亦具有理论上的启发意义和参考价值。

研究视角上，本研究以并联审批这一微观且必要的切口，探究政府部门间合作问题。如何促进政府部门间合作，一直是公共管理领域相关理论研究的核心，无论在联合政府、整体性政府、无缝隙政府等全局性的改革研究中，还是在侧重于政府内部结构以及运行机制的"大部制"改革、"一站式"服务研究中，促进政府部门间合作都是其核心关切。但是，总的来看，以往研究普遍强调通过政府机构间合并、整合，建立跨部门的协调机构来促进政府部门间合作，相对而言，较少从运行机制上探讨如何促进政府部门间合作。本研究从并联审批这一微观运行机制出发，对其如何促进政府部门间合作进行剖析，为探索如何促进政府部门间合作提供了新的视角。

---

① 张康之：《论组织的转型：从控制到合作》，《西北大学学报》（哲学社会科学版）2009 年第 2 期。

2. 实践意义

一是有助于更好地指导我国改革实践。西方国家于 20 世纪 90 年代开始整体性政府、无缝隙政府等治理实践，通过探索政府部门间"一站式"运行机制，促进政府整体效能提升，与此同时，也促进了政府部门间合作。这些根植于西方社会环境的实践，具有一定的启发作用，但由于理论的前提条件与实践环境的差异，对指导中国实践、解决实际问题往往缺乏有效性。本研究中的并联审批，根植于我国行政审批制度改革实践，是适应社会主义市场经济发展、满足社会公共服务需求的创新方式，更具本土性，在促进政府部门间合作方面，有助于更好地指导我国改革实践。

二是有助于政府治理能力的整体性提升。现阶段，我国处于社会转型和现代化建设进程中，各类复杂性治理问题不断涌现、公共服务需求不断上升，客观上要求政府推进职能转变，提升治理水平，而"发展部门间的协调配合机制才是解决问题的关键"①。本研究以并联审批运行方式为切入点，提出在原有政府部门职能划分基础上促进政府部门间有效合作。在具体实践中，这种联合行动的方式有助于提升公共服务质量和效率，更好地发挥政府在社会治理中的作用。与此同时，有效的合作有助于缓解部门之间相互推诿、扯皮、掣肘等问题，产生"整体大于局部之和"效应，有助于从整体上提升政府治理水平与治理能力。

三是有助于推进社会治理体系和治理方式的变革。按职能分工设置的政府部门将审批事项的完整流程分割，而并联审批通过"联审联办"方式，提升审批效率的同时也改善了政府部门间关系。本研究通过并联审批这一微观操作，透视政府部门间的合作机制问题，不仅有利于推进行政审批制度改革，而且对监管、执法、服务环节的政府部门间合作具有实践上的启发性，而最终的落脚点是促进整个社会治理体系和治理方式的变革。

总体而言，在新时代的背景下，"政府要提高应对和解决复杂公共问题的

---

① 周志忍：《"大部制"：难以承受之重》，《中国报道》2008 年第 3 期。

能力，首先必须推进政府体系内部各部门之间的合作"①。如何促进政府部门间合作贯穿于我国行政体制改革之中，也是自公共行政学科成立以来研究的重要议题，相关研究主要体现在有形的机构调整和无形的运行机制调整两个层面。运行机制不顺畅将抵消机构调整促进政府部门间合作的努力，反之则有助于破解"数据烟囱"、施政缝隙等难题。本研究通过并联审批这一微观且必要的切口，对跨部门行政审批事项流程优化进行关注，从运行机制层面探讨如何促进政府部门间合作的问题。但是，任何学术研究都是在一定的范围内对所关注的核心问题进行解答，研究问题的复杂性往往带来研究局限。本研究的不足之处主要体现在：

第一，从政府内部来看，政府部门间合作不仅涉及合作部门本身，还涉及纵向的层级关系以及党政关系等，但如果将所有的关系都纳入研究之中，将使本研究的核心问题不够突出，并且也超过了一本著作的体量。所以，本书以并联审批为切入点，构建基于目标、行动维度的分析框架，重点从政府部门本身探究跨部门行政审批事项改革中政府部门间合作问题，而其他相关影响因素的分析，还需在后续研究中不断深入、完善。

第二，本研究主要采用定性的研究方法，基于理论分析对研究问题进行剖析，通过具体案例对理论分析进行验证，且依据目标、行动维度的分析框架，阐释并联审批如何促进政府部门间合作以及具体的实现路径，并在此基础上得出研究结论，即基于目标和行动的维度，并联审批促进了政府部门间合作。但是，若使研究结论更具科学性、普遍性，在进一步的研究中，应探索定性研究与定量研究相结合的方式，通过大样本采集定量数据进行分析，并结合定性研究方法解释定量研究中发现且不能给出详细解释的问题。

---

① 余亚梅、唐贤兴：《政府部门间合作与中国公共管理的变革——对"运动式治理"的再解释》，《江西社会科学》2012 年第 9 期。

第二章　概念界定、理论基础与分析框架

一、相关概念界定

（一）政府部门间合作的概念界定

1. 政府部门的范围界定

分析政府部门间合作，首先要明晰本研究涉及什么范围的政府及政府部门。狭义的政府仅指国家行政机关，即中央人民政府（国务院）和地方各级人民政府。广义的政府将行使国家公共权力的所有机构纳入其中，包括执政党，人大机关、司法机关、行政机关等。虽然广义的政府更能"说明一个特定国家政治生活的实际情况和该国政府所起的实际作用"[①]，但本研究分析的是并联审批过程中政府部门间合作问题，主要关注履行审批职能、管理社会经济事务的行政机关，故采用狭义的政府概念。

我国的国家行政机关由中央政府和地方政府两部分组成，形成纵向的层级化关系，作为社会公共权力的化身，中央政府往往制定政策，而地方政府是政

[①] 朱光磊：《当代中国政府过程》（第三版），天津人民出版社 2008 年版，第 11 页。

策执行者 ①，承担了广泛的社会、经济管理事务。同时，行政组织在横向上将相关工作组合在一起，"分配给大型组织机构内部的一个办公室或部门" ②，这被称为部门化，即形成"各级政府下辖的职能部门" ③。围绕本书的研究问题"并联审批如何促进政府部门间合作"，文中的政府部门聚焦于地方政府下辖的职能部门，并具备以下特征：

首先，具有明确的职责分工。行政机关面临的事务是庞大且复杂的，为保障政府机构的行政效率，"必须经由分部化的手段和过程，使各部门皆有明确的职掌及权责关系" ④，在这样的条件下，具有明确的职责分工的各政府部门，是具有权责界限的独立主体。这是形成政府部门间关系的前提条件。其次，具有相应的资源。政府部门作为具有明确职责分工的主体，具备相应的合法性、权力范围、专业性技术、信息等资源。政府部门间的互动都涉及资源问题，对结果有重要影响的资源主要包括地盘（主要指权威和行动领域）、自主权、经费、人员、信息等。⑤ 而合作主体的资源互依，"是促进利益相关者参与合作的内在因素，是合作形成的客观条件" ⑥。最后，具有横向上的业务联系。政府部门是基于职能分工产生的，横向上，各部门承担的行政业务将整体性的审批流程分割，客观上带来了各部门间横向的业务联系。而且，"当问题相互关联时，当任何问题都不能脱离其他问题而被单独处理时，这种明晰就成了效率的障碍" ⑦，对行政效率

---

① 参见朱光磊、张志红：《"职责同构"批判》，《北京大学学报》（哲学社会科学版）2005 年第 1 期。

② [美] 乔纳森·R. 汤普金斯：《公共管理学说史——组织理论与公共管理》，夏镇平译，上海译文出版社 2010 年版，第 34 页。

③ 刘永泽、张亮：《我国政府部门内部控制框架体系的构建研究》，《会计研究》2012 年第 1 期。

④ 谢庆奎：《中国政府的府际关系研究》，《北京大学学报》（哲学社会科学版）2000 年第 1 期。

⑤ 参见 [美] 尤金·巴达赫：《跨部门合作——管理"巧匠"的理论与实践》，周志忍、张弦译，北京大学出版社 2011 年版，第 126—127 页。

⑥ 谢新水：《公共领域合作的初始条件和发展变量——一个定性研究》，《中国行政管理》2010 年第 3 期。

⑦ [法] 皮埃尔·卡蓝默：《破碎的民主：试论治理的革命》，高凌瀚译，生活·读书·新知三联书店 2005 年版，第 11 页。

的追求，必然需要政府部门间从分工走向合作，而横向上的业务关联是连接部门合作的基础。

"职责同构"是我国纵向政府权力配置的主要特点，"条块体制"则是我国政府组织的重要特征。"条"指从中央到地方各级政府中，业务内容相同或职能相似的职能部门，"块"强调的是横向上权力的独立和完整性，具有地方灵活性。"条块关系"指的就是基于"条条"的中央垂直管理部门和地方政府之间的关系，在此复杂关系下的各政府部门有着不同的领导关系和业务关系。① 所以同一级别的地方政府部门中，也必然涉及不同类别的直属机构与地方政府部门，如不动产登记中涉及税务部门、自然资源部门、住房与建设部门等。基于研究需要，本研究依据上文的政府部门特征，均将其视为平行部门，不再作特殊处理。

所以，本书中的政府部门是基于狭义政府概念，聚焦于地方政府层面的具有明确职责分工、相应的资源和横向上业务联系的平行职能部门。

2. 合作的概念界定

合作是一个真正的跨学科课题，对改进人们的现实生活具有重要意义。博弈论的视角指出在直接互惠、间接互惠、空间博弈、群体选择、亲缘选择5种机制下，合作是人类的基本特性。② 而哲学的视角注重于探寻合作的条件，如将合作分为基于共同的集体目标而形成的团体合作（g-cooperation），基于个人目标而形成的个人合作（i-cooperation），并指出人们进行团体合作是为了追求一个预定的集体或共同目标而有意愿共同行动，无论他们同时是否追求个人目

---

① 这一现象在省级政府的职能部门中体现得最为明显，省级人民政府工作机构的领导关系和业务关系一般有三种：(1)受省级人民政府的统一领导，同时受国务院有关部门的业务指导。职能部门多数属于这种情况；(2)受省级人民政府和国务院有关部门的双重领导。这部分主要是监督性机构，如审计、监察、国家安全等部门；(3)受省级人民政府和国务院有关部门的双重领导，以国务院有关部门的领导为主，如邮电、铁路等部门。

② 参见［美］马丁·诺瓦克、罗杰·海菲尔德：《超级合作者》，龙志勇、魏薇译，浙江人民出版社2013年版，第322—324页。

标。①在行政学的相关研究中，为回应现实问题，"不但要靠政府各部门的努力，更需要政府各部门的协同努力"②，从而达到整合型运作的政府。相关研究探讨了政府部门间协调在解决复杂的跨部门政策问题中发挥了中心作用③，但也有研究指出"只有合作政府才能将碎片化的政府部门整合起来，提升政府的管理能力和公共服务能力"④。可见，相关研究中用协同、整合、协调、合作等表述政府部门间的横向关系，那么合作的主要特点为何？与其他概念之间存在什么样的联系与区别？

（1）合作与协同

协同（Collaborative）强调的是主体之间的一种合作关系，20 世纪 60 年代，安索夫（H. Igor Ansoff）在《公司战略》中首次提出协同的概念，认为是"公司与被收购企业之间匹配关系的理想状态"⑤，这种状态可以产生使公司整体效益大于各独立组成部分总和的效应。在物理学领域，哈肯从系统的角度出发，阐述各子系统之间相互竞争与相互合作，从无序到有序的作用过程，提出具有启发意义的"协同学"。⑥

在相关研究中，协同指"为了实现共同的目标，两个或以上的主体各自发挥自己的优势，通过建立长期合作伙伴关系，并综合运用各种工具和手段，放大合作整体功效的过程"⑦。相关研究依据政府部门间联合行动与肩负使命的整

---

① Cf.Raimo Tuomela, Cooperation: A Philosophical Study, Netherlands: Springer Netherlands, 2000, p.2.

② 彭锦鹏：《全观型治理：理论与制度化策略》，《政治 科学论丛》2005 年第 32 期。

③ Cf.Kraak, A., "Horizontal Coordination, Government Performance and National Planning: The Possibilities and Limits of the South African State", *Politikon*, 2011, 38（3），pp.343-365.

④ 曾令发：《探寻政府合作之路——英国布莱尔政府改革研究（1997—2007）》，人民出版社 2010 年版，第 362 页。

⑤ ［英］安德鲁·坎贝尔、凯瑟琳·萨姆斯·卢克斯：《战略协同》（第 2 版），任通海、龙大伟译，机械工业出版社 2000 年版，第 28 页。

⑥ 参见［德］赫尔曼·哈肯：《大自然成功的奥秘：协同学》，凌复华译，上海译文出版社 2018 年版。

⑦ 赖先进：《论政府跨部门协同治理》，北京大学出版社 2015 年版，第 26 页。

合度，对相关概念采用排序的方式进行区别，如图 2—1 所示。

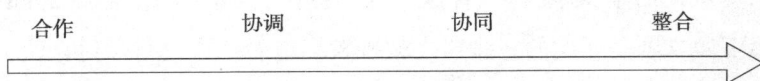

| 合作 | 协调 | 协同 | 整合 |

图 2—1　与合作相关的概念排序 ①

由图 2—1 可知，协同概念中的行动和组织使命整合性程度高于合作，也就是说政府部门间协同对组织的要求高于政府部门间合作。有学者从更为具体的政策协同进行分析，依据所追求目标的不同，将政策制定中的协同从低到高划分为政策合作、政策协调、政策整合，如图 2—2 所示。

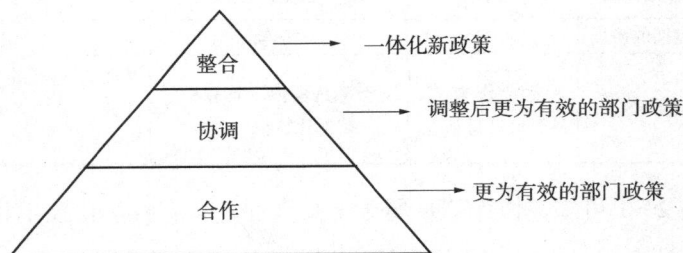

整合　→　一体化新政策

协调　→　调整后更为有效的部门政策

合作　→　更为有效的部门政策

图 2—2　政策协同的层次划分 ②

由图 2—2 可知，在政策协同过程中，合作、协调、整合是包含于其中、从低到高的不同发展阶段。政策整合面临的是超越各部门职责范围的跨域问题，超出单一部门的目标范畴；政策协调旨在通过各部门的合作，调整部门政策，并在执行中保持一致；政策整合、政策协调都需要通过合作实现，政策合作的目的在于制定更为有效的部门政策，实现各部门的自身目标。

基于以上分析可知，协同与合作都强调相关主体的目标一致性，但是协同是高于合作的一种形式，无论在理论还是在实践中，协同都可以从更为宏观的层面和方向对合作进行指引。

---

① 参见赖先进：《论政府跨部门协同治理》，北京大学出版社 2015 年版，第 27 页。

② Cf.Stead, D., Meijers, E., "Spatial Planning and Policy Integration: Concepts, Facilitators and Inhibitors", *Planning Theory & Practice*, 2009, 10（3）, pp.317-332.

（2）合作与协作

如果单从词语本身来看，"合作"与"协作"之间是比较难区分的，在一般的语境下，二者是通用的。张康之教授较早地对合作进行探讨，认为合作概念在广义上包括由低级到高级的"互助""协作"和"合作"三重形态①，并分别与人类社会的农业社会、工业社会、后工业社会三个发展阶段相对应。所以，基于人类群体行动和交往形态，协作与合作之间是相互区别的，如表2—1所示。

表2—1 广义合作包括的三阶段与对应的社会发展阶段及其特点②

人类社会发展阶段	农业社会	工业社会	后工业社会
广义合作包括的阶段	互助	协作	合作
特点	原始合作方式，具有感性特征	属于工具理性，具有科学化、技术化特征	基于理性经验建立，是适应全球化、后工业社会的一种共同行动模式

由表2—1可知，协作"从属于工具理性，具有科学化技术化的特征"③，并与工业社会相对应。工业化和社会化大生产促进了分工体系建立，为适应市场经济发展而形成的分工—协作体系（简称协作体系），"为人类工业社会一切社会活动提供了空间，孕育了伟大的工业文明"④。但协作体系中存在协调问题，20世纪末期，人类步入全球化和后工业社会时代，伴随着社会风险性和不确定性的上升，协作体系的不适应性日益凸显。并且，信息化是后工业社会的特征之一，信息技术的飞速发展冲击着传统的"中心—边缘"社会结构，网络领域的去中心化要求政府治理模式从协作向合作嬗变。⑤

---

① 参见张康之：《论合作》，《南京大学学报》（哲学、人文科学、社会科学）2007年第5期。

② 参见张康之：《从协作走向合作的理论证明》，《江苏行政学院学报》2013年第1期。

③ 张康之：《从协作走向合作的理论证明》，《江苏行政学院学报》2013年第1期。

④ 张康之：《论超越了协作体系的合作体系》，《理论学刊》2009年第3期。

⑤ 参见张峰：《网络公共领域的政府治理模式创新——从协作向合作的嬗变》，《理论与改革》2014年第2期。

狭义的合作概念是与后工业社会这一较高级的人类社会历史形态联系在一起的。后工业社会的高度风险性和复杂性，意味着"人类必须把人的共生共在确立为基本主题"①，而"合作既是理性的又是扬弃了工具性的人类群体共存、共在和共同行动的形式"②，即合作是一种更适应后工业社会情境的互动行为。合作行为与协作行为的根本区别在于，前者是战略性的构成性行为，后者是战术性的结构性行为。③ 所以，从结果来看，合作将带来参与方及社会整体利益的增加。

综上所述，协作与合作都从属于合作的广义概念，二者之间相似度较高，但也存在区别。总体上看，协作与合作分别同工业社会、后工业社会相连，体现了人类社会不同发展阶段的治理特征。从具体过程来看，首先，协作是结果导向，而合作更强调过程性，是一个向着明确方向的连续性过程，从而达成一系列的结果；其次，协作强调协作方所持资源的"交换"，而合作者在合作中更加重视总体收益，所拥有的资源是为了促进合作。④ 所以，在全球化、信息化、后工业化的背景下，合作比协作更适合描述组织间的关系和行为。

（3）合作与协调、整合

合作与协调之间存在着广泛的联系，二者都强调通过主体间的共同行动而达到一个更好的结果，相关研究中不对二者进行区分，称为"协调合作"⑤，但二者之间仍存在细微差别。

法约尔认为管理就是计划、组织、指挥、协调和控制，其中，协调"就是融合，将所有的行动和能力和谐统一起来"⑥，通过协调的连接和调和可以使部门间的工作步调一致、有条不紊地实现共同目的，其主要特征是探索个别劳动

---

① 张康之：《为了人的共生共在》，人民出版社 2016 年版，第 14 页。

② 张康之：《论合作》，《南京大学学报》（哲学、人文科学、社会科学）2007 年第 5 期。

③ 参见张康之：《走向合作的社会》，中国人民大学出版社 2015 年版，第 133 页。

④ 参见张康之：《论合作》，《南京大学学报》（哲学、人文科学、社会科学）2007 年第 5 期。

⑤ 参见马英娟：《走出多部门监管的困境——论中国食品安全监管部门间的协调合作》，《清华法学》2015 年第 3 期；李硕、邓掌、曹进：《从食用农产品产地准出和市场准入制度论我国食用农产品质量安全监管部门间的协调合作》，《食品安全质量检测学报》2017 年第 7 期。

⑥ ［法］亨利·法约尔：《工业管理与一般管理》，王连乔等译，四川人民出版社 2017 年版，第 7 页。

要素集合基础上的配合。① 从根本上来说，协调产生于任务专业化和部门化，"让部门之间或之内的工作互相和谐以促成组织的目标"②。政府部门基于职能分工而产生，"平级部门间协调活动是政府运作过程的重要组成部分"③，所以在政府部门间关系领域，协调是通过保障各主体间不冲突、避免摩擦而达到的相互配合状态的一种行为。协调也是一种常见的行政手段，是"多个组织、部门和单位、专业机构等朝向一个共同方向行动或至少不要侵蚀彼此的工作基层"④，一般围绕具体问题展开。可见，协调是一种行为，通过对各主体间关系的改善而达到增强整体效益的目的，而协调与合作的主要区别在于，"严格地讲，协调要求有协调者和垂直关系"⑤，合作则更强调各主体的平等参与，如"政策合作指的是政策所涉及到的利益相关者参与到政策形成过程中"⑥。

另一个与合作相近的概念是整合，前文关于合作与协同的概念辨析中已有涉及。相对于合作而言，整合是部门间关系整合度较高的状态，甚至涉及部门合并，实现物理上的"合二为一"。⑦ 整合是整体政府理论的核心概念之一，Perri 6 有关整体性政府的相关研究中，首要地强调了对"不同级别政府的整合或者同一级别政府部门间的整合"⑧。并在另一研究中将协调与整合进行对比说

---

① 参见李辉：《论协同型政府》，吉林大学博士学位论文，2010 年，第 50 页。

② ［美］乔纳森·R. 汤普金斯：《公共管理学说史——组织理论与公共管理》，夏镇平译，上海译文出版社 2010 年版，第 34 页。

③ 王飞：《项目式协调：政府内部平级部门间合作发生的制度逻辑》，《北京社会科学》2019 年第 2 期。

④ 李瑞昌：《政府间网络治理：垂直管理部门与地方政府间关系研究》，复旦大学出版社 2012年版，第 344 页。

⑤ ［美］詹姆斯·W. 费斯勒、唐纳德·F. 凯特尔：《公共行政学新论——行政过程的政治》（第二版），陈振明、朱芳芳等译，中国人民大学出版社 2013 年版，第 101 页。

⑥ 刘金龙、张译文、梁茗等：《基于集体林权制度改革的林业政策协调与合作研究》，《中国人口·资源与环境》2014 年第 3 期。

⑦ 参见赖先进：《论政府跨部门协同治理》，北京大学出版社 2015 年版，第 27 页。

⑧ Perri 6, Diana Leat, Kimberly Seltzer, Gerry Stoker, *Towards Holistic Governance: The New Reform Agenda*, New York: Palgrave, 2002, p.29.

明，协调（coordination）一词意指"有关联合和整体性的工作、联合的信息系统、不同机构间的对话、计划的过程和决定的作出"[①]，而与之形成对比的整合（integration）指"通过发展共同的组织结构、合并专业的业务以及一些干预措施，来对协调结果进行执行或贯彻"[②]。为进一步论述整合与协调的关系，Perri 6采用分类方法对协调和整合工作中的关系进行分类，如表 2—2 所示。

表 2—2　协调与整合关系类型的分类

关系类别	实体对象之间的关系类型	解释
协调	兼顾思考 对话 联合规划	战略的发展要考虑到对他人的影响 相互交流信息 临时性的联合规划或联合工作
整合	联合工作 联合行动 分离式的	临时协作 至少有一个参与实体进行长期联合规划和主要项目核心的联合工作 相互独立的实体，共同经营，作为一种整合的机制而建立
密切合作与相互参与（但不一定更高效或更增进集体行动）	战略联盟 联合 合并	至少有一个参与实体进行核心问题的长期联合规划和工作 正式的行政统一，同时保持相互区别的身份 相互融合以创建一个具有新的身份的新体系

综合表 2—2 对整合与协调的对比分析，可以看出，整合更强调整体性的机制，如组织整合、政策整合等，通过打破"横跨组织间的界限以应对非结构化的重大问题"[③]。可见，整合是一种优于协调、合作的状态，需要协调、合作

① Perri, 6., "Joined-Up Government in the Western World in Comparative Perspective: A Preliminary Literature Review and Exploration", *Journal of Public Administration Research and Theory*, 2004, 14（1），pp.103-138.

② Perri, 6., "Joined-Up Government in the Western World in Comparative Perspective: A Preliminary Literature Review and Exploration", *Journal of Public Administration Research and Theory*, 2004, 14（1），pp.103-138.

③ 李瑞昌：《政府间网络治理：垂直管理部门与地方政府间关系研究》，复旦大学出版社 2012年版，第 344 页。

等的充分发展才能实现的高级阶段。表 2—2 中所提及的联合、合并也属于合作的近义词，但其目的在于通过空间位置的集中或结构功能的融合而建立一个新的组织，由于涉及范围过大，容易带来复杂化和低效问题。

基于上文分析，下表对合作及其相关概念的核心特点进行概括，如表2—3 所示。

表 2—3　合作及其相关概念特点概括

相关概念	各概念主要特点或主要应用范围
合作	更加适应全球化、信息化和后工业社会的发展背景，是各参与主体间关系发展比较初级的阶段，强调参与主体间的平等关系，不涉及参与主体之间地位的变更。
协同	是高于合作的一种形式，合作相当于协同的一个较低水平发展阶段，无论在理论还是在实践中，协同对合作具有更高层次和方向上的指引。
协作	与工业社会的联系更为紧密的一种治理方式，更加注重结果导向。
协调	一般要求有协调者和垂直关系存在。
整合	是部门间关系整合度较高的状态，甚至涉及部门合并。
联合	在行政上具有正式的统一性。
合并	目的在于创建一个新的组织。

综上所述，通过与协同、协作、协调、整合、联合、合并等相关概念的对比分析，合作的主要特点为：第一，更加适应全球化、信息化和后工业社会的发展背景；第二，处于各参与主体间关系发展比较初级的阶段；第三，强调参与主体间的平等关系，不涉及参与主体间地位的变更。

本书选择合作这一概念，原因包括：第一，伴随着工业化、全球化、城市化和区域一体化的发展，人类社会开始从工业社会向后工业社会转型，进入了复杂性和不确定性的时代，更加突出了合作的主旋律。政府的管理模式应该由分工向合作转变，"合作制组织将成为后工业社会的一种主导性的组织形式"[①]。第二，合作是近年来社会科学研究的一个核心话题，并广泛应用于公共管理领

---

① 张康之：《论组织的转型：从控制到合作》，《西北大学学报》（哲学社会科学版）2009 年第 2 期。

域，如合作治理、区域合作、部门合作等。合作是各参与主体间关系发展比较初级的阶段，指的是各参与主体通过方向一致的行动去实现共同目标，是协同、协作、协调、整合等不同合作状态均涵盖的阶段，可以比较宽泛地描述各参与主体间的关联性。第三，合作具备的特点与本书"以并联审批促进政府部门间合作"这一研究主题契合。本书中的合作主体是处于同一层级的政府部门，从研究对象本身来看，它们都是具有行政权力和承担行政责任的独立主体，相互之间是平等的关系。而并联审批只涉及政府部门间业务流程的调整，从过程来看，各参与主体之间是平等的，不涉及相关部门之间主体地位的变化。

3. 政府部门间合作

依据上文对"政府部门"和"合作"的概念界定，即政府部门是基于狭义政府概念，聚焦于地方政府层面的具有明确职责分工、相应的资源和横向上业务联系的平行职能部门；合作是适应全球化、信息化和后工业社会的发展背景，各参与主体间关系发展比较初级的阶段，并强调参与主体间的平等关系、不涉及参与主体之间地位的变更。所以本书中的政府部门合作，指在同一级别的地方政府层面，具有明确的职责分工、相应的资源和横向上业务联系的平行职能部门之间产生各种关联性的过程。有学者将合作界定为"两个或两个以上的机构从事的任何共同活动，通过一起工作而非独立行事来增加公共价值"[①]，其将合作的任何形式都理解成一起工作，本书中将合作的形式理解成各种关联性是与此相一致的，因为本书中合作的目的是增加公共价值。

（二）并联审批的概念界定

并联审批是伴随着行政审批制度改革而产生、发展的一种促进审批效率提

---

① ［美］尤金·巴达赫：《跨部门合作——管理"巧匠"的理论与实践》，周志忍、张弦译，北京大学出版社 2011 年版，第 6 页。

升的运行方式。本部分对其概念的界定，沿着并联审批产生、发展的思路展开，通过行政审批概念界定、行政审批制度改革发展历程梳理，展现并联审批的由来；通过并联审批与集中审批、"一站式"审批、联合审批、网上并联审批等相关概念的辨析，阐明并联审批的特点；结合不同角度的并联审批概念界定，提出本书中的并联审批概念。

1. 行政审批、行政审批制度改革与并联审批

（1）行政审批的概念

一直以来，政府通过审批管理市场和社会，但对于"何谓行政审批"并没有形成一致性的概念。从行政审批的发展历程来看，早期的概念界定主要从行政管理角度和法律角度展开。首先，是从行政管理的角度。2001 年 12 月国务院行政审批制度改革工作领导小组及其办公室印发的《关于贯彻行政审批制度改革的五项原则需要把握的几个问题》，将行政审批界定为：行政审批机关（包括有行政审批权的其他组织）根据自然人、法人或者其他组织依法提出的申请，经依法审查，准予其从事特定活动、认可其资格资质，确认特定民事关系或者特定民事权利能力和行为能力的行为。行政审批强调的是在政府管理过程中，行为主体（行政审批机关）围绕相对人的申请，实施的具体行政行为。其次，是从法律的角度。《中华人民共和国行政许可法》中，将行政许可界定为："行政机关根据公民、法人或者其他组织的申请，经依法审查，准予其从事特定活动的行为"[1]，将行政审批和行政许可作统一化处理。但相关研究指出，二者在执行中是分离的，主要体现为理论与实践中二者界定标准不一致、立法上二者内涵与外延不统一，而立法中的严格界定和实际行政审批制度改革的不彻底加剧了二者之间的分离性。[2] 总的来说，在具体实践中，行政审批的范围要大于行政许可的范围，探求二者统一的概念存在局限性。

---

[1] 《中华人民共和国行政许可法》，中国政府网，2005 年 6 月 27 日，http://www.gov.cn/flfg/2005-06/27/content_9899.htm。

[2] 参见王克稳：《我国行政审批与行政许可关系的重新梳理与规范》，《中国法学》2007 年第 4 期。

学术界相关研究也对行政审批概念进行了界定，如"行政审批，在行政法上称为行政许可，是基于当事人的申请，行政主体经过判断调查，对符合法定条件的申请予以批准的行政行为"[①]。其主要是基于行政管理的角度展开，并将行政审批理解为行政机关管理和维护社会秩序的一种方式。依据上文分析，围绕本书的研究主题（并联审批如何促进政府部门间合作），本研究采用行政审批制度改革工作领导小组对行政审批的概念界定[②]，其中，执行行政审批的主体是行政机关；审批过程是"依法审查"，即审批主体对审批客体提交的材料，依据相关程序、流程进行审批，而相关程序、流程的设置将对审批效率带来影响；审批结果是对符合要求的申请人给予相应权利、明确相应义务。

（2）行政审批制度改革与并联审批

行政审批制度不同于行政审批，"是在计划经济向市场经济转轨的过程中出现的"[③]，其涵盖范围更加宽泛。面对行政审批制度存在范围广、程序繁、效率低等问题[④]，行政审批制度改革备受关注。推行行政审批制度改革的目标是建立与社会主义市场经济体制相适应的行政审批制度，并非全部的审批都作为改革对象，其主要为"针对外部相对人实施的、具有管制性质的审批事项"[⑤]。

行政审批制度改革作为政府职能转变、全面深化行政体制改革的突破口[⑥]，一直被放在改革的突出位置，其发展历程可以概括为"减量提速、规范监督、服务转型"[⑦]。自 2001 年行政审批制度改革工作领导小组成立至党的

[①]　麻宝斌：《行政审批制度改革的价值取向与行为选择》，《中共福建省委党校学报》2003 年第 2 期。

[②]　行政审批指行政审批机关（包括有行政审批权的其他组织）根据自然人、法人或者其他组织提出的申请，经依法审查，准予其从事特定活动，认可其资格资质，确认特定民事关系或者特定民事权利能力和行为能力的行为。

[③]　张康之：《行政审批制度改革：政府从管制走向服务》，《理论与改革》2003 年第 6 期。

[④]　参见彭向刚：《我国行政审批制度的突出问题与改革的目标模式》，《学术研究》2003 年第 9 期。

[⑤]　王克稳：《论行政审批的分类改革与替代性制度建设》，《中国法学》2015 年第 2 期。

[⑥]　参见荣仕星：《关于我国行政审批制度改革的若干思考》，《中共中央党校学报》2004 年第 1 期。

[⑦]　艾琳、王刚：《行政审批制度改革的理性思考》，《中国行政管理》2014 年第 8 期。

十八大前夕，其重点在于清理、削减不合法、不合理的审批事项，通过"减量型改革"控制审批数量。党的十八大以来，我国进入了经济增长速度的换挡期、结构调整的阵痛期、前期刺激政策的消化期，为达到转变政府职能的目的，新一届政府"从行政体制改革整体框架上进行系统推进的战略思考"[1]，以简政放权为理念，遵循放管结合、优化服务的原则，通过"三管齐下"将行政审批制度改革推向纵深。具体包括：削减审批事项、压缩审批环节及"三单制度"建设，进一步理顺政府与市场、社会以及不同层级政府间、不同部门间的关系。从不同方面协同推进行政审批制度改革，如在商事制度改革中推进"一窗受理、并联审批、三证统发"。同时，在信息化建设中更加充分地利用"互联网＋"、大数据等技术平台，致力于大范围的信息共享。

而且，新一轮行政审批制度改革在兼顾数量削减的同时，更加注重服务质效提升，如施行以"最多跑一次"为代表的结果导向型改革。这是以建设服务型政府为理念，以提升效率为核心内容，从观念到实践两个层面向服务型政府转变的改革，也是地方政府行政审批制度改革全面深化的重要尝试，更是改革开放40多年来地方政府行政审批制度改革轨迹的最新呈现。"最多跑一次"改革以效率为核心，把改革目标硬化为数量结果，以此作为衡量改革成效的"标尺"[2]，在具体实践中，并联审批作为提升办事效率、压缩办理时限的有效运行方式，受到越来越多的关注。

2. 并联审批的相关概念辨析

在相关研究中，集中审批、"一站式"审批、联合审批、网上并联审批等相关概念经常被使用，甚至替代并联审批的概念。各相关概念之间具有相似性，但又相互区别，为了界定并联审批概念，下文将围绕其间的差别进行区分。

---

① 薛澜：《行政审批改革的最大难点》，《人民论坛》2013 年第 25 期。

② 参见许峰、王昌印：《"最多跑一次"改革的地方政府创新再造及模式探索》，《行政与法》2018 年第 6 期。

　　首先，集中审批主要指依托政务服务中心的聚集优势，基于服务申请人的角度，"改变审批受理独自开展、审批办理互不相关的状况"①，促进审批的集约化。相对于并联审批，集中审批更加强调物理空间的集中，为进一步带动业务集成、数据共享奠定基础，可以将集中审批理解为并联审批发展的基础阶段。其次，基于行政服务中心或政务大厅等推行的集中审批，是通过"一站式"办公模式实现的②，各地也积极探索在集中审批的基础上，"实行'一站式''窗口式''一厅式'的集中联合审批服务"③。可见，"一站式"审批是从审批申请人的角度对服务方式的概括。再次，联合审批和并联审批最为相近，二者在一定程度上可以等同，都是为了构建审批部门间的沟通平台、沟通渠道④，而且联合审批也强调与网络平台相融合，构建以网络为依托的网上行政联合审批。⑤联合审批与并联审批的主要区别在于"联合"只强调相关审批部门之间相互配合、共同高效完成审批任务，而"并联"更强调了各相关审批部门在审批运行过程中的"同步推进"，更加直观地体现了审批流程的优化。最后，网上并联审批，是在现代信息技术发展促进电子政务建设的背景下提出的，将并联审批的流程与网上审批的方式相结合，具有节约申办时间、增强政府部门服务意识、节约行政成本和人力资源以及促进资源共享等优势。⑥网上并联审批除具备"工商受理、抄告相关、同步审批、限时反馈"的并联审批运行流程外，

① 艾琳、王刚、张卫清：《由集中审批到集成服务——行政审批制度改革的路径选择与政务服务中心的发展趋势》，《中国行政管理》2013年第4期。

② 参见张锐昕、杨国栋：《中国地方政府行政审批制度改革模式的探索及其应然走向——基于吉林省相对集中审批模式的分析》，《内蒙古社会科学》（汉文版）2012年第2期。

③ 钟伟军：《从"一站式"服务到"最多跑一次"——改革开放以来的地方行政审批改革》，《电子科技大学学报》（社会科学版）2018年第5期。

④ 参见龚虹波：《整体政府视角下的联合审批政策网络分析——以宁波市旅馆业联合审批改革为例》，《中国行政管理》2018年第9期。

⑤ 参见张永升、李海风：《完善哈尔滨市网上行政联合审批系统探索——以北京、宁波的经验和做法为鉴》，《电子政务》2008年第Z1期。

⑥ 参见陈晓勇：《网上并联审批制度的研究——以南京市玄武区为例》，南京农业大学硕士学位论文，2011年，第18—19页。

还具备"证照公告、数据共享、实时统计、在线监督"等新功能，可以满足各部门审批情况查询统计及在线监督、营业执照及相关许可证核发的公告、对企业和个体的表彰及处罚信息的公告等需要。在信息化飞速发展的背景下，借助网络平台推进并联审批发展是必然趋势，所以实时、互动的网上并联审批是并联审批的发展方向，并且已经开始积极探索。

3. 不同角度的并联审批概念界定及本书中的并联审批概念界定

（1）不同角度的并联审批概念界定

并联审批是在深化行政审批制度改革的过程中，形成、发展的一种创新性审批运行方式。2014年3月24日《国务院关于进一步优化企业兼并重组市场环境的意见》发布，进一步强调要"简化审批程序"，"优化企业兼并重组相关审批流程，推行并联式审批，避免互为前置条件"，第一次正式提出"并联审批"概念。

但在正式提出"并联审批"概念之前，相关研究从法律依据、过程、结果等不同角度对并联审批概念进行了界定。一是从法律依据的角度，主要依据《中华人民共和国行政许可法》中的第三章第二十六条，"行政许可依法由地方人民政府两个以上部门分别实施的，本级人民政府可以确定一个部门受理行政许可申请并转告有关部门分别提出意见后统一办理，或者组织有关部门联合办理、集中办理"①，将对两个以上部门行政审批方式的规定理解为并联审批。二是从实施过程的角度，相关研究将并联审批界定为，"对需要多个部门联合办理的事项，理清办理程序、划分办理责任、明确牵头全程代理部门，实施跨部门办事全程代理"②。也有研究从审批主体、客体、内容及审批主体间运行等具体方面对并联审批进行界定，认为并联审批是指"涉及两个及两个以上的审批

---

① 《中华人民共和国行政许可法》，中国政府网，2005年6月27日，http://www.gov.cn/flfg/2005-06/27/content_9899.htm。

② 余建国、孟伟：《以跨部门并联审批机制提升政府行政能力》，载《中国行政管理学会2005年年会暨"政府行政能力建设与构建和谐社会"研讨会论文集》，2005年。

部门分别实施的两个以上有关联性的行政审批事项，审批申请人提出申请之后，由一个部门或者窗口统一接收一套申请材料，各相关审批部门同步进行审批，分别做出审批决定的审批方式"①。从实施过程的角度对并联审批概念的界定，是在其法律概念界定的基础上，对审批主体间过程的强调，更加突出"并联"之意。三是从结果的角度，可以将并联审批概括为"一门受理，抄告相关，同步审批，限时反馈"②，主要强调的是审批申请人的"一站式""窗口式""一厅式"办理，在规定时限内拿到审批结果，是从当事人角度对审批时限、与审批主体接触方式等的描述。

（2）本书中的并联审批概念界定

依据前文对并联审批的发展历程和相关概念辨析可知，并联审批的审批主体、审批客体、审批结果等与行政审批是一致的，只是其涉及两个及以上职能部门，强调职能部门在审批流程中的"并联"推进。而且，并联审批包含不同的发展阶段，如基础性阶段的"集中审批"以及其积极探索的发展方向"网上并联审批"。而对并联审批概念的界定，分为法律、过程和结果的角度，过程角度更加强调审批主体，即相关职能部门之间如何通过运行方式实现"并联"。围绕本书的研究主题"并联审批如何促进政府部门间合作"，本研究采用过程角度对并联审批概念进行界定：并联审批指涉及两个及以上审批部门分别实施的行政审批事项，在牵头部门或服务中心窗口受理申请人的申请后，所涉及的审批部门在规定时限内实施同步审批的方式。其中，审批主体是所涉及的两个及以上审批部门；审批客体是申请人；审批内容是涉及两个及以上审批部门的审批事项；审批过程是所涉及的审批部门在规定时限内实施同步审批。

---

① 万明星：《深化行政审批制度改革背景下并联审批模式运行研究》，湖南大学硕士学位论文，2016 年，第 10 页。

② 浙江省工商局企业处：《浙江省实施企业登记前置并联审批制度回顾与分析》，《工商行政管理》2002 年第 20 期。

二、理论基础

本研究以并联审批为切口探究政府部门间合作问题及其机理，在理论上主要吸收借鉴了整体性治理理论、无缝隙政府理论和协同学。这些理论为本研究提供了并联审批与政府部门间合作的连接机制、以并联审批促进政府部门间合作的理论依据、并联审批促进政府部门间合作内在机理的分析逻辑。同时，也为确定并联审批中哪些关键环节、要素能够促进政府部门间合作，如何对其内部机理进行系统性分析提供了理论线索和分析维度的依据。

（一）整体性治理理论

面对传统官僚体制的过度分工和专业化，以及新公共管理改革带来的政府机构体系"碎片化"问题，20 世纪 90 年代，整体性治理兴起。这种整体性的政府管理模式与运作机制的对立面是"碎片化"而不是专业化，其强调政府与社会、政府内部不同层级和部门间的"跨界"合作以有效应对不断出现的跨界、跨域问题。

20 世纪 90 年代中后期，西方国家为提高政府各部门和机构之间的整体性运作，相继进行"整体政府"改革。在这一阶段的改革中，英国再次成为改革的先驱，1999 年《现代化政府白皮书》提出建立侧重结果导向、顾客导向、合作并有效的信息时代政府。在具体改革中，英国最早提出联合政府 / 协同政府（Joined-up government），在澳大利亚和新西兰称之为整体型政府（Whole-of-Government），加拿大将其命名为水平政府（Horizontal Government），美国则冠之以协同政府（Collaboration Government）。伴随着整体性治理实践的发展，相关学者基于不同角度对整体性治理进行理论上的分析。英国学者 Perri 6 最早对整体性治理进行研究，认为整体性治理表现为政策、管制、服务等方面的整体性运作，并体现在公私部门间整合、不同层级政府间整合以及部门间功能整合三个层面。①Tom Christensen 等学者从结构、文化和迷思的角度对整体性治理实践进行诠释，基于结构的角度，认为整体政府是有意识的组织设计或机构重组，"目标就是促进各政府组织更好地团结协作"②。Pollitt 在总结相关整体性治理实践的基础上，认为"整体政府"是指从横向和纵向上能实现思想和行动的协调，通过这种协调能获得很多的益处。③彭锦鹏认为，全观型治理（即整体性治理）的境界必须建立在绵密而精细的资讯体系、组织体系和主动的人事行政体系之上，并认为该理论可望成为 21 世纪有关政府治理的大理论。④

上述不同国家对整体性治理实践的形态命名与其改革方式有关，不同学者对整体性治理的阐述与其研究侧重点有关，但诸多称谓背后有其共通之处，即通过合作解决"碎片化"的问题。整体性治理理论共通的思想内核为本研究提供了可循思路：

第一，整体性治理理论倡导合作的理念，是本书探究政府部门间合作的重要理论来源。20 世纪初期，"官僚制"政府组织形式确立，一方面，职责的清晰划分提高了办事效率，为政府日常运行提供了稳定基础；另一方面，伴随分工的不断细化，产生了部门林立、部门间职责交叉、协调难等问题，继而导致政府对公众需求反应迟钝、公共服务有效供给不足，出现"政府失败"和"公共服务失灵"。与后工业社会相适应，加之对上述官僚制政府弊端的改善，自 20 世纪 70 年代起，西方各国开展了以"政府再造"为内容的新公共管理运动，但过度强调效率和竞争导致"碎片化"的管理模式难以有效应对不断出现的跨

---

① Cf.Perri 6, Diana Leat, Kimberly Seltzer, Gerry Stoker, Towards Holistic Governance: The New Reform Agenda, New York: Palgrave, 2002, p.29.

② ［挪威］Tom Christensen，Per Lægreid：《后新公共管理改革——作为一种新趋势的整体政府》，张丽娜、袁何俊译，《中国行政管理》2006 年第 9 期。

③ Cf.Pollitt, C., "Joined-up Government: A Survey", Political Studies Review, 2003, 1 (1), pp.34-49.

④ 参见彭锦鹏：《全观型治理：理论与制度化策略》，《政治科学论丛》2005 年第 23 期。

界问题。为解决"碎片化"的制度结构以及各类跨越政府职能边界的问题，整体性治理理论兴起，其"具备一个总体特征，即强调制度化的跨界合作"①。并且，该理论中的合作以多种形式存在，同级政府不同部门之间的合作是整体性治理理论的重要内容之一，对本研究在新时代的背景下探究政府部门间合作问题具有启发意义和应用价值。

第二，整体性治理理论注重合作机制的构建，为本书从并联审批角度探究政府部门间合作机理提供了分析维度的借鉴。"整体性治理着眼于政府内部机构和部门的整体性运作"②，目的在于通过政府部门间的合作，摆脱裂化的政府部门结构，对社会作出整体性的回应。与其他政府类型相比，整体性政府的目标和手段之间相互增强，在共同目标的指引下合作不仅是需要的，而且各相关主体还要重新安排自己的功能目标，使这些目标与总的目标相一致。与此同时，目标一旦形成便为接下来的进程提供指引，为了做到这一点，就有必要整合许多过程，而"整合是要求不同治理主体以及政府内部各部门能够从全局考虑，以结果为导向达成行动上的一致"③。在整体性治理的视阈下，各政府部门作为达成整体性运行的组织结构，以公众需求为核心目标，"每个运行环节相互协调、步调一致，形成一个整体性的运转流程"④。也就是说，从过程的角度来看，合作是沿着相应制度设计而形成的围绕共同目标的一种共同行动。在本书中，探究并联审批如何促进政府部门间合作，其实质就是回答如何在不取消部门专业化分工的前提下实现跨部门合作。在具体分析中，强调通过目标的塑造和强化来提升整体性治理中各参与主体的凝聚力，继而各政府部门以工作流程为中心，打破部门间行政界限，以全局最优为目标来设计和优化流程中的各

---

① 胡佳：《迈向整体性治理：政府改革的整体性策略及在中国的适用性》，《南京社会科学》2010 年第 5 期。

② 竺乾威：《从新公共管理到整体性治理》，《中国行政管理》2008 年第 10 期。

③ 丁煌、方堃：《基于整体性治理的综合行政执法体制改革研究》，《领导科学论坛》2016 年第 1 期。

④ 胡佳：《迈向整体性治理：政府改革的整体性策略及在中国的适用性》，《南京社会科学》2010 年第 5 期。

项行动。可见，整体性治理理论为本研究从目标和行动的维度探究并联审批促进政府部门间合作的内在机理提供了理论基础和可循思路。

总体而言，整体性治理理论兴起于西方社会，理论本身会存在产生、发展背景的历史和国别差异，但伴随着整体性治理内涵和对象在中国语境下的发展，其成为解决我国治理问题的重要理论工具。整体性治理理论为明晰本书的研究问题及其分析维度提供了借鉴，其对合作理念的倡导以及合作机制的构建，为本研究探究政府部门间合作提供了理论指引。

（二）无缝隙政府理论

20 世纪 90 年代，通用电器公司的执行总裁杰克·韦尔奇创造了"无界限组织"（Boundaryless Organization）的概念。拉塞尔·M. 林登认为与"无边界"相比较，"无缝隙"更能解释适应时代需求的新型组织的核心本质，所以基于韦尔奇的相关研究，其认为"无缝隙组织"是指"可以用流动的、灵活的、完整的、透明的、连贯的词语来形容的组织"[①]。与过去按职能分割的、各自为政的、零碎分工的提供方式不同，无缝隙政府机构以"整合的、全盘的、联合的方式来组织工作"[②]。也就是说，这种类型的组织是一个整体，打破了部门之间、部门和职员之间、机构和顾客之间的隔离。无缝隙政府（Seamless Government）概念是在"无缝隙组织"基础上的进一步发展，指以满足公民的无缝隙需要为目标的一种组织变革，其通过打破传统的组织部门界限和条块分割，整合政府的部门、人员和其他资源，消除政府不同层级和部门机构之间的各种障碍和壁垒，建立新型的政府组织结构形式，以单一的友好的界面接触公众，向公

---

① ［美］拉塞尔·M. 林登：《无缝隙政府：公共部门再造指南》，汪大海、吴群芳等译，中国人民大学出版社 2014 年版，第 4 页。

② ［美］拉塞尔·M. 林登：《无缝隙政府：公共部门再造指南》，汪大海、吴群芳等译，中国人民大学出版社 2014 年版，第 16 页。

众提供符合其需求的优质高效的公共服务"①。

总的来说，无缝隙政府理论的核心在于，通过运行机制层面的优化来打破部门分割的限制，从而促进相关部门间的合作以提供高质效的公共服务。该理论为本研究以并联审批这一运行方式为切口，探究政府部门间合作及其内在机理提供了理论基础，具体体现在如下方面。

第一，无缝隙政府理论倡导通过运行机制的优化促进政府部门间整合性地提供公共服务，为本研究以并联审批促进政府部门间合作提供了理论支撑。长期以来，按职能分工进行部门设置的官僚制组织，在政府部门间筑建了无形的"柏林墙"，把政府部门切割成一个个"信息孤岛"。对于政府部门来说，只需负责本职工作、完成本部门目标即可，缺少考虑全局的动力和动机，也使得政府部门间合作举步维艰。但是，处于新的综合时代，"我们都可以看到对大思路和对普遍理论及对将零碎的部分进行重新整合为整体的回归"②，所以政府部门间合作是必要的。无缝隙政府理论以一种整体全盘的方式进行组织，改变了过去将一个政府项目由各个不同功能的部门分散管理的做法，促进了政府部门以"整合的、全盘的、联合的方式来组织工作"③。本研究中的并联审批是行政审批制度改革的创新方式，改变了以往各部门"串联式"审批，通过同步推进的运行机制促进了政府部门间合作，并提升了公共服务质效，与无缝隙政府理论的核心内涵相一致。

第二，无缝隙政府理论中运行机制的优化路径，为本研究探索并联审批促进政府部门间合作的分析路径提供了理论启示。一方面，无缝隙政府理论以顾客为中心、结果为导向，有利于各政府部门围绕共同目标进行工作。传统官僚制政府按职能分工进行部门设置，在职能分工专业化的背景下，各部门习惯于

---

① ［美］拉塞尔·M. 林登：《无缝隙政府：公共部门再造指南》，汪大海、吴群芳等译，中国人民大学出版社 2014 年版，译者序第 2—7 页。

② Alvin Toffler.The Third Wave, New York: Bantam Books, 1981, p.130.

③ ［美］拉塞尔·M. 林登：《无缝隙政府：公共部门再造指南》，汪大海、吴群芳等译，中国人民大学出版社 2014 年版，第 16 页。

从本部门和职能角度出发，提供的公共服务不包含顾客需求的考量，是典型的生产者社会中政府管理模式。无缝隙政府是由生产者社会向顾客社会转变的结果，从"供应顾客""争夺顾客"到"创造顾客"反映了其转变过程。其倡导"倒流程"的政府管理模式，"一竿子插到底"瞄准顾客需求，政府各项业务流程均围绕顾客展开，顾客满意度是政府运行的核心考量。与此同时，面对不断提升的顾客需求，无缝隙政府"以结果为导向，通过顾客和过程，强调积极的目标、具体的结果与产出"①，从而形成围绕共同目标的工作方式。这为本研究从政治、经济、社会的角度分析并联审批如何促进相关部门间共同目标形成提供了有益启示。因为本书中的并联审批，是改革开放以来，伴随着社会经济发展、行政体制改革推进、公民社会成长，为不断满足经济、社会对政府部门审批效率的需求，以审批结果为导向的创新方式。政府部门不断满足经济、社会对提升审批效率的需求，并以提升效率为结果导向，这构成了分析并联审批促进相关部门形成共同目标的政治、经济、社会分析路径。

另一方面，无缝隙政府理论以再造为原则，致力于办事流程优化，有利于各政府部门在运行过程中有效行动。"再造"是一套强有力的原则，应用于政府组织改革中，其针对的重点不是职能或者部门，而是围绕过程和结果对整个体系进行重新设计、彻底地再造这些组织间的流程。流程再造是"给顾客提供无缝隙服务的方式"，在这一过程中"它迫使我们建立新的思维方式和观察这个世界的方式"②。在具体的运行过程中，首先，再造体现在对运行程序的规划，无缝隙政府包含了所有的申请必须经过同样的程序以保证质量，也强调关注顾客需求，实现速度和便利，让"顾客感觉到这个组织的透明度、办事顺畅、毫不费力"③；

---

① ［美］拉塞尔·M.林登：《无缝隙政府：公共部门再造指南》，汪大海、吴群芳等译，中国人民大学出版社2014年版，译者序第7页。

② ［美］拉塞尔·M.林登：《无缝隙政府：公共部门再造指南》，汪大海、吴群芳等译，中国人民大学出版社2014年版，前言第16页。

③ ［美］拉塞尔·M.林登：《无缝隙政府：公共部门再造指南》，汪大海、吴群芳等译，中国人民大学出版社2014年版，前言第16页。

其次，再造体现在围绕过程对政府部门进行组织，无缝隙政府强调将几个过程并举代替顺序操作，客观上需要将所涉及的部门围绕过程进行组织，以提供无缝隙的工作过程，保证几个程序的并行推进；最后，再造过程中重视技术力量以实现自动化，现代信息技术是打造无缝隙政府的重要条件之一，它保证了各相关部门在任何时间、地点得到信息，也可以保证信息的一次性获取，使过程更有效率也更加准确。上述理论为本研究从运行前提、组织载体、技术支撑三个方面分析并联审批如何促进政府部门间有效行动提供了分析路径上的借鉴。并联审批亦是一种流程优化方式，在具体运行中，强调审批流程的整体化、标准化建设，以保证办事程序的无差别化；通过政务服务中心／行政审批局等将相关部门进行组织，以实现相关程序的同步推进；广泛应用电子政务、"互联网＋"技术等，为提高其办事效率提供技术支撑。这构成了分析并联审批促进相关部门围绕共同目标进行行动的运行前提、组织载体、技术支撑分析路径。

总的来说，无缝隙政府理论揭示了这一基本逻辑，即运行机制层面的优化可以促进政府部门间的合作。这为本研究以并联审批这一运行方式为切口，探究政府部门间合作问题提供了理论来源。而且，无缝隙政府理论也更为细致地分析了促进运行机制优化的具体路径，为本研究分析并联审批促进政府部门间合作的目标、行动维度提供了分析路径上的启发与借鉴。

（三）协同学

协同学（Synergetics），也称协同论，源于希腊文，意为"协调合作之学"，其主旨在于发现结构赖以形成的普遍规律。协同学横跨自然科学和社会科学，认为"存在着普遍的更高层次的必然性，它们导致新的结构和新的模式"①。在具

---

① ［德］赫尔曼·哈肯：《大自然成功的奥秘：协同学》，凌复华译，上海译文出版社 2018 年版，第一版前言第 2 页。

体实践中，协同学不仅要发现"结构怎样组成，还得明白各组成部分如何协作"①，可以说协同学是一门关于在普遍规律支配下的有序自组织集体行为的科学。

该理论包含两大主要概念，首先，序参数（Order Parameter）是"使一切事物有条不紊地组织起来的无形之手"②，具有秩序的意义，其"既可以是一种具体的物质形式，也可以是一种现象、心理和社会形态等"③。同时，序参数也体现了一种支配行为，即"序参数由各部分的协作而产生，反过来，序参数又支配各部分的行为"④。协同学指出，"'有意义的信息'和全貌是由序参数提供的，每当系统的宏观行为改变时，序参数变得十分重要"，而且，在特定情况下，即使是环境参数的微小变化，也会给一个整体性的系统带来颠覆性变化。其次，自组织指"在没有任何外来指导的情况下，出现了一种集体运动"⑤，这种集体运动是相互合作、相互协调的，以有序运动替代无序运动的有序状态。自组织概念中的"没有任何外来指导"，是相对于通常情况下需要占支配地位的人或组织指导才会出现合作与协同而言的，因为在协同学中，只要拥有了一个占支配地位的"序参数"，就会出现自组织现象，进而产生协同效应，类似于"无为"的过程。但"自组织的无为过程不是没有边界限制条件的"⑥，需要"有为"地设立控制参数，再通过自组织过程，形成合作秩序。

第一，协同学中系统的宏观状态受微观因素影响，为本研究从并联审批这

---

① ［德］赫尔曼·哈肯：《大自然成功的奥秘：协同学》，凌复华译，上海译文出版社 2018 年版，第 5 页。

② ［德］赫尔曼·哈肯：《大自然成功的奥秘：协同学》，凌复华译，上海译文出版社 2018 年版，第 8 页。

③ ［德］赫尔曼·哈肯：《大自然成功的奥秘：协同学》，凌复华译，上海译文出版社 2018 年版，第 239 页。

④ ［德］赫尔曼·哈肯：《大自然成功的奥秘：协同学》，凌复华译，上海译文出版社 2018 年版，第 8 页。

⑤ ［德］赫尔曼·哈肯：《大自然成功的奥秘：协同学》，凌复华译，上海译文出版社 2018 年版，第 31 页。

⑥ 鲍勇剑：《协同论：合作的科学——协同论创始人哈肯教授访谈录》，《清华管理评论》2019年第 11 期。

一微观切口探究政府部门间合作这一大的问题提供了理论依据。在协同学中，较多的不确定性常用来描述无序状态，有条不紊则是一种有序状态，且有序体现在微观和宏观两个层面，二者之间相互联系。首先，微观变化带来宏观变化。物体的样态分为气态、液态、固态等，在物理学中称为相，不同相之间的变化，称为相变。"相变显然形成截然不同的有序和无序"[①]，如水的相变。当较高的温度带来水分子剧烈的热运动时，水分子会到处乱飞，当不断相互碰撞而改变运动方向，就会造成一种无序状态；当降低温度，水蒸气液化成水，分子间距离很近并受到相互引力的作用，但水分子之间还能够相互位移，当不断冷却的水变成冰时，冰晶体中的各个水分子排列成行，是一种秩序井然且刚性的物质状态，即形成了一种有序状态，如图2—3展现了水分子的微观变化带来的宏观上的相变。

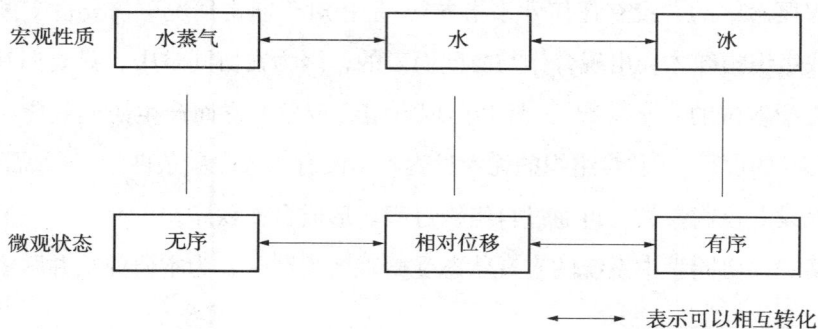

图2—3　水相变中的微观状态与宏观性质[②]

如图2—3所示，从微观层面来看，不同相的变化实际上是水分子之间的相对不同位置变化，从水蒸气时的到处乱飞，到液态水时的相对移动，再到冰晶体中的周期性"点阵"。"与这些不同的微观有序状态相联系的是完全不同的

---

① ［德］赫尔曼·哈肯：《大自然成功的奥秘：协同学》，凌复华译，上海译文出版社2018年版，第19页。

② 参见［德］赫尔曼·哈肯：《大自然成功的奥秘：协同学》，凌复华译，上海译文出版社2018年版，第19—20页。

宏观性质"①，如水蒸气、水、冰，其在压缩、透光性等方面完全不同，也就是说，微观状态变化能使物质产生全新的宏观性质。

其次，微观有序产生宏观力量。在标准大气压条件下，水在100℃沸腾，在0℃结冰，导致相变发生的确定温度，称为"临界温度"。在电的传导过程中，电阻的摩擦过程使之损失了一些能量，而研究发现，当水银冷却到低于某"临界温度"时，电阻会完全消失，这被称为超导性。"超导过程的基础也是一种非常特殊的微观有序状态，其中，金属中的电子总是成对地在晶体中运动"，"这些成对的电子自身又处于一种严格有序的运动状态，从而能抵抗晶体原子的阻挡作用"②。也就是说，通过一定的条件产生的新的微观有序与一种全新的宏观力量的状态联系在了一起。

最后，微观有序化程度决定宏观走向。磁铁由元磁体构成，在有序的磁相中，所有元磁体排列整齐、方向一致，而在无序磁相中，元磁体可以指向任何方向。这种微观范围内的相变是两种截然不同的物理力之间的竞争，"一种力促使元磁体平行排列，另一种力则以热运动为基础"③。如果热运动占上风，会带来无序随机运动，使元磁体方向不同，其对外的作用相互抵消，宏观的磁化会消失不见；如果另一种促使元磁体平行排列的力占上风，所有的元磁体都排列整齐，就会出现宏观的磁化。也就是说，微观层面的从无序到有序、从有序到无序的变化会带来宏观层面样态的变化。虽然相变涉及的事物和现象变化万千，但却遵循着基本的规律，即相变中微观的有序或无序的变化常常引起宏观力量、样态、方向的改变，这些变化也引导我们把这些现象、规律用到组织的运行中去，即组织系统中的宏观状态亦受微观因素的影响，这为

---

① ［德］赫尔曼·哈肯：《大自然成功的奥秘：协同学》，凌复华译，上海译文出版社2018年版，第20页。

② ［德］赫尔曼·哈肯：《大自然成功的奥秘：协同学》，凌复华译，上海译文出版社2018年版，第21页。

③ ［德］赫尔曼·哈肯：《大自然成功的奥秘：协同学》，凌复华译，上海译文出版社2018年版，第25页。

本研究以并联审批这一微观运行机制探究政府部门间合作这一系统性的问题提供了理论基础。

第二，协同学中从竞争到有序，从有序到协同的内在机理是"一致性"，其是本书分析并联审批促进政府部门间合作内在机理的分析逻辑。协同学中从竞争到有序、从有序到协同的内在机理为何？光有多种，在一个普通灯管里，原子进行的是完全无序的运动，而激光中原子的行为是自组织的且是有序的。"激光提供了一个通过自组织而建立有序状态的例子，其中无序运动被转变为有序运动"①。究其原因，在激光器中存在着一种自组织现象，而这种现象产生于序参数和电子之间的"支配"与"产生"关系。在激光器中，当一种波以压倒性的优势得到加强并建立主导地位时，它将"支配原子的每一个新的受激光电子，使之按它的节拍共振"②，这种波也就确定了激光器中的序，起序参数作用。电子被序参数"支配"，而也正是电子间的同一节拍震荡产生了序参数，形成了一个"循环因果关系"。至此，我们得到一种典型的协同现象。这种自组织的有序现象，不同于以往需要较高层次的控制力才能创建、保持有序状态，它是经历了竞争状态、选择过程而达到的一种有序状态，进而产生一种巨大的协同力量。而究其内在机理，这种有序状态是基于"一致性"形成的，体现在方向、运行等方面。

政府是个巨大的组织系统，这样的组织系统并非随机产生，而是以普遍适用的规律为基础的。官僚制是政府部门结构设置的基本依据，政府组织中的各组成部门以职能分工为基础进行设置，理论上这种设置具有易于指挥、行动高效的特点，但也将完整的审批事项办理流程分割开来，跨越多个政府部门。完成对跨政府部门审批事项的审批，无疑会带来政府部门间的相互关联。遵循协同学中的有序与无序原理，如果各职能部门相互独立、各行其是，按自身要求

---

① ［德］赫尔曼·哈肯：《大自然成功的奥秘：协同学》，凌复华译，上海译文出版社 2018 年版，第 49 页。

② ［德］赫尔曼·哈肯：《大自然成功的奥秘：协同学》，凌复华译，上海译文出版社 2018 年版，第 50 页。

对事项进行审批，整体系统必然陷入无序状态。如果各职能部门间相互协调、方向一致则会产生有序状态，进而产生部门间合作关系，并带来审批质量和效率的提升。依据协同学中出现有序的内在机理，即是"一致性"带来的变化，其是本研究分析并联审批促进政府部门间合作内在机理的分析逻辑。

综上所述，协同学作为一门合作的科学，重点在于探究自然和社会现象中的有序活动及规律，并认为"合作是秩序形成过程中的主流现象"[①]。在复杂开放的大系统中，各子系统之间是存在差异的，宏观上"复杂性的模式实际上是通过底层（或低层次）子系统的相互作用产生的"[②]，这为本研究以并联审批这一微观切口探究政府系统中部门间合作这一大的问题提供了理论基础。与此同时，系统从"无序"到"有序"，再到集体行动的内在机理是"一致性"，其是本研究分析并联审批促进政府部门间合作内在机理的分析逻辑。

三、分析框架

本研究的分析框架是在政府部门间合作和并联审批相关研究现状（在既有研究的基础上，发现从并联审批角度探究促进政府部门间合作这一可供拓展的空间）及二者的概念界定基础上，以并联审批这一微观运行方式为切入点，基于整体性治理理论、无缝隙政府理论、协同学三个理论核心思想的借鉴、整合与发展，分别从目标一致性和行动一致性两个层面探究并联审批如何促进政府部门间合作。

具体来看，本研究中的政府部门间合作，指在同一级别的地方政府层面，

---

① 鲍勇剑：《协同论：合作的科学——协同论创始人哈肯教授访谈录》，《清华管理评论》2019年第 11 期。

② 吴彤：《论协同学理论方法——自组织动力学方法及其应用》，《内蒙古社会科学》（汉文版）2000 年第 6 期。

具有明确的职责分工、相应的资源和横向上的业务联系的平行职能部门之间产生各种关联性的过程。而要实现政府部门间合作的状态，一是要明晰促进政府部门间合作的主要因素主要有哪些；二是要找到促使这些主要因素生成的方式。对于前者，依据政府部门间合作相关研究及整体性治理理论、协同学，将促进政府部门间合作的主要因素划分为目标和行动两个维度，并且强调运行过程中的"一致性"，即目标一致、行动一致；对于后者，本研究注重从并联审批这一运行方式进行分析，基于并联审批的概念界定、相关研究及无缝隙政府理论，从其形成过程和运行过程两个方面探讨如何促进政府部门间合作要素的生成。

总的来说，政府部门间合作通常基于某种相互一致的关系，如果这种相互一致的关系得到不断强化，最终会带来政府部门间高效合作。因此，解释政府部门间一致性的维度和条件，才是解释政府部门间合作的关键问题。政府部门间的一致性通常体现在两个维度，第一个维度是政府部门间目标的一致性，是政府部门间合作的根本保障因素。第二个维度是政府部门间行动的一致性，是政府部门间合作的实现路径。并且，当政府部门间目标一致，行动一致时，会出现各政府部门的"有序"状态，产生政府部门间合作。本研究中的并联审批，指涉及两个及以上审批部门分别实施的行政审批事项，在牵头部门或服务中心窗口受理申请人的申请后，所涉及的审批部门在规定时限内实施同步审批的方式。依据无缝隙政府理论中运行机制的优化路径，从并联审批形成过程来看，具有业务相关性的各职能部门，承受着来自上级部门的政治压力、来自优化地方发展环境的经济压力、来自企业和群众要求提升办事效率的社会压力，通过并联审批提升审批效率促进了政府部门间目标一致的形成。从并联审批运行过程来看，其运行的组织载体是政务服务中心／行政审批局，运行前提是优化审批流程的整体化建设和标准化建设，并以电子政务和"互联网＋政务服务"为技术支撑，即基于并联审批的组织载体、运行前提和技术支撑，促进了政府部门间行动一致的生成。综上所述，我们可以得到以并联审批促进政府部门间合作的分析框架，如图2—4所示。

　　图 2—4 展示了本研究中主要变量之间的逻辑关系，基于该分析框架，本书将从政府部门间合作和并联审批两个方面进行分析，包括政府部门间合作的需求、困境及生成逻辑，并联审批的发展历程及其促进政府部门间合作的优势，并在此基础上，进行并联审批促进政府部门间合作实现的相关分析。

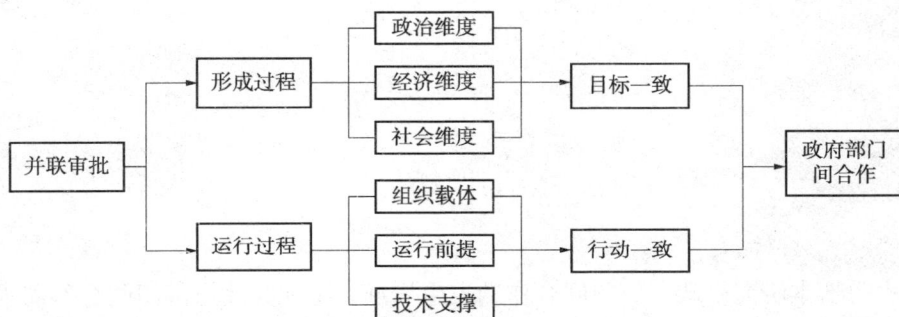

图 2—4　并联审批促进政府部门间合作的分析框架

第三章　政府部门间合作需求、困境及其生成逻辑

明晰本研究中政府部门间合作的发生场域，是探究政府部门间合作需求、困境及其生成逻辑的前提基础。在本书中，跨部门行政审批事项改革是政府部门间合作的发生场域，为了对该场域进一步明晰，需对跨部门行政审批事项改革现状，以及改革中促进政府部门间合作的现状进行概述。在该场域内，实现更高效率直接触发了政府部门间的合作需求，而获得更大效用是形成部门间合作需求的深层原因。但是，即使理论上存在合作的可行性、实践中存在合作的需求性，但是政府部门间合作行为未必产生抑或未必持续，合作困境主要表现为"形成合作难"与"合作执行难"两个方面。对于政府部门间合作困境的生成机理，基于目标和行动进行解释，其原因在于政府部门间的目标不一致、行动不一致，这为以并联审批为切入点探究政府部门间合作提供了可行基础。本章进一步对政府部门间合作困境的深层诱因，即分化的组织结构进行分析，并指出其形成的纵向结构瓦解政府部门间合作意愿，其形成的横向结构削弱政府部门间合作动力，这有利于对并联审批促进政府部门间合作的效果进行客观界定。

一、政府部门间合作的发生场域、需求与困境

（一）合作的发生场域：跨部门行政审批事项改革

法国学者皮埃尔·布迪厄的场域概念在社会学中具有重要地位，"场域"（field）作为一个范畴，"是一个相对独立的社会空间"，也"是一个客观关系构成的系统"[①]。场域不仅是一个理论上的概念，也是从事研究的分析单位，相对独立性是区分不同场域的标志，每一个场域内有着自身的逻辑与规则。所以，跨部门行政审批事项中的政府部门间合作虽然与其他场域下的政府部门间合作存在共通之处，但也有其自身特点，以下论述将围绕跨部门行政审批事项改革现状，及改革中促进政府部门间合作的现状展开，以明晰其发生场域。

1. 跨部门行政审批事项改革现状

以所涉及政府职能部门的数量为标准，行政审批事项可以划分为两类，一类是政府部门内部行政审批事项，即只涉及一个政府职能部门；另一类是跨部门行政审批事项，即涉及两个及以上政府职能部门。前者不涉及政府部门间关系，相关改革只涉及部门内部审批事项的数量削减和流程调整，而改革的难点在于后者，即如何提升跨部门行政审批事项的办事效率。本书关注的是跨部门行政审批事项改革，如商事制度改革中涉及工商管理部门、质量技术监督部门、税务部门等进行办理的事项，不动产登记改革中涉及自然资源部门、住房与建设部门、地税部门等进行办理的事项。

审批事项是行政审批制度改革的对象，改革主要围绕其数量、流程等方面展开。改革开放以来，为建立与社会主义市场经济体制相适应的行政审批制

---

① 毕天云：《布迪厄的"场域—惯习"论》，《学术探索》2004 年第 1 期。

度，最初的改革在 1982 年、1988 年精简机构改革背景下展开，通过对审批事项范围、层级、环节、时限压缩来提升效率；在 1993 年、1998 年职能改革背景下，各地方政府为改善经济、投资环境和提高政府工作效率，开始简化审批手续、压缩审批事项的探索，如深圳市于 1998 年将原有的 737 个行政审批项目减少一半以上 ①，并探索通过政务服务大厅将政府部门聚集，进而提供"一站式"服务。2001 年中国加入 WTO 以后，为与国际接轨，需要改变以往"重审批，轻管理"的行政管理模式。国务院行政审批制度改革工作领导小组成立，在组织上保证了行政审批制度改革的推进，改革主要围绕削减审批事项、简化审批流程、规范审批行为等展开。伴随着 2004 年《中华人民共和国行政许可法》的施行，以及 2008 年"大部制"改革的推进，行政审批制度改革依据精简、统一、效能的原则，一件事由一个部门负责，以避免政府部门间权责交叉、相互推诿。"一件事由一个部门负责"，并不是说将一个完整的审批流程交由一个部门负责，而是确定一个牵头部门负责组织相关部门进行集中办理。可见，数量削减是行政审批制度改革的基础性阶段，改革主要针对的是跨部门行政审批事项。

在前期改革的基础上，党的十八大以来，新一届政府遵循放管结合、优化服务的原则，减少微观事务管理，充分发挥市场在资源配置中的决定性作用，将行政审批制度改革推向纵深。"放"更加强调系统化、"管"更加注重全流程的战略思考、"服"更需要通过各部门间的合作来提升质效，即通过审批事项改革提升服务质效，以此来探索"更多样、更柔性的社会管理方式"②。党的十九大以来，以"最多跑一次"为代表的结果导向型改革是"放管服"改革的进一步推进，其关键"不只在于技术革命，也在于管理创新；不应在于权力集中，而在于部门协调"③，即具体实践中需要以政府部门间合作为基础，提供"一站式"服务。

---

① 参见傅小随：《中国行政体制改革的制度分析》，国家行政学院出版社 1999 年版，第 252—253 页。

② 燕继荣等：《中国治理——东方大国的复兴之道》，中国人民大学出版社 2017 年版，第 120 页。

③ 郁建兴、高翔：《浙江省"最多跑一次"改革的基本经验与未来》，《浙江社会科学》2018 年第 4 期。

2. 促进跨部门行政审批事项改革中政府部门间合作的现状

由前文可知，政府部门间合作与否对跨部门行政审批事项改革具有实质性的影响，但是从具体实践来看，跨部门行政审批事项改革中的政府部门间合作还不够顺畅，在这个场域中还需要进一步丰富和完善促进政府部门间合作的方式。

在跨部门审批事项的执行过程中，存在着政府部门间权力和责任的移交，如果审批运行过程非常顺利的话，"那么成功的原因也不在于每个执行方高效的工作，而在于这些机构彼此之间达成了相互的合作"①。跨部门行政审批事项改革中政府部门间合作的阻力，主要源于各职能部门只局限于本部门的审批，往往对综合管理部门或者牵头部门推行的新方式不甚了解，导致各部门标准不一，而且"越多的组织部门参与到执行过程中，就越有可能导致执行不畅，执行过程中就越容易发生偏差"②。加之，跨部门行政审批事项改革往往伴随着部门利益关系调整，进一步增加了政府部门间合作的阻力。

促进跨部门行政审批事项改革中的政府部门间合作，有助于摆脱原有治理模式束缚，应对来自经济、社会对优质公共服务需求的爆发式增长。"大部制"改革作为一种促进方式，有助于从组织机构层面促进政府部门间合作，但是其在理论上还未实现范式创新，在实践中也只限于对职能相近部门进行整合。此外，议事协调机构也对促进政府部门间合作发挥了重要作用，如行政审批部际联席会议制度的建立等，但想要实现对跨部门行政审批事项"一事一议"也是不现实的。而在跨部门行政审批事项改革的场域内，通常情况下，一个政府职能部门需要对应多项审批事项，一个审批事项的完整流程需要几个政府职能部门共同完成，为有效推进改革，客观上要求审批流程的再造和办事程序的有效衔接，需要各政府部门通过合作来消除相互之间的壁垒。

---

① [美] 查尔斯·T. 葛德塞尔：《为官僚制正名：一场公共行政的辩论》，张怡译，复旦大学出版社 2007 年版，第 105 页。

② Malcolm L. Goggin, Ann O'M. Bowman, James P. Lester, Laurence J. O'Toole Jr., Implementation Theory and Practice: Toward a Third Generation, New York: Harper Collins, 1990, p.182.

（二）合作需求的形成

在跨部门行政审批事项改革的场域内，为达到改革目的，在"条块分割"的组织基础和"行政分割"的治理模式背景下，政府部门需要"通过某种有效的组织形式来实现跨部门集体行动或联合治理"[①]，以此形成的合作需求是政府部门间合作的逻辑起点。具体来看，在当前社会经济条件下，政府主要面临着两个方面的挑战，一是行政体制改革实践的不断推进，二是来自经济、社会的公共服务需求不断提升，而政府部门间合作是应对以上挑战的必然选择。可见，作为政府的组成部分，政府部门之间的关系不仅会随着政府自身改革而发生变化，也会受到政府所处的生态环境影响。所以，概括地说，跨部门行政审批事项改革中政府部门间合作需求的形成源于两个方面的因素，一是实现更高效率，不断满足来自经济社会的公共服务需求，其是与组织生态环境相适应的过程，是形成合作需求的直接原因；二是获得更大效用，提升政府整体效能，这是形成合作需求的深层原因。

1. 实现更高效率：引发部门间合作的直接原因

传统的官僚制是以职能为中心对政府部门进行分工设置的，"对明晰的追求，出发点是好的，即需要区分权力、明确责任，但是当问题相互关联时，当任何问题都不能脱离其他问题而被单独处理时，这种明晰就成了效率的障碍"[②]，即分工过细带来了部门林立、部门主义、流程破碎等问题，导致政府部门的低效。而且，与其他价值相比，效率具有无可争辩的优先性。为提升效率，作为分工的另一面，政府部门间合作得到了关注。

在我国的行政审批制度改革具体实践中，审批效率一直是群众和企业关注

[①] 孙涛：《社会治理体制创新中的跨部门合作机制研究》，《云南民族大学学报》（哲学社会科学版）2016 年第 2 期。

[②] ［法］皮埃尔·卡蓝默：《破碎的民主：试论治理的革命》，高凌瀚译，生活·读书·新知三联书店 2005 年版，第 11 页。

的核心问题，同时也是行政审批制度改革的核心内容之一。在前期的改革中，大量削减了行政审批事项，促进了审批效率的提升。但对于跨部门行政审批事项而言，其审批流程分割在不同部门之间，因此审批过程会涉及多个政府部门，而政府部门间的"各自为政"是引发行政审批效率低下的重要因素。与此同时，伴随着经济社会的发展，群众和企业对公共服务的需求不断提升，不断要求改变以往的"来回跑、重复排队"等现象，需要简化办事程序、提升审批效率，以降低制度性交易成本。系统论认为，政府是一个与社会环境互动的系统，表现为"输入—过程—输出—反馈"的互动过程，即政府需要不断融入特定的社会环境并与之相适应。作为政府的基本组成单位，政府部门直接面向企业和群众提供公共服务，在跨部门行政审批事项改革的场域内，政府部门间合作是提升审批效率以满足不断提升的公共服务诉求的需要。

　　而且，以往政府部门间合作主要应用于环境治理、危机事件等领域，公共服务领域的跨部门合作并未引起足够的重视。当然，这与一直以来"我国的行政生态理念一致，总体抓稳定和管理，而公共服务领域的精确化才逐渐起步"①。总的来说，不断提升的公共服务需求是引发政府部门间合作的直接原因，合作体现在"两个或以上的组织间，在保持各自的特性和宗旨的前提下，在公共议程方面的合作"②，包括资源和政策的整合，以带来更高效率和质量的公共服务。

2. 获取更大效用：形成部门间合作的深层原因

　　经历了传统官僚制、新公共管理改革后，政府部门分工过细导致了组织结构的裂化和政府功能的分化，"碎片化"的组织结构使政府部门无力应对流行病、环境污染等跨部门问题，为提升政府的整体性效用，部门间合作越来越被提上日程。这主要源于，一方面结构功能主义认为，整个政府体系由"相互依

---

① 张兴、吴世坤：《公共管理视角下的跨部门合作研究——一个文献评价》，《重庆行政》（公共论坛）2016 年第 4 期。

② Ling, T., "Delivering Joined-up Government in the UK: Dimensions, Issues and Problems", *Public Administration*, 2002, 80（4）, pp.615-642.

赖的部门组合成的统一整体，每个部分都对整体的形成创造条件"①，整体效用的最大程度发挥得益于各部分的合作，即"1+1>2"效应；另一方面，资源交换理论推动着组织的行为，政府部门之间通过自愿的资源交换，如交易和互补等，使组织的效用得到更好发挥。在获取更大效用方面，合作成为政府治理的重要手段。

一直以来，政府通过审批管理市场和社会，行政审批制度改革是行政体制改革的重要抓手，被放在改革的突出位置。在前期对审批事项清理、精简和规范的基础上，党的十八大以来，行政审批制度改革进入全面深化阶段，对执行审批职能的各政府部门提出了新要求。对于跨部门行政审批事项，其审批流程分割在不同部门之间，无法通过某一个单独的部门来予以授权，客观上要求政府部门间合作以解决审批流程的"碎片化"问题。因为，跨部门行政审批事项的组织基础是以职能为中心设置的政府部门，而前期的"大部制"改革更加注重政府部门间的结构性调整，以政府部门的"结构"适应其"职能"的变化，不仅带来部门结构的频繁变动，形成的大部门之间还会产生新的问题。"当前的政府部门间关系内嵌于刚性较强的政府部门结构之中"②，往往难以形成有效合力以发挥整体性政府的效用，需要强化政府部门间合作，更好地履行政府职责并避免不必要的结构变动。而且，寻求组织扩张是政府部门理性选择之一，安东尼·唐斯认为，组织具有扩张的天性，并且官僚组织通过"扩张"通常会获得更多的资源。③那么，各政府部门作为某一领域的组织，需要为了生存而共同努力。在跨部门审批事项领域，其涉及的政府部门间存在着资源的相互依赖关系，如通过数据信息的共享可以更好地履行审批职能，在绩效方面产生共同利益。所以，不断推进改革、发挥政府部门更大效用是形成政府部门间合作需求的深层原因。

---

① James D. Thompson, *Organizations in Action*, New York: McGraw-Hill, 1967, p.6.

② 张翔：《中国政府部门间协调机制研究》，南开大学博士学位论文，2013年，第89页。

③ 参见［美］安东尼·唐斯：《官僚制内幕》（中文修订版），郭小聪等译，中国人民大学出版社2017年版。

（三）合作困境的外在表现

虽然政府部门间合作具有理论上的基础和实践中的需求，并且对各部门来说是一种双赢的选择，但是跨部门行政审批事项改革中的政府部门间合作常常面临一些问题和挑战，产生合作困境。究其原因，对跨部门行政审批事项运行效率的追求，以及运行过程中政府整体性效用的发挥，与分散的审批流程之间存在矛盾。党的十八大以前，我国共推进了六次机构改革，行政审批制度改革作为其重要内容之一，在削减行政审批事项、优化行政审批流程等方面取得了积极成效，同时，也使得政府部门间合作这一需求逐渐明晰化、显性化。基于政府部门间合作过程的动态视角，其合作困境的外在表现主要包括，一是"权责壁垒"的存在，导致政府部门间合作难以形成；二是"分割式"审批，导致政府部门间合作难以执行。二者共同阻碍着跨部门行政审批事项改革的推进。需要明晰的是，"新时代党和国家机构改革推动了党和国家组织结构和管理体制的整体性重构"①，在此过程中，行政审批事项的服务质量和效率得到了前所未有的提升，但是对政府部门间合作困境的讨论，对进一步推进行政审批制度改革仍具有借鉴意义。

1."权责壁垒"导致合作难

跨部门行政审批事项改革中各相关部门间虽然存在着合作需求，但是真正形成合作是困难的，究其原因，在于政府职能分工而形成的"权责壁垒"。依据分工管理的原则，政府各部门是按照职能分工进行设置的，在此基础上各部门不断强化职能领域内的职责，形成的"权责壁垒"不利于形成相互依赖的合作关系。其主要体现在以下三个方面：

第一，"权责壁垒"导致政府部门间整体性价值缺失。对于政府部门而言，整体性价值是基于共同使命和准则而形成的价值认同，而且，其可以保障政

---

① 王婷、双传学：《党和国家机构改革的制度溯源及其运行逻辑》，《社会科学文摘》2022年第2期。

府部门间合作的达成以及稳定运行。其原理在于，整体性的价值认同更有利于形成政府部门间的信任，而信任"即使在脆弱的情况下，（一个组织）仍然相信另一个组织能够证明它具有可靠性"①。但"职权要分割，每一级的治理都以排他的方式实施其职权。领域要分割，每个领域都由一个部门机构负责"②，以此形成的"权责壁垒"，使各部门都具有自身的目标、都维护自身的利益，部门利益会驱使各部门遵循自身利益至上、短期利益导向，不利于政府整体目标的实现。在推进跨部门行政审批事项的任务时，各部门往往根据自身负责的业务和部门利益来决定具体的行为，只注重自身负责的部分而缺乏整体性的思考，进而使局部目标凌驾于整体目标之上。进而导致各部门对政府整体性价值的缺失，增大了部门间的协调难度，使政府部门间难以形成有效合作。

第二，"权责壁垒"增加了政府部门间合作的沟通成本。在跨部门行政审批事项改革的过程中，需要各相关部门从"各自为政"到相互合作的转变，客观上需要加强部门间的联系。一方面，各相关部门需要对整体的审批流程进行了解，会产生人力、物力等资源的消耗；另一方面，政府部门间也需要对与整个审批流程相关的信息进行共享，这些构成了政府部门间合作的主要沟通成本。实际上，一直以来为改善政府部门间关系，沟通成本是客观存在的，但是"权责壁垒"的存在，使之大大上升。究其原因，在"权责壁垒"的背景下，跨部门行政审批事项所涉及的相关部门会形成类似于相互分散的"孤岛"。以信息共享为例，通过电子政务将信息技术应用于政府部门，凭借新技术更加高效地为群众和企业提供服务是全球性的趋势，但新技术功能的发挥往往受制于"权责壁垒"的限制，无法顺利跨越其形成的部门边界，即"在很多时候，电子政务仅仅是提高了技术效率而并未带来政府组织结构的

① ［美］尤金·巴达赫：《跨部门合作——管理"巧匠"的理论与实践》，周志忍、张弦译，北京大学出版社 2011 年版，第 194 页。

② ［法］皮埃尔·卡蓝默：《破碎的民主：试论治理的革命》，高凌瀚译，生活·读书·新知三联书店 2005 年版，第 11 页。

变化"①。可见，若实现部门间的互通互联、信息共享，需要付出高昂的沟通成本，其使跨部门行政审批事项改革中政府部门间的合作更加艰难。

第三，"权责壁垒"阻碍了公共服务水平的提升。如前文所述，伴随着经济、社会的发展，企业和群众对公共服务的需求不断增长，以往的公共服务体系无法适应外界需求的变化。政府自身需要通过改革提高政府效率，提升公共服务水平。跨部门行政审批事项是优化公共服务的主要领域之一，其涉及群众和企业的办事事项是整体性的，面对由多个部门共同管理同一个跨部门审批事项的局面，无论是提升审批效率，还是强化政府的回应力，都有赖于政府部门间合作。但是基于职能划分的政府部门间存在"权责壁垒"，权力和责任的划分带来了政府部门间的隔离，正如林登所言，"我们大部分政府和商业组织建立的原则是——劳动分工、专业化……这些原则产生了以隔离为特征的高度分散的组织：部门之间的隔离，部门和职员的隔离，机构和顾客的隔离"②。这种分裂式的隔离使各部门间更加封闭，使分散在各部门间的资源难以实现有效共享和进一步整合，阻碍公共服务水平提升，并且难以适应社会环境的变化和有效回应公众的诉求。

2."分割式"审批导致合作执行难

即使各政府部门间形成了合作的意愿，但是合作的执行也是困难的。因为"权责壁垒"会导致部门与部门之间的结构性缝隙，在跨部门行政审批事项运行过程中会产生"分割式"审批，其存在，导致政府部门间合作执行困难。具体体现在以下两个方面：

---

① Heintze, T., Bretschneider, S., "Information Technology and Restructuring in Public Organizations: Does Adoption of Information Technology Affect Organizational Structures, Communications, and Decision Making?", *Journal of Public Administration Research and Theory*, 2000, 10（4）, pp.801-830.

② [美] 拉塞尔·M. 林登：《无缝隙政府：公共部门再造指南》，汪大海、吴群芳等译，中国人民大学出版社 2014 年版，第 16 页。

第一，"分割式"审批带来政府部门间"各司其职"，导致审批流程的破碎化使合作执行困难。以职能为中心的部门设置，具有易于一致行动、效率高的特点，但也将一个完整的审批业务流程分割为横跨多个部门的具体环节，分散在不同职能部门之间，在具体运行过程中会出现"施政缝隙"，进而导致审批流程的破碎。伴随着经济和社会的进一步发展，审批效率低引发的各种矛盾不断出现，一定程度上暴露了"分割式"审批模式存在的弊端。因为其不仅意味着政府部门间的多头管理，在流程分割的过程中，也会出现将简单的工作拆分成一系列的烦琐过程的现象，加剧了政府部门间的对接困难。而且，将连续性的审批流程分割到不同的职能部门，加之长期以来形成的部门利益，使部门间很难实现有效的交流和协调，进而提高了协调成本、延长了审批过程的运行时间。可见，"各司其职"式的执行使组织更加封闭，在执行跨部门行政审批事项的过程中，各部门日益上演"铁路警察各管一段"的分割管理方式，导致政府部门间合作执行困难，与不断发生变化的经济社会环境不相适应。

第二，"分割式"审批带来政府部门间"各自为政"，导致审批标准不一使合作执行困难。政府部门承担的行政业务是整体性的，在碎片化的分割管理模式下，运行时是各部门分割的状态，各部门在其中均具有一定的自由裁量权，而服务对象只是被动接受。在具体运行中，群众和企业办理跨部门行政审批事项时往往要与多个部门打交道，而各部门在执行审批的过程中，需依据各自的部门规章与办事要求进行审批，这就难免使审批标准不一，进而产生办事程序的复杂化、相关资料的重复提交等问题。加之，相关的绩效测评只是从各部门负责的本职任务出发，导致各部门只注重本职工作的提升，而忽视外部群众与企业的要求和整体性的业务协调，往往导致公共服务效能的低下。而且，从更深层次来看，"各自为政"的背后还存在各部门在权力领域的"越位"，在责任领域的"缺位"，阻碍着行政过程的有效衔接。即无论从形式上还是从实质上来说，"分割式"审批带来政府部门间"各自为政"，导致政府部门间合作难以执行。

二、合作困境的生成机理：基于目标和行动的解释

形成合作难、合作执行难是跨部门行政审批事项改革中政府部门间合作困境的外在表现，但如果仅停留在合作困境的外在表现这一层面，无法对如何促进政府部门间合作进行回答。与此同时，"政府要提高应对和解决复杂公共问题的能力，首先必须推进政府体系内部各部门之间的合作，变革部门之间关系的任务，依然是公共管理变革的重要内容"①。有鉴于此，对政府部门间合作困境的生成机理进行探究，是破解困境的关键所在，同时也有助于进一步推进行政审批制度改革及国家治理现代化。依据本书理论基础部分的分析，将促进政府部门间合作的主要因素划分为目标和行动两个维度，并且强调运行过程中的"一致性"，即目标一致、行动一致。而且，从合作的过程来看，基于目标和行动的解释是一个可行的切入点。本节将从目标、行动的维度对跨部门行政审批事项改革中政府部门间合作困境的生成机理进行解释。

（一）目标不一致

1. 目标

目标是一种所期望实现的、所欲求的结果，重点指向预期在未来会实现的领域，是一个具有未来视角的概念。汤普森指出，目标"指向一些对未来的想象的事态，这些事态据信可以在未来的时点上取得或者逼近"②。最初的目标研究集中在个人领域，强调个人如何通过有效的自我管理实现相关目标，

① 余亚梅、唐贤兴：《政府部门间合作与中国公共管理的变革——对"运动式治理"的再解释》，《江西社会科学》2012 年第 9 期。

② [美] 詹姆斯·汤普森：《行动中的组织——行政理论的社会科学基础》，敬乂嘉译，上海人民出版社 2007 年版，第 149 页。

关注目标进展与自我激励以增加实现最终目标的可能性。① 对于行政机构的目标而言，古典理论"建议行政机关首先要以主要目标组织起来"②。系统理论家Talcott Parsons 认为，"实现特定目标的最初方向被看作是组织区别于其他类型的社会系统的自身特征"③。也就是说，如果缺少特定目标和明确宗旨显然就刻画不出一个界限清晰的组织，至少对政府机构来说是这样的。

与此同时，行政机关的目标受多重因素影响。一方面，作为政府的行政机构，政府部门不是自发形成的，而是由符合宪法规定的机构正式创立的，所以"行政机构不能自由地选择自己的目标，只是被期望在有限主题范围内执行和完成外部权威指派给它的责任"④，即政府部门的目标很大程度上由职能划分决定；另一方面，伴随着市场化改革，政府部门也会形成各自的部门利益，因为"法规和制度从来都不可能对组织做到完全的控制，其对组织进行控制的诸种努力，始终不断地被不敬重其所包含的诸种规定的行为模式所违背"⑤，即政府部门的目标又在一定程度上受部门利益影响。而且，政府部门的目标并不是一成不变的，而是伴随着行政体制改革、经济和社会的发展而不断发生变化的。

2. 目标一致与政府部门间合作

(1) 从"竞争型政府"到"合作型政府"的转变

"在人类社会中，一直存在着竞争行为，这是因为，只要人是以个体的形

---

① Cf.Huang, S.-C., Zhang, Y., Broniarczyk, S.M., "So Near and Yet So Far: The Mental Representation of Goal Progress", *Journal of Personality and Social Psychology*, 2012, 103（2）, pp.225-241.
② [美] 詹姆斯·W. 费斯勒、唐纳德·F. 凯特尔：《公共行政学新论——行政过程的政治》（第二版），陈振明、朱芳芳等译，中国人民大学出版社 2013 年版，第 46 页。
③ Parsons, T., "Suggestions for a Sociological Approach to the Theory of Organizations-I", *Administrative Science Quarterly*, 1956, 1（1）, pp.63-85.
④ [美] 詹姆斯·W. 费斯勒、唐纳德·F. 凯特尔：《公共行政学新论——行政过程的政治》（第二版），陈振明、朱芳芳等译，中国人民大学出版社 2013 年版，第 42 页。
⑤ [法] 埃哈尔·费埃德伯格：《权力与规则：组织行动的动力》，上海人民出版社 2005 年版，第 155 页。

式而与他人共存，就会为了个人的目的和需要去和他人开展竞争，不管这种个体是自然的个体还是社会的个体……人们的社会生活也表现为竞争……社会的各项制度设置也主要是为了规范人的竞争行为，是出于把人的竞争行为控制在一定限度之内的需要"①。而且，竞争也存在于公共领域，一直以来，竞争型政府理论在理论和实践层面都推动和影响着政府改革，其包括了政府之间、政府内部以及政府内外的竞争，20 世纪 80 年代在西方国家兴起的新公共管理运动，其强调竞争、分权等就是对竞争型政府的实践。但政府是复合的结构（Composite Structure），就其本身而言，可以是竞争性的也可以是合作性的。在治理时代的背景下，加之全球化、信息化的推进，在"高度复杂性和高度不确定性条件下的社会治理应当是一种合作治理"②，政府部门必须调整以往的管理模式，从竞争型组织向合作型组织转型。但是，合作型政府的组织基础依然是官僚制组织，而从对组织的关注到对任务的关注，是合作型政府与官僚制组织之间的重大区别。也就是说，"一旦任务成为焦点，组织必须放弃自我中心主义，在组织内部进行合作，与组织外部进行合作，这也是合作型政府的核心思想"③。

（2）政府部门间合作是"合作型政府"的重要内容

合作性政府不仅要求与公民合作生产，而且要求自身的组织也体现合作的原则和合作的精神④，即作为合作的核心主体，政府内部组织间的合作是"合作型政府"的重要内容。一方面，政府部门是"合作型政府"的核心主体。建立"合作型政府"的过程中，各主体间关系由等级化向平等化转变，相对应地，政府的权力运行方式由以往的上传下达转变为"通过合作、协商、伙伴关系、确立认同和共同的目标等方式实施对公共事务的管理"⑤。而且，政府部门围绕

---

①　张康之：《合作的社会及其治理》，上海人民出版社 2014 年版，第 77 页。

②　张康之：《走向合作的社会》，中国人民大学出版社 2015 年版，第 1 页。

③　李文钊：《论合作型政府：一个政府改革的新理论》，《河南社会科学》2017 年第 1 期。

④　参见张康之：《为了人的共生共在》，人民出版社 2016 年版。

⑤　俞可平：《治理和善治引论》，《马克思主义与现实》1999 年第 5 期。

目标进行工作，改变传统的组织结构中按职能划分，过于强化部门之间的领域和界限的弊端，建立扁平化的组织结构，超越局部利益，面向整个过程和整体利益，有助于政府内部组织间关系的优化，从而更有效地面对现代化过程中的问题和挑战。另一方面，推进政府部门间合作是更为困难的。就目前来看，"合作型政府"的理念在我国的政府改革实践中并不凸显，主要原因在于，相对于政府与组织外部主体间的合作，政府自身组织结构和行为逻辑的变革更为困难。在前期实践中，也通过"大部制"改革以及建立以任务为导向的跨部门合作组织、跨部门委员会、领导小组等方式，创建沟通、对话和合作平台，对政府部门间合作进行探索与实践。但总的来看，政府部门间运行机制不畅是前期改革效果不佳的主要原因之一，而"强化对当前政府部门间运行机制进行研究"[1]，是促进政府部门间合作的有效路径。

（3）目标一致是促进政府部门间合作的主要维度

在政府部门间合作的过程中，"诸多行动者追求他们各自的权力和不同的利益，并进行协商谈判以制定规则进而维持游戏的运行"[2]，合作过程中的不同政府部门，被看成是有着不同目标和行动的参与者。而目标一致对合作有积极的影响作用，有研究显示"目标一致因素对情感承诺与合作绩效的作用关系存在正向调节作用"[3]。而对于什么是目标一致，Stephen Goldsmith 和 William D. Eggers 认为，"目标一致应该指的是成果而不是过程上的一致"[4]，本书中的目标一致，亦指各部门在取得的成果或结果方面的一致，即跨部门行政审批事项改革中，各部门在规定时限内完成审批任务。目标一致作为促进政府部门间合作的主要维度，体现在如下两个方面：

---

① 张翔：《中国政府部门间协调机制研究》，南开大学博士学位论文，2013 年，第 2 页。

② 邓顺平、李志强：《寻找组织建构过程中的行动者——以 Y 市组建 R 局为例的研究》，《理论与改革》2018 年第 5 期。

③ 陈莹、武志伟：《联盟企业间关系公平性对合作绩效的影响——关系承诺的中介作用与目标一致的调节作用》，《预测》2014 年第 6 期。

④ Stephen Goldsmith, William D.Eggers, Governing by Network: The New Shape of the Public Sector, Washington: Brookings Institution Press, 2004, p.40.

一方面，目标一致体现了政府部门间目标的协调过程。不同政府部门的目标并非整齐划一而是具有多样性的，那些涉及同一审批事项的不同政府部门，其目标是相互牵制且具有依赖性的。目标之间出现的对立性成为冲突的根源，目标一致带来的是更积极的合作态度和更强的合作意愿，是政府部门间合作得以成功推进的一个重要因素，即政府部门间合作往往与部门间的目标一致性相连，而政府部门间低效合作或虚假合作则往往与部门间目标的冲突相连。"组织间冲突常常深植于选定的结构图示中"①，常见的情况是两个部门或多个部门之间的工作安排不一致。"被经典组织理论视为组织基点的目标、过程、顾客和地点的不匹配会引发一系列的冲突，建立在某一基点上的组织将与建立在其他基点上的组织不太协调""以目标为基点的各部门间也会出现冲突"②。"组织作为一种集体行动的工具，它本身需要对不同行为进行协调，以实现组织目标"③，巴纳德、西蒙都对组织中的协调进行了探讨，并认为其核心是实现个人目标与组织目标的协调统一，所形成的目标一致有助于政府部门间合作。

另一方面，目标一致体现了政府部门间的利益协调过程。单纯的利己行为不能有效地达成政府部门间的合作，恰恰是一种集体目标下的公共利益取向更容易实现长期的合作共赢。"社会一切政治组织及其制度都是围绕着特定的利益而建立起来的"④，并且一切活动都是为了实现和满足特定的利益和需求而展开的，所以利益具有目标意义。利益是"一种受到主体与客体、自然与社会、生产力与生产关系等多方面因素影响和制约的社会现象"⑤，其天然本性在于"任何利益都有被实现的内在要求"，同时又只能通过"社会关系和社会途径才能实

① [美]詹姆斯·W.费斯勒、唐纳德·F.凯特尔：《公共行政学新论——行政过程的政治》（第二版），陈振明、朱芳芳等译，中国人民大学出版社 2013 年版，第 98 页。

② [美]詹姆斯·W.费斯勒、唐纳德·F.凯特尔：《公共行政学新论——行政过程的政治》（第二版），陈振明、朱芳芳等译，中国人民大学出版社 2013 年版，第 98 页。

③ 李文钊：《论合作型政府：一个政府改革的新理论》，《河南社会科学》2017 年第 1 期。

④ 王浦劬等：《政治学基础》（第二版），北京大学出版社 2006 年版，第 63 页。

⑤ 王浦劬等：《政治学基础》（第二版），北京大学出版社 2006 年版，第 49 页。

现"①。由于利益在形式上是"作为人的主观意识存在的，因而附着和归属于特定主体的利益是利益的社会存在单位"②，从这一角度来看，利益可以分为不同主体的利益。基于利益实现要求的主体性与实现途径的社会性的基本矛盾，不同利益主体之间会形成利益关系。而且，即使两者的利益内容部分或完全重合，利益的主体性也依然"决定了任何一对利益主体结成的最简单的利益关系中，首先包含着具有独立意义的两个利益内容，即两个利益主体各自的利益"③，而利益的社会性，使利益关系中产生了新的利益内容。也就是说，在利益的主体性和社会性的作用下，利益关系中包含着"原构利益主体的利益及相互结成的共同利益"④，而形成共同利益的协调过程有助于政府部门间目标一致的形成。

3. 跨部门行政审批事项改革中政府部门间目标的不一致

在企业管理的过程中，"不同功能部门的人，都有着不同的目标，这些目标或支持或妨碍着行动者的目标的实现"⑤，延伸到公共领域，政府部门间合作在于其"追求的核心目标和多级次级目标间的平衡上达成共识并保持共识"⑥。总的来说，如果各行动体的目标不一致会妨碍总目标的达成，而利益是目标一致与否的决定性因素。从现代公共选择理论来看，"政治市场中的权力主体也是理性地追求自身利益最大化的'经济人'"⑦，但是作为公共部门的政府"都存在着'利他'与'自利'的双重动机"⑧。对于跨部门行政审批事项改革中的

---

① 王浦劬等：《政治学基础》（第二版），北京大学出版社2006年版，第43、49—50页。
② 王浦劬等：《政治学基础》（第二版），北京大学出版社2006年版，第52页。
③ 王浦劬等：《政治学基础》（第二版），北京大学出版社2006年版，第53页。
④ 王浦劬等：《政治学基础》（第二版），北京大学出版社2006年版，第53页。
⑤ ［德］克里斯托夫·兰多、安东·埃希巴赫：《三角平衡：达到目标的简洁执行方法》，刘开君译，东方出版社2009年版，第2页。
⑥ ［美］尤金·巴达赫：《跨部门合作——管理"巧匠"的理论与实践》，周志忍、张弦译，北京大学出版社2011年版，第13页。
⑦ 周天勇：《中国行政体制改革30年》，格致出版社2008年版，第183页。
⑧ 谢庆奎：《中国政府的府际关系研究》，《北京大学学报》（哲学社会科学版）2000年第1期。

政府部门而言，其目标间的不一致主要表现在政府部门的"自利"和"利他"两个方面。

（1）政府部门的"自利"导致部门间目标各异

改革开放以来，我国行政体制改革涉及纵向的中央与地方之间、横向的部门间的权力分配格局调整，在提升国家软实力、促进经济持续发展的同时，也使地方利益、部门利益等有关问题凸显。党的十八大以来，党中央、国务院对进一步推进行政体制改革进行部署，"机构改革以全面发展为主要方向，政治体制的'深化''向好'是最主要目标"[1]，在政府职能转变、社会服务等方面取得积极成效。但是，科层体制下政府部门间的权力依然是依据分工原理分散在各部门之间。分权带来了政府部门的自身利益，政府理性人假设同样适用于政府的具体部门。如在推进电子政务的过程中，大量"系统壁垒""信息孤岛""重复建设"等现象的存在，表明了各政府部门为了维护自身利益，基于不同的目标开展工作，即使跨部门信息共享是推进电子政务建设进程的重中之重，是我国信息化战略的关键环节，也难以"消除由于部门职能信息割据而造成的低质量社会服务和管理"[2]。加之长久以来形成的"管制型"行政文化，即使在制度设计发生变化的背景下，以部门为中心的观念也难以在短时间内转变，例如一些政务服务大厅，只是把分散在各部门的窗口集中在一起，审批内容、程序、授权等均未改变，其症结也在于各政府部门基于"自利"而目标各异。

与此同时，跨部门行政审批事项改革中政府部门的目标与行政审批制度改革的目标也不一致。市场化的一项重要举措就是"放权让利"，在中央和地方二者的关系上，保持着中央对地方的绝对领导的同时，地方政府也是具有自身利益的主体。各地方政府将加快本地经济发展、增加财政收入作为重点任务，招商引资是其完成任务的主要途径之一。资本的引入不仅能推动当

---

[1]　郑国志：《国务院历次机构改革的方向性探析》，《西部学刊》2022 年第 1 期。

[2]　樊博：《跨部门政府信息资源共享的推进体制、机制和方法》，《上海交通大学学报》（哲学社会科学版）2008 年第 2 期。

地经济的发展，也在客观上推动了政府职能的转变，在行政审批制度改革中表现得最为明显。但是，"公共服务应该成为政府本身的理念，现在的问题不在于认识层面，而在于利益层面"①，一直以来，审批权是政府部门按职能分工所持有的权力，是部门利益的主要来源，在现有的制度框架内，权力与部门利益之间具有天然的"黏性"，权力的本性决定了其不会放弃对部门利益的追求。实行跨部门行政审批事项改革，为提升审批服务质效，必然意味着权力由谋取部门利益向追寻公共利益回归，而由于部门利益的存在，跨部门行政审批事项改革中政府部门的目标与行政审批制度改革的目标之间存在偏差。

（2）政府部门的"利他"与经济、社会发展要求不一致

Christoph Landau 和 Anton Aeschbacher 认为，企业的目标（想要达到的结果）、自我（行动者本人）、他人（与达到目标有关系的其他人），三者之间相互联系、相互影响，"构建起了行动者所采取的有效的行动框架"②，而且塑造三者之间的平衡，就能有效地达到目标。对于政府部门而言，通过跨部门行政审批事项改革而提升审批效率是其追求的目标，但是政府部门自身的目标还存在与经济、社会发展要求不相适应的情况。

一方面，党的十八大以来，我国经济发展进入新常态，政府需进一步转变职能，为市场主体营造良好的营商环境。开办企业需要办事人取得的"三证"，即分别向工商管理部门申请营业执照、向质量技术监督部门申请组织机构代码证、向国家和地方税务部门申请税务登记证，其是典型的跨部门行政审批事项。在世界银行发布的《2016 年营商环境报告》中，中国在全球 189 个经济体中，排名第 84 位，以"开办企业"为例，该单项排名第 136 位，排名靠前的国家在办理程序和办理天数方面都具有优势，如排名第 1 位的新西兰只需 1 个程序，办理需 0.5 天。而在我国的上海需要 11 个程序，办理需 30 天；在北

① 迟福林：《建设公共服务型政府》，《北方经济》2005 年第 4 期。
② [德] 克里斯托夫·兰多、安东·埃希巴赫：《三角平衡：达到目标的简洁执行方法》，刘开君译，东方出版社 2009 年版，第 1 页。

京需要 11 个程序，办理需 33 天，单取得"三证"就需要平均 11 个工作日。其原因在于部门间的目标不一致，即各部门在办理审批的过程中不仅如铁路警察般"各管一段"，而且对申办三个证（照）法规依据不同，进而要求办事人提交的文件材料也不尽相同，导致开办企业程序烦琐、时间冗长。而经济发展追求效率，政府部门的审批如果影响到效率，则不利于我国经济的发展。为改善营商环境，作为参与测评的 190 个经济体中改善项目第二多的经济体之一，中国在《2020 年营商环境报告》中排名第 31 位，"开办企业"单项排名第 27 位，而取得的成绩与各相关部门以共同目标推进营商环境优化直接相关。

另一方面，其原因也在于与群众对便捷的公共服务需求不一致。在具体实践中，政府部门是按照职能进行划分的，每个部门的权力都有相应的领域和范围，任何一个部门都无法囊括所有的事项，所以政务资源是分散的，而政府面向社会和市场所提供的公共服务是整体性的，在运行过程中职能分割和独立的办公系统，不仅导致相关政府部门在审批过程中出现整合不畅而降低服务质效，也导致申请人来回跑、重复排队等问题。甚至，各部门间在审批过程中偶见互为前置的问题，即部门间以相互的审批结果为审批依据而导致审批流程进入死循环。而以上问题主要源于两个部门或多个部门之间在职能、目标、标准、要求等方面的不一致。进入新时代，伴随着行政审批制度改革的进一步推进以及电子信息技术更为广泛的应用，群众对公共服务便捷化、精准化的需求得到一定程度的回应，但是在个别跨部门行政审批事项中仍然存在上述问题，对其进行关注，有助于不断满足群众对公共服务的新需求。

（二）行动不一致

1.行动

目标是个人或组织采取某个行动的驱动力，是人们行动的方向和所指向的终点。计划行为理论认为，行为意向能对实际行为产生决定性的作用，也就是说，行动暗含了有意做某事。有关个人行动的研究中，行动的概念涉及两个层面的含义，首先是行动伴随着身体的物理运动，其次是行动的目的性包含了心理因素。在相关的组织研究中，"理性模型"和"自然系统模型"是两个基本模型，理性模型源于组织研究的封闭系统战略，此时组织的所有行动都是合适的行动，结果可预计。而自然系统模型源于开放系统战略，无法避免不确定性的侵扰。詹姆斯·汤普森对行动中的组织进行了分析，认为"所有的组织都同时是理性的和自然的系统，也同时是开放的和封闭的系统"[1]，即"组织面临着不确定性，但同时又服从理性的标准而需要确定性"[2]。相应地，"组织需要创造专业化的部门来应付不确定性，而将其他专业化部门的运行置于确定或者近似于确定的条件下"[3]，在此背景下，专业部门间的共同目标十分重要。所以，本书中的行动是指政府部门依据共同目标而采取的行动，是一种实现目标的路径。

2. 目标一致决定行动一致

"人们有时会形成合作联盟（coalitions），它是指两个以上的个体为了实现一个特殊的目的而采取的集体行动"[4]，那么，是否可以说目标对行动具有导向作用？这一结论是否可以从个人延伸到组织领域呢？下文通过相关理论对此进行了阐释。

---

① [美] 詹姆斯·汤普森：《行动中的组织——行政理论的社会科学基础》，敬乂嘉译，上海人民出版社 2007 年版，前言第 10 页。

② [美] 詹姆斯·汤普森：《行动中的组织——行政理论的社会科学基础》，敬乂嘉译，上海人民出版社 2007 年版，第 17 页。

③ [美] 詹姆斯·汤普森：《行动中的组织——行政理论的社会科学基础》，敬乂嘉译，上海人民出版社 2007 年版，第 17 页。

④ [美] D. M. 巴斯：《进化心理学：心理的新科学》（第二版），熊哲宏等译，华东师范大学出版社 2007 年版，第 313 页。

（1）计划行为理论

计划行为理论（The Theory of Planned Behavior）是理性行为理论的延伸，是一种特定情况下对行动的说明，旨在预测和解释特定背景下人类行为的理论。其"涉及对行为的态度、主观规范、感知行为控制的前因分析，也正是这些前因在最终的分析中决定了行为意向和实际行为"[1]。Ajzen认为，一些显著的信念是行动者行为意图和实际行动的主要决定因素，并区分了三种显著的信念，即行为信念，对行为的态度产生影响；规范信念，构成对主观规范的基本决定性影响；控制信念，对感知行为控制提供基础性的影响，图3—1解释了计划行为理论中所包含的前因分析、具体维度及各维度之间的关系。

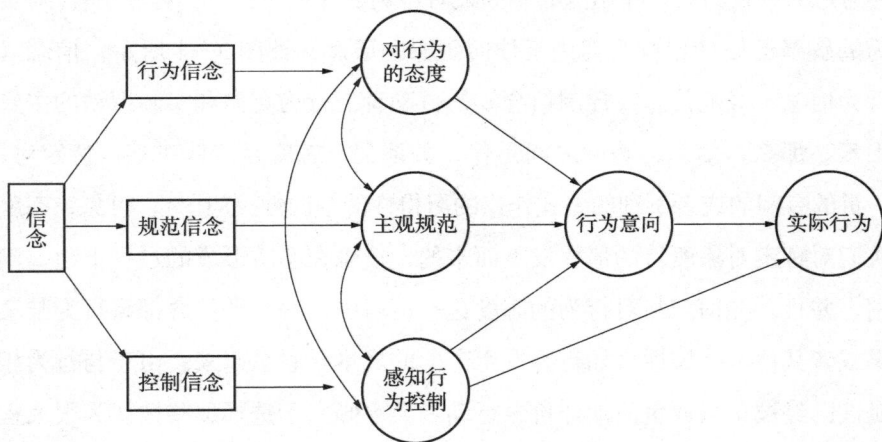

图3—1 计划行为理论整体图[2]

如图3—1所示，计划行为理论中假设了三个概念上相互独立的因素（对行为的态度、主观规范、感知行为控制），它们对行为意向具有决定性的作用，

---

① Ajzen, I., "The Theory of Planned Behavior", *Organizational Behavior and Human Decision Processes*, 1991, 50（2），pp.179-211.

② Cf. Ajzen, I., "The Theory of Planned Behavior", *Organizational Behavior and Human Decision Processes*, 1991, 50（2），pp.179-211.

而行动者的行为意向会对其实际行为产生直接而有力的影响，此外，行动者的感知行为控制也会对其行为有一定的影响。具体来看，第一，行为意向是一种可以影响实际行为的动机因素，它暗示了人们为了执行某一行为，愿意付出多大努力。通常情况下，行动者的行动意愿越强烈，某一行为就越可能发生，即行为意向是行为体考虑是否执行某一行动时，对行为利弊的权衡总和，它是影响实际行为的最重要因素。第二，感知行为控制与行为意向都可以直接用于预测实际行为，"但事实上，可能只需要其中的一个预测因子"[1]，就能完成对行动者实际行为的预测。在本研究中，注重对并联审批中各政府部门行为的分析，来探究并联审批如何促进政府部门间合作，所以更加侧重行为意向对实际行为的影响作用。第三，对行为的态度是预测实际行为的原因之一，"指一个人在考虑一种行为时，作出的有利的或者不利的评估或评价的程度"[2]。对实际行为的解释促使计划行为理论延伸向更深的层次，如图 3—1 所示，信念（分为行为信念、规范信念、控制信念）是行动者的行为意向和实际行动的主要决定因素。那么，信念与态度之间是什么关系呢？态度是"针对某一特定对象，以一贯的有利的或者不利的方式作出的习得性的倾向性反应"[3]，可见，态度是从人们对特定对象所持的信念发展而来的，信念在态度形成的过程中起基础性作用。并且，在信念与对行为的态度这一情境中，每一种信念都将行为与某个结果或者其他一些属性（如行为发生产生的成本）联系起来。由于与行为相关的属性已经被正面或负面地评价，行动者会更倾向于选择那些被认为很大程度上会产生令人满意的结果的行为。

综上，根据计划行为理论可知，当行动者对某一行为作出积极的态度评价

---

[1] Ajzen, I., "The Theory of Planned Behavior", *Organizational Behavior and Human Decision Processes*, 1991, 50 (2), pp.179-211.

[2] Ajzen, I., "The Theory of Planned Behavior", *Organizational Behavior and Human Decision Processes*, 1991, 50 (2), pp.179-211.

[3] Martin Fishbein, Icek Ajzen, *Belief, Attitude, Intention and Behavior: An Introduction to Theory and Research*, Massachusetts: Addison-Wesley Publishing Company, 1975, p.6.

时，这一行为越可能发生，反之则可能性越小。也就是说，对于行动者而言，行为态度对实际行为的发生具有重要的影响作用，即态度决定行为，行动者态度越积极，其实际的行动就越有可能发生。总结该理论，可以将态度与行为之间的关系概括为：态度决定行为，行动者态度越积极，其行动意愿越强，实际的行动就越有可能发生。而目标一致是行为体所持的积极态度，必将对行动一致起到决定性的影响。但计划行为理论可以从对人的行为解释延伸到对组织行为的解释吗？

(2) 公共选择理论

公共选择理论是对非市场决策的经济学研究，或者说是应用经济学的方法论去研究政治学，其代表人物詹姆斯·M.布坎南认为公共选择是政治上的观点，它以经济学家的观点和方法大量应用于集体或非市场决策而产生。[①] 该理论的基本假设是"人是自我的，理性的，效用最大化的"[②]，即人是理性的，为了追求个人利益最大化，人们都是从自己现有的能够实行的方案中选择最佳的那个。这一假设强调要在规模报酬不变的情况下达到公共物品的自愿供给，政府只是各种私利主体的集合体，也就是说在这一理论中政府已经不是一个追求社会总体福利最大化的抽象实体，而是带有各种私利色彩的社会组织。

那么在实践中，政府部门是否存在自身的利益呢？政府是一个依据层级制和专业分工而建立起来的组织系统，理论上通过分权来实现各尽其职、协调统一。但不可忽视的是，层级制带来了地方政府利益、专业分工带来了部门利益。分权化的改革给地方政府或部门带来了自主性，其利益主体角色和地位凸显，从而有能力去追求财政收入、经济发展、政绩等自身利益。而且，政府中的官员不仅追求经济发展，也追求政治晋升，其既是关注经济利益的"经济参与人"，也是关注政治晋升和政治收益的"政治参与人"，既为财税和利润而竞

---

① 参见［美］詹姆斯·M.布坎南：《自由、市场和国家》，吴良健等译，北京经济学院出版社1989年版。

② ［英］丹尼斯·C.缪勒：《公共选择理论》（第三版），韩旭等译，中国社会科学出版社2010年版，第2页。

争也为官场上的晋升而竞争。① 此外，学者唐世平指出，"个体（以及由个体组成的诸如群组、帮派、组织等集体）是自利的或自我中心主义的"②，虽然这里的自我中心主义不同于新制度经济学中的完全信息状态下的理性，或不完全信息以及无法处理信息状态下的"有限理性"，但它是人类生存必不可少的，也是人类行为的最基本驱动力之一，并且适用于由人组成的组织，即政府部门能够本能地追求自身利益。

而且，"公共选择理论既可以应用于政府范围和职能方面的改革，也应用于政府内部机制和结构方面的改革"③。所以，可以将计划行为理论中的"态度决定行为"应用于政府部门，即政府部门的行为会受到政府部门态度的影响。如果政府部门的合作态度积极，合作意愿就会比较高，更容易产生实际的合作，反之，则不容易产生合作。可见，在政府部门之间也存在着态度决定行为，而目标一致是行为体所持的积极态度的前提，必将对行动一致起到决定性的影响。

3. 行动一致与政府部门间合作

（1）目标一致影响行动一致

承接上述分析，目标一致对行动一致具有决定性的影响，有关企业的研究也显示，若要成功，"企业的所有行为，都必须服务于企业的战略目标"④，但与此同时，"目标会为行动者的行动设定界限，并为其打开行动的大门"⑤。因为"正确的目标具有明显的导向作用，并能体现优先选择的优势"⑥，"目标

---

① 参见周黎安：《中国地方官员的晋升锦标赛模式研究》，《经济研究》2007 年第 7 期。

② 唐世平：《制度变迁的广义理论》，沈文松译，北京大学出版社 2016 年版，第 14 页。

③ 李文钊、毛寿龙：《中国政府改革：基本逻辑与发展趋势》，《管理世界》2010 年第 8 期。

④ ［德］克里斯托夫·兰多、安东·埃希巴赫：《三角平衡：达到目标的简洁执行方法》，刘开君译，东方出版社 2009 年版，第 1 页。

⑤ ［德］克里斯托夫·兰多、安东·埃希巴赫：《三角平衡：达到目标的简洁执行方法》，刘开君译，东方出版社 2009 年版，第 2 页。

⑥ ［德］克里斯托夫·兰多、安东·埃希巴赫：《三角平衡：达到目标的简洁执行方法》，刘开君译，东方出版社 2009 年版，第 6 页。

所追求的是相对于当前而言，可能会有所改变的未来的状态。即当我们制定一个目标时，描述的是一种未来状态，而不是已经到达的一种状态。目标好比一个探测器，会为行动者指明前进的道路；帮助行动者持续定位，进而促进行动者将行动专注于重要的事情之上"①。而行动是实现目标的路径，"为了达到目标，所进行的活动、采取的措施和实施的方法也应该提上议事日程，并且只有当目标清晰时，即目标一致且明确时，我们才能权衡达到目标的不同种方法，并最终决定用哪一种"②。需要指出的是，虽然从理论上来讲"目标一致决定行动一致"，但在具体实践中，也会存在"目标一致"而"行动不一致"的现象，但是总的来看，"目标一致"对"行动一致"具有积极的影响作用。

（2）行动一致是促进政府部门间合作的主要维度

"通过组织实现集体行动仍然是人类行动系统中最主要的方式"③，"在集体行动遭遇困境时，行动主义要求打破制度之于行动的优先性，解决问题并不是必须重新回到制度设计中寻求答案，而是可以通过开放性的行动起到先验作用"④，如行动之中产生的较好的合作。与此同时，"通过行动的方式去寻找同方向上的多个目标，进而既摆脱了单一目标的束缚，又为新的合作路径创造了空间"⑤。行动是一种实现目标的路径，在逻辑上，目标的一致或者冲突会影响行动的选择，即积极的合作态度往往产生积极的行为，进而产生政府部门间的一致性行动，带来部门间的高效合作。反之，则产生部门间

---

① ［德］克里斯托夫·兰多、安东·埃希巴赫：《三角平衡：达到目标的简洁执行方法》，刘开君译，东方出版社 2009 年版，第 6 页。

② ［德］克里斯托夫·兰多、安东·埃希巴赫：《三角平衡：达到目标的简洁执行方法》，刘开君译，东方出版社 2009 年版，第 9—10 页。

③ 李文钊：《论合作型政府：一个政府改革的新理论》，《河南社会科学》2017 年第 1 期。

④ 柳亦博：《合作治理：构想复杂性背景下的社会治理模式》，中国社会科学出版社 2018 年版，第 214 页。

⑤ 柳亦博：《合作治理：构想复杂性背景下的社会治理模式》，中国社会科学出版社 2018 年版，第 214 页。

行动的冲突，导致部门间的低效合作。因此，组织间的一致行动能更积极有效地回应问题，而在此过程中将促进政府部门的联结与合作。政府部门是以职能为中心进行设置的，不同职能的政府部门在面对一些复杂的、跨越政府部门边界的问题与任务时，需要不同部门共同行动来解决问题，从行动方面来说，政府部门间的合作是一种运行过程。所以，本书中的行动一致，作为并联审批促进政府部门间合作的主要分析维度之一，指同一级别政府层面，涉及同一审批业务的平行部门之间运行方式的一致性，即各部门同步施行审批。

4. 跨部门行政审批事项改革中政府部门间行动的不一致

组织间的分工，使各政府部门"保持在数个必要的行动流的连接点上"①，而如何将其连接并运行起来，是政府部门间合作的题中应有之义。在实践中，目标的不一致常常引发政府部门间行动的不一致，如"利益冲突常常会导致目标之间产生矛盾，并会经常制约行动者的行动"②。依据前文的分析，跨部门行政审批事项改革中政府部门间行动的不一致，会受到目标不一致的决定性影响，但是从政府部门间行动过程本身来看，其不一致性主要体现在分散化审批、流程破碎和信息不畅三个方面。

需要指出的是，党的十八大以来，依据国内经济社会发展的需要，国务院分别于 2013 年、2018 年推进机构改革，各地方政府随之推进。新近的机构改革以全面发展为主要方向，以往改革中存在的分散化审批、流程破碎和信息不畅等问题在一定程度上得到了缓解，但是围绕以上问题对其导致政府部门间行动不一致进行分析，对进一步推进跨部门行政审批制度改革中的政府部门间合作仍具有借鉴意义。

---

① [美] 詹姆斯·汤普森：《行动中的组织——行政理论的社会科学基础》，敬义嘉译，上海人民出版社 2007 年版，第 185 页。

② [德] 克里斯托夫·兰多、安东·埃希巴赫：《三角平衡：达到目标的简洁执行方法》，刘开君译，东方出版社 2009 年版，第 2 页。

（1）分散化审批导致部门间行动不一致

从跨部门行政审批事项本身来看，需要各政府部门间共同完成审批工作。但是，这种涉及多部门、多环节的审批事项，在具体的执行过程中，首先，各部门是平等的关系，不存在权威部门或机构的统筹协调，对各部门如何进行审批以及如何有效联结审批流程缺乏规范机制，各部门分散行动、各管一段，审批的随意性较大，造成审批主体的行动不一致。其次，分散化审批为各部门追求和维护自身利益提供了可能，与缺乏协调机构造成的政府部门间行动不一致相比，这种对自身利益维护而带来的政府部门间行动不一致，是政府部门主观上的行为选择。此种情况在企业投资建设工程类项目中十分突出，"办事难""程序繁""时限长"等问题的背后，是对部门权力和管辖范围的维护，具体表现形式如运行中个别部门出现的"不接件""不受理"等现象，跨部门行政审批事项要由多个部门进行审批，在各政府部门的分散化审批的过程中，缺乏协调机构以及各部门对自身利益维护均会导致部门间的行动不一致。在缺乏联合机制的背景下，其中任意一个部门都可以延缓项目的进展甚至让其停滞。

（2）流程破碎导致部门间行动不一致

跨部门行政审批事项的完整流程分散于各相关部门之间，部门分割导致了审批流程的破碎化，主要体现在审批流程的整体性建设和标准化建设不足两个方面。首先，对于跨部门审批事项，缺乏连接各部门的整体性审批体系建设。在跨部门行政审批执行过程中，难以对审批相对人应具备哪些条件、提供哪些要件、如何提出申请等进行明晰规定，也难以梳理完整的审批流程去解读审批部门如何对相关申请进行审查和核实，同时，也缺少对审批部门不依法及时、按期办理而予以处罚的明确规定。而由于缺乏科学、严谨、完备的整体化审批流程，各审批部门拥有了更多的自由裁量权，往往导致部门间行动不一致。其次，对于跨部门审批事项，审批流程的标准化建设不足。总的来看，审批的标准化建设体现在整个审批流程之中，以审批事项为中心，包括输入、受理和输出等环节，但政府部门间的行动过程是围绕受理环节展开的，主要为审批要件、业务办理流程的标准化。在实践中审批流程标准化建设不足主要表现为，如"同一要件在某一部门已经被减掉，但是在另一个部门仍然被要求提供"①，有的审批部门则存在增加或者减少审批要件、降低或者抬高审批标准的问题，无法向群众和企业提供高效的、无差别的服务。可见，在审批流程破碎化的背景下，审批流程的整体性、标准化建设不足导致了各审批部门在执行跨部门行政审批事项时行动的不一致。

（3）信息不畅导致部门间行动不一致

跨部门审批事项的完成，需要所涉及的各政府部门来共同提供管理和服务，有关审批进展状况的信息流对政府部门间的行动产生影响。首先，在跨部门审批事项的审批材料信息方面，各部门之间的信息不畅导致同样的材料重复提交、上一环节的办理结果无法自动转化成下一办理环节所需的资料等，使各政府部门间无法围绕高效办结审批事项而采取一致行动，群众和企业办理事项时出现往返跑、重复排队、重复提交材料等情况。其次，从跨部门行政审批运行过程来看，也往往存在信息不畅的问题，其主要源于各部门的信息系统建设中缺乏充分的顶层设计，在运行过程中表现为"交互性差、更新不及时、信息资讯少、主页设计不专业以及网站域名不规范"②等，总的来说，在信息的完整性、实用性方面还不能满足跨部门行政审批事项办理过程中对审批数据交换、信息共享的需求，不利于部门间的行动一致。可见，在各政府部门间信息不畅的背景下，无论在审批材料信息方面还是在运行过程信息方面都不利于政府部门间的行动一致。

---

① 段易含、麻宝斌：《营商环境中的政务环境建设评价——基于吉林省"只跑一次"改革的调查》，《重庆社会科学》2020年第8期。
② 叶信跃：《基层政府部门信息化建设存在的问题及对策探讨》，《信息与电脑》（理论版）2017年第19期。

三、合作困境的深层诱因：分化的组织结构

如上文所述，跨部门行政审批事项改革中政府部门间合作困境在于"碎片化"的组织基础，导致政府部门间出现"权责壁垒"，以及运行过程中的"分割式"审批流程，但其根本原因在于分化的组织结构。其对政府部门间合作困境的深层诱因主要体现在，分化的组织结构所形成的纵向关系瓦解了政府部门间的合作意愿，所形成的横向关系削弱了政府部门间的合作动力。

（一）纵向关系：瓦解政府部门间合作意愿

1. 条块关系制约政府部门间合作

早在公元前 221 年的秦帝国，就通过郡县制形成了中央垂直管理，有效加强了中央集权。横向层面上，从"三公九卿制"到"三省六部制"，都表明当时的政府已经"对复杂的政府事务进行了合理分工，事权和责任已经明确划分在各个官职之内，并最终向权力中心负责"①。

新中国成立以来，我国逐步建立起一整套具有中国特色的社会主义治理体系。纵向上由中央统一领导，并依据发挥地方政府的主动性、积极性的原则。但我国的央地关系，不仅是"国家体制中纵向权力与资源分配的基本关系"，还是"兼顾横向与纵向权力分割的条块关系"②。但是"一竿子插到底"的"条条"将"块块"进行了分割，并通过"部门管理"对地方进行约束。而且，"上级对下级的行政干预至关重要""上下级部门之间的关系会影响到组织间合作的难易程度"③，其主要体现在业务指导关系的上下对口部门、派出或分支机构的

① 燕继荣等：《中国治理——东方大国的复兴之道》，中国人民大学出版社 2017 年版，第 10 页。
② 景跃进等：《当代中国政府与政治》，中国人民大学出版社 2016 年版，第 186 页。
③ 刘新萍：《政府横向部门间合作的逻辑研究》，复旦大学博士学位论文，2013 年，第 76 页。

上下垂直管理部门两种类型中 ① ：第一，上下对口部门形成的"条条"在横向上是各级政府的组成部分，如农业局等，这类部门与其上级部门是上下对口关系，接受上级部门的业务指导，但受本级政府领导为主，总体而言，对政府部门间合作的影响不大；第二，作为派出或分支机构的下级部门在横向上亦是各级政府的组成部分，但其与上级部门是垂直领导关系，如税务、海关等部门，在人、财、物方面更多是由上级主管部门决定，较少与同级政府相关联，不利于与同级政府部门之间的合作。可见，"条块关系"影响甚至是制约了政府部门间合作。

2. 职责同构制约政府部门间合作

条块分割、条块结合的央地关系架构加强了中央对地方的领导，且从结构上来看，地方政府与中央政府是"职责同构"的，即"不同层级的政府在纵向间职能、职责和机构设置上的高度统一、一致"②，产生"条条压力"，这种纵向的结构设置对横向的部门关系产生了重要影响。有学者指出，"职责同构"对地方政府改革产生了阻力③，主要表现在地方政府机构改革中职能部门间的分分合合。如 20 世纪 90 年代某个总人口只有 4 万多人的县，为了与上面的部门对接，机构总数达 308 个，财政供养人员达 4400 人，全县平均下来 9个农民就需要养一个财政供给人员，是全国平均水平的三倍多。1994 年，该县痛下决心，进行机构改革和人员精简。主要做法是将职能相近的局委合并，如将科委、教委、体委与文化局合并为科教文体局，这些改革短期内取得了明显效果，但不久又恢复原貌。而究其原因，是来自"条条"的压力。实施机构改革后，有的上级政府部门在该县找不到对口单位，无法开展工作。可见，职责同构这种纵向的结构设置，将政府部门纵向切割，从结构上加强了政府部门之间的"壁垒"，使横向政府部门间的合作更为艰难。党的

---

① 参见谢庆奎：《中国政府的府际关系研究》，《北京大学学报》（哲学社会科学版）2000 年第 1 期。

② 朱光磊、张志红：《"职责同构"批判》，《北京大学学报》（哲学社会科学版）2005 年第 1 期。

③ 参见刘雅静：《基于大部制模式的地方政府机构改革刍议》，《理论导刊》2010 年第 1 期。

十八大以来，为推进国家治理体系和治理能力现代化，"职责同构"在不同层级政府间的配置进行了动态调整，如"我国超大城市纵向政府之间形成的是经济发展职责下沉、社会治理职责上移的配置逻辑"①。因此，依据经济社会发展对政府层级间的权责配置进行调整，有利于在"职责、权限分明的纵向政府间建立相互合作、相互依赖、相互制约、资源共享的伙伴关系"②，从而促进政府部门间合作。

（二）横向关系：削弱政府部门间合作动力

"新中国成立初期，由于在部门设置上受到苏联计划经济传统的影响，建立了许多具体的专业化行业管理部门。专业化行政管理部门的设置虽然有利于推动具体领域的工作，强化了具体行政部门的权力，却增加了行政协调和制约监督工作的难度"③。依据分工管理的原则，政府各部门拥有自身的职能范围，在各司其职的同时，也有自身的目标、维护自身的利益。分工上的"职能交叉"和行为上的"部门主义"都会对政府部门间合作产生影响，而究其原因在于部门利益，三者相互交织削弱了政府部门间合作的动力。进入新时代以来，新近的机构改革进一步优化了政府部门间的横向关系，但职能交叉、部门主义和部门利益等因素一定程度上依旧在削弱政府部门间合作的动力。

1. 职能交叉制约政府部门间合作

职能交叉指"政府职能部门在行政职责管辖上有冲突"④。在现实中，"由

---

① 张雪霖：《超大城市纵向政府间职责配置的调整及其动力机制研究》，《行政管理改革》2022年第7期。

② 朱光磊、张志红：《"职责同构"批判》，《北京大学学报》（哲学社会科学版）2005年第1期。

③ 景跃进等：《当代中国政府与政治》，中国人民大学出版社2016年版，第117页。

④ 孙养学、刘浩然：《政府机构精简浅议——基于职能交叉现象的思考》，《中国集体经济》2011年第30期。

于公共事务复杂性和系统性日趋增加，因而经常会出现部门机构之间的职权交叉或模糊现象"①。依据分工管理的原则，政府各部门按职能进行划分，但是涉及群众或者企业的办事事项是整体性的，这就出现了多个部门共同管理同一审批事项的局面。在管理过程中，因各部门的管理权限、范围不明晰，会导致各部门基于自身利益进行"选择式管理"，对利争夺，对责逃避；各部门的职能交叉会带来重复审批等问题，而且因利益不一致难以形成部门间的一致意见和行动，需要投入人力、财力等资源协调部门间关系，导致行政成本上升、效率下降②，削弱了政府部门间合作的动力。而"造成部门职能交叉的一个重要的原因在于部门利益驱动，某些政府部门不适当地追求所在部门的利益最大化，加剧利益博弈，放大职能交叉"③。

2. 部门主义制约政府部门间合作

部门主义，也称部门本位主义、部门保护主义，"指行政部门在思维和行为层面上，皆表现出'部门本位'或'部门中心'倾向"④，并且"以部门利益乃至个人利益为主导"，表现为"没有基本的政治意识、大局意识"⑤，部门利益至上。因为部门主义涉及了部门的权力和利益，使自上而下推进的机构改革的目标难以实现，也不同程度地干扰了政府的中枢决策⑥。同时，部门主义也增大了部门间的协调难度，如部门执法中，各部门根据自身负责的业务和部门利益来决定具体行为，出现的重复管理、交叉执法等问题⑦。如果政府部门间的协调难度日益增大，那么带来的不仅是政府整体绩效的下降和弱化，也将削减政府部门间合作的动力。

---

① 景跃进等：《当代中国政府与政治》，中国人民大学出版社 2016 年版，第 113 页。

② 参见谭燕萍：《我国政府部门职能交叉中的利益博弈分析》，《学术论坛》2007 年第 10 期。

③ 谭燕萍：《我国政府部门职能交叉中的利益博弈分析》，《学术论坛》2007 年第 10 期。

④ 阎越：《行政立法中的部门主义及其防治》，《法制与社会发展》1999 年第 6 期。

⑤ 竹立家：《用公共精神消除部门本位主义现象》，《人民论坛》2018 年第 2 期。

⑥ 参见江涌：《警惕部门利益膨胀》，《瞭望新闻周刊》2006 年第 41 期。

⑦ 参见肖金明、尹凤桐：《论部门主义及其危害》，《山东社会科学》1999 年第 4 期。

3. 部门利益从根本上削弱政府部门间合作动机

基于利益分析的视角，利益矛盾与冲突是地方政府间合作困境的内在根源。[①] 具体到政府部门，从根本上来说，部门利益导致了职能交叉和部门主义的产生，是二者的核心影响因素。部门利益主要指"行政部门的行政行为偏离了'公共利益'导向，以追求部门自身局部利益的形式来变相地实现个人利益"[②]。在中国政府管理从"部门行政"转向"公共行政"的背景下，"部门利益是部门行政延续根源""构成了部门行政向公共行政转型的最大障碍"[③]，也是造成机构改革、职能转变困境重重的根源。如"大部制"改革对"各部门的权力作出调整，就会触及一些部门的既得利益"[④]。一些改革计划推行艰难，说明"部门利益的驱动起着重要的作用"[⑤]，事实也证明"大部制改革的最大阻力，仍然是多年来被强化了的部门利益"[⑥]。如果从动机和能力两个方面对部门利益法律化进行解释，动机源于部门的利益觉悟，体制的缺陷为其提供了可能[⑦]，而"体制方面的改革将有助于打破长久以来形成的部门权力和利益格局，从而抑制和消除部门主义及其危害"[⑧]。

横向上以职能为中心的部门设置便于政府管理，同时也使一个完整的审批业务流程分散在不同职能部门之间，跨部门行政审批事项即是代表，其"也使部门利益有了进一步滋生的土壤"[⑨]，阻碍政府部门间合作。解决该问题的着力

---

① 参见刘娟：《跨行政区环境治理中地方政府合作研究——基于利益分析的视角》，吉林大学博士学位论文，2019 年。

② 宋世明：《试论从"部门行政"向"公共行政"的转型》，《上海行政学院学报》2002 年第 4 期。

③ 宋世明：《试论从"部门行政"向"公共行政"的转型》，《上海行政学院学报》2002 年第 4 期。

④ 张浩：《围绕职能整合稳步推进新一轮大部制改革》，《学术探索》2013 年第 6 期。

⑤ 陈科霖：《大部制改革：历史回顾与路径前瞻》，《云南社会科学》2014 年第 3 期。

⑥ 汪玉凯：《大部制改革：值得注意的 4 个问题》，《理论参考》2008 年第 5 期。

⑦ 参见刘长云：《部门利益与地方保护主义法律化的规制研究》，湖南大学博士学位论文，2016 年，第 47—69 页。

⑧ 肖金明、尹凤桐：《论部门主义及其危害》，《山东社会科学》1999 年第 4 期。

⑨ 杨雪琴：《从部门行政到公共行政的建构与部门利益的治理》，《苏州大学学报》（哲学社会科学版）2010 年第 6 期。

点应从最让百姓、企业"头疼"的地方入手，聚焦机构重叠、职能交叉等问题精准施策，并在具体的改革设计中探索与"放管服"改革相结合。同时，"要进一步健全、完善便民服务中心，改革审批制度，简化审批程序"①。有研究指出，部门主义的目的在于"谋求部门利益和个人利益最大化"，因此，要"加快社会主义公共机构运行和监督体制机制的改革与重构，利用现代信息技术手段强化组织管理，增强组织运行过程的公开透明度"②。需要大力发展电子政务，同时"为提高行政效率，可以改串联式的工作程序为并联式程序，或者把二者结合起来使用"③。

---

① 王旭明：《浅谈部门主义对经济环境的危害》，《学习导报》2002 年第 8 期。

② 竹立家：《用公共精神消除部门本位主义现象》，《人民论坛》2018 年第 2 期。

③ 刘长发：《关于部门利益的若干理论思考》，《四川行政学院学报》2005 年第 6 期。

第四章　并联审批的发展历程及其促进政府部门间合作的优势与效果

一、并联审批的发展历程

事物的发展往往表现为从一个状态逐渐进入另一个状态的过程，相应地，并联审批的发展是从简单的各部门联合办公逐步转化为各部门相互合作的过程。对并联审批发展历程的考察，应将其置于行政审批制度改革的背景之下，可以说，在行政审批制度改革不断深化的背景下，并联审批运行方式经历了一个日臻完善的过程。

（一）并联审批的萌芽阶段（2001 年以前）

1. 并联审批萌芽阶段的发展背景

在计划经济逐步向社会主义市场经济转变的过程中，曾发挥过重要作用的行政审批与市场经济的不兼容性日益凸显，成为制约经济社会发展的瓶颈。一方面，审批环节冗杂耗费大量时间，导致办事人付出大量的时间成本甚至错失市场机会；另一方面，审批行为不规范，执行部门的自由裁量权大，出现"国家权力部门化、部门权力个人化"的现象。在此背景下，开启了行政审批制度改革的进程。

行政审批制度改革的起源阶段与 1982 年、1988 年行政体制改革相联系，此阶段的改革中，审批范围、层级方面得到了一定压缩，审批环节、时限等方面有了一定减少，效率也得到了提高，但随着政府机构的重新膨胀，行政审批也"恢复原貌"。1993 年和 1998 年的两次以政府职能转变为核心的政府机构改革中，强调政府发挥宏观调控作用，同时退出微观经济管理领域，逐渐向回应性、高效率的"有限政府"发展，为行政审批制度改革提供了良好的环境。各地方政府为改善经济环境开始探索审批的简化，如深圳市于 1998 年将原有的 737 个行政审批项目减少一半以上[①]。此阶段的改革中出现了"行政服务大厅"[②]，为"一站式"服务[③]提供了基础，这种最初源于物理空间上的集聚设置，在服务和便民方面起到了积极作用，也为发展并联审批运行方式提供了组织载体。

2. 并联审批萌芽阶段的运行方式

20 世纪 90 年代，行政审批制度改革取得了一定发展，但在涉及多部门的行政审批事项运行过程中，仍然存在相互扯皮、交叉管理等阻碍效率提升的问题。为提升审批效率，各地方政府开始在促进企业发展和招商引资等领域探索联合审批、集中办理的方式。1992 年，国务院发布实施《全民所有制工业企业转换经营机制条例》，在黑龙江省发布的《黑龙江省实施〈全民所有制工业

---

① 参见傅小随：《中国行政体制改革的制度分析》，国家行政学院出版社 1999 年版，第 252—253 页。

② 行政服务大厅体现了服务流程创新乃至组织结构的重构。服务流程创新体现在服务代理制度、并联审批、绿色审批通道等；有学者提出行政服务中心具有行政成本负担和"符号化"问题等缺陷。（参见王胜君、丁云龙：《行政服务中心的缺陷、扩张及其演化——一个行政流程再造视角的经验研究》，《公共管理学报》2010 年第 4 期。）现在许多地方也开始探索行政服务中心的定位问题，为行政服务中心赋予更多的权力等。这就为行政服务中心的统一管理、统一规划服务流程提供了可能性。

③ 参见黄小勇：《中国行政体制改革研究》，中共中央党校出版社 2013 年版，第 169 页。

企业转换经营机制条例〉细则》中指出："对需要报批的基建、技改项目，分别由各级政府的计委、经委牵头，组织银行、土地管理、城市规划、城市建设、环境保护等部门定期联合办公，集中办理有关手续"，以优化企业投资审批流程。1995 年，深圳市针对外商投资项目成立联合审批服务中心，具体做法是将所涉及的 18 个审批部门进行集中、联合审批。[①] 1999 年，浙江省金华市设立市政府集中办事大厅，"将全市 46 个具有行政审批权的局委的审批办证窗口集中于大厅"[②]，这有助于连接分割于各职能部门的审批事权。同年，为提升建筑工程规划报建审批效率，依据《南昌市建筑工程规划报建会审办法》，由南昌市城乡规划局负责组织、集中代发各会审单位的审批表格，收到报建材料后组织市计委、市房管局、市土地局等会审单位进行集中勘查现场，各会审单位自勘查之日起 10 个工作日内向市城乡规划局返回预审意见，市城乡规划局在收到各会审单位签字的审批表起 10 个工作日内综合各会审单位意见完成会审。[③] 可见，在并联审批的萌芽阶段，主要通过审批各相关部门间联合审批、集中办理等运行方式来提升审批效率，与此同时，也带来了政府部门间关系的改善。

3. 并联审批萌芽阶段中的政府部门

萌芽阶段的并联审批发展得益于此阶段的行政审批制度改革，一方面，它减少了行政审批事项，进一步优化、调整政府部门职责，解决权责交叉问题，权责明晰为并联审批的发展提供了实践基础；另一方面，行政服务大厅的建立，以及对"一站式"服务、"一个窗口对外"的尝试，可以促进各政府部门在物理空间上的集中，为并联审批的发展提供了空间基础。需要指出的是，并联审批的萌芽阶段并不具备完整的并联审批特征，如 S 市的联合审

---

① 参见吴杰：《行政服务中心的困境与出路——基于泉州市的实证分析》，厦门大学硕士学位论文，2009 年，第 1 页。

② 赵永伟、唐璨：《行政服务中心：理论与实践》，企业管理出版社 2006 年版，第 43 页。

③ 参见江成：《南昌市制定建筑工程规划报建会审办法》，《城市规划通讯》1999 年第 10 期。

批服务中心，是一种松散的联合审批形式，是各部门在同一地点临时性的联合办公，也不具备统一的管理，一般由牵头部门提供办公场所并负责协调工作，运行中依然存在"不同审批部门各自为政，普遍缺乏有效的协同审批机制"①的问题，但萌芽阶段的并联审批为其后续发展奠定了十分重要的基础。

（二）并联审批的发展阶段（2001—2012）

1. 并联审批发展阶段的发展背景

（1）行政审批制度改革工作领导小组成立及《中华人民共和国行政许可法》实施

社会主义市场经济的发展，"必须按经济规律办事，减少政府过多的、不规范的行政干预"②，规范行政审批成为题中应有之义。2001 年 9 月国务院行政审批制度改革工作领导小组成立，是中央层面负责行政审批制度改革的组织。领导小组以《关于行政审批制度改革工作的实施意见》（国发〔2001〕33 号）为依据，指出行政审批制度改革应遵循合法、合理、效能、责任和监督原则。其中，效能原则涉及部门间联合，其强调政府部门间审批职能的划分与调整，简化程序、减少环节，"涉及几个部门的行政审批，应当由国务院规定的主要负责部门牵头，会同其他有关部门共同研究决定后办理"③。并且《中华人民共和国行政许可法》规定，"行政许可依法由地方人民政府两个以上部门分别实施的，本级人民政府可以确定一个部门受理行政许可申请并转告有关部门分别提出意见后统一办理，或者组织有关部门联合办理、集

① 杜昕星：《政府并联审批制度的应用研究——以江苏省宿迁市为例》，东南大学硕士学位论文，2016 年，第 14 页。

② 沈荣法：《关于改革行政审批制度的几点思考》，《中国行政管理》2001 年第 6 期。

③ 《国务院批转关于行政审批制度改革工作实施意见的通知》（国发〔2001〕33 号），中国政府网，2016 年 9 月 23 日，http://www.gov.cn/zhengce/content/2016-09/23/content_5111217.htm。

中办理"①。可见，相关法律法规为推行并联审批提供了合法性依据。

（2）中国加入世贸组织及电子政务的发展

2001 年 12 月中国正式加入世贸组织（WTO），为适应 WTO 规则，须改变"重审批，轻管理"的行政管理模式。中共中央办公厅、国务院办公厅在《关于我国加入世界贸易组织有关情况的通报》中提出："要加快推进行政审批制度改革，减少审批事项，简化审批程序，规范审批行为，增强透明度和公开性，健全监督制约机制。坚持精简、统一、效能的原则，一件事由一个部门负责，杜绝交叉管理、推诿扯皮，改进工作作风，提高工作效率。"②可见，加入WTO 促进了职能部门间权责的明晰，并且更加注重审批方式创新和效率提升，客观上促进了并联审批的发展。

电子政务以互联网及信息技术为基础，会改善政府部门内部、政府部门之间以及政府同社会之间的交流方式③，政府部门之间的电子政务，其主要内容包括"政府内部业务司局、业务处室之间通过信息化手段相互协作，如水上交通事故应急联动、网上联合审批等"④。自党的十六大报告强调电子政务建设以来，至党的十八大前夕，电子政务得到了较大发展，尝试建立网络化政府的服务基点以提供"一站式"的政务服务。虽然在电子政务推进过程中仍存在缺乏网络平台建设统一规划等问题，但在促进政府组织结构优化、审批流程再造方面起到了积极作用。以网络为媒介进行的信息共享促进了政府部门间沟通交流，为实施跨部门的并联审批提供了技术支持，有助于在物理空间集中的基础上向网上并联审批发展。

---

① 《中华人民共和国行政许可法》，中国政府网，2005 年 6 月 27 日，http://www.gov.cn/flfg/2005-06/27/content_9899.htm。

② 《中共中央办公厅 国务院办公厅关于我国加入世界贸易组织有关情况的通报》（中办发〔2001〕26 号），内蒙古自治区人民政府网站，2002 年 1 月 1 日，https://www.nmg.gov.cn/zwgk/zfgb/2002n_5158/200201/200201/t20020101_269717.html。

③ 参见孙毅：《电子政务系统建设与运行评价体系研究》，大连理工大学硕士学位论文，2005年，第 11 页。

④ 马皓莹：《电子政务环境下的政府行政创新研究》，武汉大学博士学位论文，2011 年，第 22 页。

2. 并联审批发展阶段的运行方式

行政审批制度改革工作领导小组成立、中国正式加入 WTO，《中华人民共和国行政许可法》的颁布实施，以及以信息技术为基础的电子政务建设，为并联审批的发展提供了客观环境，发展阶段的并联审批运行方式在此基础上展开。

（1）以政务服务中心为基础的并联审批

政务服务中心的发展为各部门提供了可以集中工作的物理空间，带来了各审批部门的集聚效应，促进了并联审批在全国各地的发展。2004 年成都市成立政府政务中心后，在省政府的支持下，成都市"对各审批环节之间存在法定因果关系的，实行串联；对各审批环节之间无法确定因果关系的，实行并联"①，依据此原则再造审批流程。2006 年北京市怀柔区实行"全程办事代理制"，其主要特点在于：首先，针对涉及多部门审批事项的流程进行了优化整合，各审批主体所依据的政策法规不发生改变，其着力点在于强制各部门同时提供承办联办事项的审批工作，改变以往的串联审批方式；其次，办事人只和牵头部门接触，实现向一个窗口提交一套申请材料、各相关部门同时现场勘察、事项审核由牵头部门负责协调、办理结果通过同一窗口向申请人反馈，对申请人实现"一个单位的窗口进、窗口出"。2009 年东莞市城建规划局并联审批中心启动，将市镇两级财政投资项目手续办理时间缩短 2 个月，将涉及财政局、发改局等十几个部门的行政许可事项按照"统一受理、及时抄送、同步审批、限时办结"的原则进行并联审批办理，以多部门在规定期限内同时审批的方式，替代传统各部门以上一部门办理结果为依据的"串联审批"。②

2008 年，《关于深化行政管理体制改革的意见》中强调部门间的协调配合机制，指出"理顺部门职责分工，坚持一件事情原则上由一个部门负责，确需

① 朱旭峰、张友浪：《新时期中国行政审批制度改革：回顾、评析与建议》，《公共管理与政策评论》2014 年第 1 期。
② 参见《东莞市城建规划局并联审批中心启动》，《城市规划通讯》2009 年第 8 期。

多个部门管理的事项，要明确牵头部门，分清主次责任"①。为优化审批流程、简化审批环节、缩短审批时间，2009 年上海市印发《上海市并联审批试行办法》（沪府发〔2009〕5 号）②，对并联审批运行中的"牵头部门"和"并联审批部门"的职责作出了明确规定，"牵头部门"是起主导作用的，其职责包括：① 公示和告知并联审批相关内容；② 对申请材料进行统一接收和转送；"并联审批部门"应积极配合牵头部门组织的各种联合办公，其职责包括：① 向牵头部门提供本部门行政审批的相关内容；② 规定时间内作出审批决定，颁发、送达许可证件。

（2）网上并联审批

伴随着电子政府建设，互联网等信息技术被广泛应用于行政审批制度改革之中，网上并联审批开始出现。2008 年，《国务院办公厅转发监察部等部门关于深入推进行政审批制度改革意见的通知》（国办发〔2008〕115 号）指出："充分运用现代信息网络技术，对行政审批事项的受理、承办、批准、办结和告知等环节实行网上审批、网络全程监控""完善相对集中行政许可权制度……以及行政许可的统一办理、联合办理、集中办理制度"③，其有效推动了并联审批及网上并联审批的发展。浙江省结合电子政务建设，较早对网上并联审批进行了探索。在浙江省发展和改革委员会网上并联审批系统实施案例中，为打造便捷高效、协调顺畅的审批运行机制，浙江省发改委以基本建设项目为突破口，结合自身的网络发展基础，在全国率先提出网上并联审批，于 2001 年 7 月首

---

① 《关于深化行政管理体制改革的意见》，中国政府网，2008 年 3 月 4 日，http://www.gov.cn/jrzg/2008-03/04/content_909225.htm。

② 该文件将并联审批定义为"对同一申请人提出的，在一定时段内需由两个以上本市行政部门分别实施的两个以上具有关联性的行政审批事项，实行由一个部门（以下称'牵头部门'）统一接收、转送申请材料，各相关审批部门（以下称'并联审批部门'）同步审批，分别作出审批决定的审批方式"。

③ 《国务院办公厅转发监察部等部门 关于深入推进行政审批制度改革意见的通知》（国办发〔2008〕115 号），中国政府网，2008 年 10 月 22 日，http://www.gov.cn/zwgk/2008-10/22/content_1127981.htm。

先实现省发改委纵向联合 11 个市，横向联合 12 个厅局的基本建设项目网上并联审批试运行，对基本建设等审批类事项的申报、审批、核准、登记网上公文的全过程进行电子化处理，极大促进了就地申报、即刻受理、限时办结、多网并联运转、全程公开等形式的发展。

3. 并联审批发展阶段中的政府部门

在并联审批的发展阶段，相关法律、法规的出台，对并联审批的概念进行了较为完整的界定，并赋予其合法性依据。此阶段的并联审批运行方式主要是以行政服务中心为基础进行的，一种是通过"中介"，即行政服务中心设立的综合协调科，一方面接收申请人提交的申请材料，另一方面协调各审批单位在规定的时限内完成审批。但在实际过程中，由于综合协调科只是政务服务中心成立的协调组织，在并联审批的运行中大都充当"收发室"角色，收件后仍需转回各相应单位办理，但也在一定程度上促进了并联审批的发展。另一种是通过"牵头部门"推进并联审批，其应用比较广泛，例如前文提到的上海市的相关文件中对牵头部门和并联审批部门的职责进行了详细规定，牵头部门相当于责任部门，对并联审批过程中出现的问题进行协调。虽然在实践中还存在并联审批单位范围比较狭窄等问题，但此阶段的并联审批方式已经开始运行。在"大部制"改革背景下，2008 年成都市武侯区设立"行政审批局"，这一模式促进了"行政许可权从'平台聚合'到'实体承办'"[①]。不同于政务服务中心，行政审批局是具有审批权限的责任主体，对推进并联审批具有极大的促进作用，但此阶段的行政审批局属于初创期，其发挥的作用有限。

与此同时，伴随着电子政务建设及网络信息技术的发展，网上并联审批兴起，借助于信息技术手段，各部门在牵头部门的协调下，将窗口接收的申请材料在网络平台上流转和共享，于规定时限内完成审批。此阶段的网上并联审批促进了审批效率提升，但仍存在流程不规范、系统不稳定等问题。

---

① 贾义猛：《优势与限度："行政审批局"改革模式论析》，《新视野》2015 年第 5 期。

（三）并联审批的相对成熟阶段（2013 年以来）

1. 并联审批相对成熟阶段的发展背景

（1）全面深化改革的推进

党的十八届三中全会审议通过《中共中央关于全面深化改革若干重大问题的决定》，行政体制改革处于全面深化改革的核心位置，"在某种程度上成了政治体制改革的实验场、经济体制改革的观察室和社会发展进步的探照灯"[①]，其重点是职能转变和理顺职责关系。李克强总理强调从改革行政审批制度入手来转变政府职能，解决"办个事、创个业要盖几十个公章"的问题。伴随着全面深化改革的推进，行政审批制度改革进入全面深化阶段，体现在相关文件对其认识的不断深化，如表 4—1 所示。

表 4—1　全面深化改革背景下对行政审批的认识[②]

会议	会议报告和相关决定中对行政审批制度改革的认识
党的十六大	"完善政府的经济调节、市场监管、社会管理和公共服务的职能""减少和规范行政审批"
党的十七大	"减少和规范行政审批，减少政府对微观经济运行的干预"
党的十八大	"深化行政审批制度改革，继续简政放权""推动政府职能向创造良好发展环境、提供优质公共服务、维护社会公平正义转变"
党的十八届三中全会	《中共中央关于全面深化改革若干重大问题的决定》描述了行政审批制度改革的路线，"进一步简政放权，深化行政审批制度改革，最大限度减少中央政府对微观事务的管理，市场机制能有效调节的经济活动，一律取消审批，对保留的行政审批事项要规范管理、提高效率；直接面向基层、量大面广、由地方管理更方便有效的经济社会事项，一律下放到地方和基层管理"

如表 4—1 所示，通过纵向比较中央会议中对行政审批制度改革的认识可见，在全面深化改革背景下，对推进行政审批制度改革的认识更加全面、细致，改革的重点在于简政放权，强调审批效能的提升，这促进了"放管服"改

---

① 周天勇：《中国行政体制改革 30 年》，格致出版社 2008 年版，第 253 页。

② 整理自朱旭峰、张友浪：《新时期中国行政审批制度改革：回顾、评析与建议》，《公共管理与政策评论》2014 年第 1 期。

革和以"最多跑一次"为代表的结果导向型改革的提出。

（2）"放管服"改革的提出

党的十八大以来，为转变政府职能通过简政放权、放管结合、优化服务"三管齐下"的方式将改革推向纵深，这是"从行政体制改革整体框架上进行系统推进的战略思考"[1]。具体的措施包括对审批事项的削减、审批环节的压缩及"三单建设"，以此进一步理顺政府与市场、社会以及不同层级政府之间的关系。2014年，中央层面共削减行政审批事项193项，经测算，中央层面核准的项目数量减少40%，连同2013年减少的60%，共减少约76%。[2] 各地方在承接上级部门下放审批事项的同时，也积极推进自身的"放管服"改革，多省份行政审批事项减少50%左右，有的达70%。[3] 在削减审批项目的同时，各地建立了权力清单制度，向社会公开各部门目前保留的行政审批事项清单，以落实清单之外无审批。可见，此阶段的改革，通过将行政审批制度改革与简政放权、权力清单制度相结合，谋求行政审批制度改革全面深化的推进。如在商事制度改革中推行"一窗受理、并联审批、三证统发"，从不同方面协同推进行政审批制度改革。同时，在信息化建设方面，更加充分地利用"互联网＋"、大数据等技术平台，致力于大范围的信息共享，为深入推进并联审批提供了技术保障。

"放管服"改革会对并联审批的推进产生影响，因为并联审批要求审批业务流程中涉及的各部门之间相互配合，处于整体性状态。"放"的方面，在审批事项放权的过程中，由于审批事项是整体性的，所涉及的各部门如果有的"放"而有的"没放"，则会产生办理同一审批事项需要往返于不同层级政府部

---

① 薛澜：《行政审批改革的最大难点》，《人民论坛》2013年第25期。

② 参见魏礼群主编：《中国行政体制改革报告（2014—2015）No.4——行政审批制度改革与地方治理创新》，社会科学文献出版社2015年版，第6页。

③ 参见《李克强：深化简政放权放管结合优化服务　推进行政体制改革转职能提效能——在全国推进简政放权放管结合优化服务改革电视电话会议上的讲话》，国家能源局网站，2016年5月23日，http://www.nea.gov.cn/2016-05/23/c_135380265_2.htm。

门之间的问题，阻碍并联审批的推进。"管"的方面，特别强调事后监管，与以往的改革相比，注重全流程的战略思考，是观念层面的重要转变。如果将分散化、碎片化、各自为政的监管部门整合到一个整体性的现代监管体系中，将对推进并联审批起到极大的促进作用。"服"的方面，注重提升审批效率和审批相对人的满意度，需要涉及同一审批事项的各部门之间相互合作，这将有助于并联审批的推进。

（3）以"最多跑一次"为代表的结果导向型改革的提出

2016 年底，浙江省在全国率先实施"最多跑一次"改革。2018 年该项改革得到党中央、国务院认可，在全国范围内复制、推广，并将相关内容写入 2018 年、2019 年国务院政府工作报告。总的来说，"最多跑一次"改革是在前期"放管服"改革中的"三单建设"和政府一张网建设的基础上进行的探索，以企业、民众需求为出发点，最大限度地降低企业、民众办事成本，提高满意度，同时将行政审批制度改革推向纵深。深化"放管服"改革，除浙江省的"最多跑一次"改革外，各地也进行了实践和探索，如北京市将"按部门设窗"改为综合服务窗口进行"一窗受理"；上海市将所有线上线下面向群众和企业的政务数据整合到一个功能性平台，旨在通过各部门信息系统的打通而实现"一网通办"；江苏省通过申请人办理业务的过程中和审批部门全程不见面、不跑腿，来打造降低交易成本、优化营商环境的"不见面审批"；山东省推进以为企业和群众办好"一件事"为标准、提升政务服务效能的"一次办好"；吉林省在贯彻落实党中央、国务院决策部署的过程中，将改革命名为"只跑一次"，通过量化的次数要求，倒逼行政审批服务升级。总的来说，各地以"最多跑一次"为代表的结果导向型改革，以"一窗受理、集成服务"为主要内容，"在群众最渴望解决、最难办的事情上寻找突破"[1]，旨在通过以政府为核心的改革，为群众和企业带来高效、便捷的服务。

---

① 车俊：《坚持以人民为中心的发展思想　将"最多跑一次"改革进行到底》，《求是》2017 年第 20 期。

上述服务形式的改变，不仅提升了审批效率，更体现了部门权责和职能关系的深层次变化，如在具体的实践中，通过把分散在各个部门的相关权责依照事项分类，分领域进行全面梳理和有效整合，清理、合并和简化不同部门之间重叠的、多余的办事事项。这种以需求为驱动的政府服务模式需要创建跨多个组织和部门的业务流程，具体做法是以审批事项为中心，由责任部门牵头，负责全面梳理和整合相关部门的权责关系和办事流程，从而实现"最多跑一次"的目的。

在全面深化行政审批制度改革的背景下，在"放管服"改革和以"最多跑一次"为代表的结果导向型改革中，提升审批效率是改革的首要目的，为旨在提升审批效率的并联审批运行方式提供了发展条件。

2. 并联审批相对成熟阶段的运行方式

党的十八大以来，在全面深化改革的背景下，尤其在"放管服"改革、以"最多跑一次"为代表的结果导向型改革的促进下，并联审批由发展阶段走向相对成熟阶段，在运行方式上也趋于完善。

（1）有效应对"互为前置"的并联审批

为解决"审批难"的问题，国家发展改革委成立专门工作小组，针对企业投资审批中存在的问题进行了全面调查，发现"前置手续繁杂、效率低下"是导致企业"审批难"的主要原因。2014年，国务院"将31项工商登记前置审批事项改为后置审批"[①]。但有些前置审批必须是依法存在的，在以往的"串联"式审批过程中，互为前置的出现往往使审批陷入僵局。为优化审批程序，国务院发布相关意见指出"推行并联式审批，避免互为前置条件"[②]。在市场准入领域，"鼓励探索实行工商营业执照、组织机构代码证和税务登记证'三证

---

① 《国务院关于取消和调整一批行政审批项目等事项的决定》（国发〔2014〕27号），中国政府网，2014年8月12日，http://www.gov.cn/zhengce/content/2014-08/12/content_8974.htm。

② 《国务院关于进一步优化企业兼并重组市场环境的意见》（国发〔2014〕14号），中国政府网，2014年3月24日，http://www.gov.cn/zhengce/content/2014-03/24/content_8721.htm。

合一'登记制度"①，三部门并联式推进审批是实现"三证合一"的核心环节。在具体的审批流程中，材料的受理、证件的发放都通过一个窗口实现，所涉及的部门同时进行审批，即"统一受理、并联审批、核发一照"②。而投资审批中的工程建设项目，涉及部门多、审批流程长，在改革中依据关联性和同步审核的可能性将整体的审批流程整合后划分成几个并联审批阶段，如"分为立项用地规划许可、工程建设许可、施工许可、竣工验收"等阶段，在牵头部门的主管下，各部门开展并联审批。③ 无论是并联审批还是分段式并联审批，都通过相关政府部门间的同步行动，有效应对了审批中的互为前置问题。

（2）以行政审批局为运行基础的并联审批

2008 年，成都市武侯区初创行政审批局，将区政府发改局等 21 个部门的行政审批权全部划转至行政审批局，依据"编随事走，人随编走"的原则组建审批工作队伍。依据《成都市武侯区人民政府文件》（成武府发〔2009〕66 号），行政审批局作为区政府的部门存在，承担相关部门划转的审批职能，并且对审批行为的后果承担相应责任。2014 年，天津市滨海新区设立行政审批局，地位上是具有行政审批权的政府工作部门。自此，行政审批局模式在全国不同区域、层级的地方政府中展开实践。不同于政务服务中心的"协调者"地位，行政审批局是承担权力与责任的政府部门，其主要特点在于将各部门的行政许可权进行集中。《中央编办、国务院法制办关于印发〈相对集中行政许可权改革试点工作方案〉的通知》（中央编办发〔2015〕16 号）指出，积极稳妥扩大相对集中行政许可权试点范围，"在各类开发区积极推广行政审批局等模式，实行'一颗印章管审批'"。

---

① 《国务院关于促进市场公平竞争维护市场正常秩序的若干意见》（国发〔2014〕20 号），中国政府网，2014 年 7 月 8 日，http://www.gov.cn/zhengce/content/2014-07/08/content_8926.htm。

② 《江苏省政府办公厅关于实行"三证合一"登记制度的实施意见（试行）》（苏政办发〔2014〕102 号），中国政府网，2014 年 12 月 3 日，http://www.gov.cn/zhengce/2014-12/03/content_5044949.htm。

③ 参见杨鹏、陈智霖、陈光忠：《优化营商环境，推进住房城乡建设高质量发展》，《广西城镇建设》2019 年第 4 期。

行政审批局的特点主要是，第一，将分散在政府多个职能部门的行政审批权划转至行政审批局，打破了以往分割管理的模式，可以实现并联审批等流程创新。第二，与政务服务中心这种"体外循环"式行政审批相比，实现了行政审批的"体内循环"，并且"内部全面并联审批，实行'车间流水线式'审批，联办事项一口办理"等①。第三，相对集中行政许可权聚焦横向部门间的权力问题，"成立行政审批局，就是政府部门之间的横向关系调整"②，如涉及多部门的审批事项实行一枚印章审批。并联审批旨在通过审批事项涉及的多个部门间"并联"办公来提升效率，行政审批局为其提供了更为有效的组织基础。

（3）网上并联审批进一步发展完善

网上并联审批具有效率高、查询迅速、服务透明等特点，需要以网络系统为基础在审批业务中发挥作用。从业务模式方面来看，并联审批系统主要包括业务集中式服务大厅模式（各审批部门应用政务服务中心的统一应用系统）和分布式数据集成模式（通过政府门户网站上的虚拟并联审批系统，数据统归交换平台进入各审批部门业务系统，业务处理完成后反馈给申请人）③，无论基于哪种模式，都依赖于应用系统的构建。2016年3月25日发布的《国务院批转国家发展改革委关于2016年深化经济体制改革重点工作意见的通知》（国发〔2016〕21号）中，明确提出"改进和规范审批行为，清理规范中介服务，推广网上并联审批等新模式"④。党的十八大以来，借助"互联网＋政务"、大数据、云计算等技术，通过智慧政务平台的搭建促进了并联审批的发展，"真

---

① 参见艾琳、王刚：《行政审批制度改革中的"亚历山大绳结"现象与破解研究——以天津、银川行政审批局改革为例》，《中国行政管理》2016年第2期。

② 姜书彬：《相对集中行政许可权之"行政审批局"模式探析》，《机构与行政》2016年第6期。

③ 参见陈晓勇：《网上并联审批制度的研究——以南京市玄武区为例》，南京农业大学硕士学位论文，2011年，第16页。

④ 《国务院批转国家发展改革委关于2016年深化经济体制改革重点工作意见的通知》（国发〔2016〕21号），中国政府网，2016年3月31日，http://www.gov.cn/zhengce/content/2016-03/31/content_5060062.htm。

正实现审批环节的流程再造"①。其受理阶段的流程为，由某一牵头部门或者综合窗口收取申请材料，通过审批材料标准数据库与申请人材料核对，符合条件即由并联审批中心将相关材料传输给所涉及的各部门，进入下一审查阶段，涉及的各部门依据其自身审批权限，在规定时限内进行相关审批并反馈最终结果，符合条件的在同一窗口取证。可见，"网上并联审批有效整合了跨部门的业务流程"②，从而实现了"一门式""一站式"服务。虽然，网上并联审批仍旧面临着某些领域难以推进、推广应用比例偏低等问题③，但此阶段的网上并联审批借助现代信息技术已经取得了较大的发展，成为并联审批的有效运行方式之一。

3. 并联审批相对成熟阶段中的政府部门

此阶段的并联审批进入相对成熟阶段，主要体现在：首先，其有效应对了互为前置问题。并联审批主要针对跨部门行政审批事项的运行流程优化，并不涉及政府部门职能和组织结构的改变，在并联审批的相对成熟阶段，通过相关部门间审批业务的同步推进，改善了"串联"式审批中部门间审批要件互为前置问题，极大提升了审批效率，优化了政府部门间关系；其次，在行政审批局模式下，并联审批的流程再造进一步推进。与纵向垂直管理部门相比，横向部门间的协调合作更难以进行，但行政审批局是政府职能部门，不仅拥有多部门划转的行政审批权，还有承担审批行为后果的能力，在推行过程中，并联审批是主要的审批方式之一，多部门审批权力的整合促进了跨部门的并联审批流程再造；最后，基于"互联网＋"等技术手段的应用，网上并联审批进一步发展完善。现代信息技术的应用，有助于破解"条块分割""信息孤岛"等问题，

---

① 宋林霖、何成祥：《大数据技术在行政审批制度改革中的应用分析》，《上海行政学院学报》2018 年第 1 期。

② 吴昊：《我国网上并联审批存在的问题及对策探析》，《企业导报》2012 年第 21 期。

③ 参见刘雅静：《"互联网＋政务"背景下深化行政审批制度改革研究——以宁夏银川市为例》，《中共银川市委党校学报》2018 年第 3 期。

虽然也会遇到组织上的障碍，但并联审批借助技术发展，推进以网络为基础的网上并联审批，在提升审批效率的同时，有助于推动政府部门间信息交流、共享，促进政府部门间合作。

二、并联审批促进政府部门间合作的优势

跨部门行政审批事项改革中政府部门间合作困境的生成机理，在于政府部门间目标不一致、行动不一致，而并联审批为我们提供了一个微观且必要的切口，也为系统性地分析如何促进政府部门间合作提供了逻辑起点。基于并联审批运行过程的视角，本部分对并联审批促进政府部门间合作的优势进行分析，其主要体现在形成过程和执行过程两个方面，前者有利于政府部门间目标一致的形成，后者有利于政府部门间行动一致的生成。

（一）形成过程：有利于部门间目标一致的形成

跨部门行政审批源于部门分工下的行政审批方式，其实质是审批事权分散于各职能部门之间，在实际的运行过程中，由于多部门共同管理同一审批事项，经常出现审批程序烦琐、相互之间复杂交错等问题，加之协调机制不完善，造成审批整体效率低下，这是行政审批制度改革的难点。与此同时，也需要不断优化跨部门审批流程，满足群众和企业对便捷、高效的公共服务的诉求。而通过并联审批提供无缝隙的公共服务，是进一步推进行政审批制度改革，同时促进经济发展、提高群众和企业对政务环境满意度的有效举措。可见，并联审批的形成过程包含了政府自身改革因素，以及来自群众和企业的经济社会因素。

1. 并联审批是产生于行政审批制度改革的一种创新方式

效能原则是行政审批制度改革遵循的原则之一，强调程序简化、环节减少、效率提升、服务强化。在《国务院批转关于行政审批制度改革工作实施意见的通知》（国发〔2001〕33 号）中，监察部、国务院法制办、国务院体改办、中央编办《关于行政审批制度改革工作的实施意见》强调，"涉及几个部门的行政审批，应当由国务院规定的主要负责部门牵头，会同其他有关部门共同研究决定后办理"。2004 年施行的《中华人民共和国行政许可法》规定，"行政许可需要行政机关内设的多个机构办理的，该行政机关应当确定一个机构统一受理行政许可申请，统一送达行政许可决定""行政许可依法由地方人民政府两个以上部门分别实施的，本级人民政府可以确定一个部门受理行政许可申请并转告有关部门分别提出意见后统一办理，或者组织有关部门联合办理、集中办理"。由此可见，并联审批涉及两个层面，一是部门内部的涉及不同科室的事项，通过并联审批确定一个机构进行统一受理；二是涉及两个及以上部门的事项，也就是说，省级政府可以确定一个部门 A 受理当事人的申请，A 部门可以受理当事人的申请并转告其他相关部门分别提出意见后统一办理，也可以组织相关部门进行联合办理、集中办理。本书的核心问题是探讨并联审批如何促进政府部门间合作，主要关注涉及两个及以上部门的并联审批事项。

并联审批是一种创新性的行政审批方式，施行目的在于提升跨部门审批事项的审批效能。而行政效能水平"不仅标志政府行政能力状态，也标志着国家的整体竞争实力"[1]。并联审批中审批主体（具有相应职能的政府部门）、审批客体（自然人、法人或者其他组织）、审批结果（对符合要求的申请人给予相应权利、明确相应义务）都是与行政审批相一致的。但并联审批的范围要小于行政审批，主要体现在并联审批针对的是涉及两个及以上部门的审批事项，相关联的审批主体在审批过程中必须满足同时运行、"并联"处理的条件，这有利于相关部门间目标一致的形成。

---

① 荣仕星：《关于我国行政审批制度改革的若干思考》，《中共中央党校学报》2004 年第 1 期。

2. 并联审批是相对于串联审批的一种审批方式

并联源于物理学术语，与串联相对，指构成整体电路的各分支同步运行、互不影响的电路连接方式。在行政审批制度改革中，并联审批与串联审批是对不同审批方式的概括，前者更加符合经济、社会发展的要求。

现实中的审批业务流程是整体性的，而政府部门是基于职能分工设置的，这就使一个完整的审批流程分散在不同的职能部门之间，如"一个建设项目需要跑十几个部门盖上'百图章'"[①]。而串联审批的方式，要求申请人依次向各相关审批部门提交申请材料[②]，因为"前置部门审批的结果是后置部门审批的依据"[③]，当审批部门之间出现"互为前置"的状况时，整个审批过程会随之陷入僵局。这种"首尾相接"的串联审批方式使申请人办理相关审批事项时"来回跑""重复排队"，耗费大量时间成本，难以满足群众或企业日益增长的公共服务需求，同时也降低了行政效能。面对串联审批的弊端，与之相对的并联审批方式被提出并付诸实践。

相对于串联审批，并联审批的方式强调在牵头部门的作用下，各相关部门同时进行审批，并在规定期限内完成。具体运行过程中，采取"一窗受理"的模式，避免了申请人前往所有相关部门逐项办理审批，如成都市推进并联审

---

① 李唯睿：《"串联"改"并联"提升审批效能》，《当代贵州》2019年第30期。

② 如要获得发改委房地产项目立项审批，必须经规划局审批，出具"建设项目选址意见书并提供用地规划条件"；要经国土局审批，出具"建设用地规划预审意见"；要经环保局审批，出具"环保立项意见书""环境影响报告书"；要经水利局审批，出具"水资源论证报告书"；要经消防支队审批，出具"消防安全评估审查意见"；要经地震局审批，出具"建设项目抗震设防要求审核报告"和"地震监测环境范围内建设项目审批报告"；要经人防办审批，出具"人民防空地下室设计审查批准文件"；要经国安局审批，出具"建设项目涉及国家安全事项审批意见书"；要经文化局审批，出具"大型基本建设文物调查报告"等等，办理过程中均需申请人提交各部门所需材料。参见中共桂林市委党校党外科级干部培训班第一调研组：《完善并联审批机制 提高桂林市政务环境满意度》，《中共桂林市委党校学报》2015年第1期。

③ 万明星：《深化行政审批制度改革背景下并联审批模式运行研究》，湖南大学硕士学位论文，2016年，第9页。

批，"改变以前行政审批单位按序逐家进行行政审批的模式，对涉及两个以上部门共同审批办理的事项，实行由一个中心（部门或窗口）协调、组织各责任部门同步审批办理的行政审批模式，做到'一窗受理、并联审批、统一收费、限时办结'"①。相对于串联审批，并联审批带来了行政效率和服务对象满意度的提升。

（二）执行过程：有利于部门间行动一致的生成

在并联审批的执行过程中，其强调通过一个部门或者窗口向申请人提供收取申请材料的服务，通过后台并联式运行对跨部门行政审批事项统一受理，并在规定的时限内由各部门提出意见，对于符合要求的申请送达审批结果。党的十八大以来的行政审批制度改革，强调"放管服"改革、以"最多跑一次"为代表的结果导向型改革的同时，积极推进政务服务中心、行政审批局等促进行政审批制度改革的组织建设，对审批流程进行整体化、标准化建设，并加强以科技手段为基础的信息化平台建设，极大地促进行政审批权集中集约化、规范化、信息化，为并联审批的运行方式提供了前提基础。而通过组织载体、运行前提、技术支撑，并联审批具备了另一促进政府部门间合作的优势，即有利于部门间行动一致的生成。

1. 基于组织载体进行集中审批，促进了部门间行动一致

以往促进政府部门间共同行动的方式，更多表现为机构的设置，无论是"大方案"（即建立大部门体制，如包含商务、工商、质检、价格、商标的大商务部门）、"中方案"（对国务院行政部门进行调整，如将监督部门合并，设立一些职能日益重要的部门），还是"小方案"（即部门和机构基本不动，只进行

---

① 成都市加快行政审批制度改革暨推进并联审批工作小组：《从"一站式"到"一窗式"的成都并联审批》，《领导决策信息》2007 年第 29 期。

人员的增减）都是从政府机构设置的角度进行政府部门间的协调①，而且，即使跨部门协调机制也会建立相应的协调机构。但并联审批的运行方式，以政务服务中心和行政审批局为组织载体进行集中审批，无须设立新的机构并能促进政府部门间行动一致。一方面，"一窗受理、集成服务"是政务服务中心改革的总体方案，目的是推进各部门内部审批职能向一个科室集中、各审批科室向政务服务中心窗口集中、各审批和公共服务事项办理向网上集中，以提高办事效率的"一个厅"为群众和企业服务。而并联审批强调审批流程的同步推进，以政务服务中心为组织载体进行集中审批，使跨部门审批事项涉及的不同政府部门之间产生了由分散向集聚的变化；另一方面，行政审批局是政务服务中心的进一步发展，如果说政务服务中心更多是对各相关部门的"协调"，行政审批局则是对各政府部门权力的"集中"，是承担权力与责任的政府部门，集中体现为"一枚印章管审批"，以"实体承办"打破政务服务中心的"体外循环"，并联审批以此为组织载体，进一步促进了部门间的行动一致。可见，并联审批以政务服务中心、行政审批局为组织载体，有助于促进跨部门审批事项相关部门间流程优化、功能整合，促进了各部门间的行动一致。

2. 以流程优化为运行前提，促进了部门间行动一致

我国的政府组织框架中存在部门分割、管理割裂的现象，从组织架构到运行过程，形成了碎片化的管理格局。党的十八大以来的行政体制改革，在机构重组的同时，更加强调职能的整合，可以理解为组织层面和权力运行层面的共同推进。机构重组是整合的路径之一，不改变机构设置的前提下对部门间的职能进行整合也是一个具有价值的探索路径。"流程设计是指一个组织是怎样运行的"②，

① 参见周天勇等：《攻坚：十七大后中国政治体制改革研究报告》，新疆生产建设兵团出版社2007年版，第170—171页。

② 斯蒂芬·B.彼得森：《层级与网络——非洲公共官僚机构中组织能力建设的战略》，载［美］梅里利·S.格林德尔编：《打造一个好政府——发展中国家公共部门的能力建设》，孟华、李彬译，商务印书馆2015年版，第158页。

从理论上来说，涉及同一业务的平行部门之间是相互依赖的，部门间的行动一致就在于横向地将部门间的任务联结在一起，这便指向了实践中的部门间流程设计。并联审批的重点在于流程的优化，审批的"实施方式和程序由以前行政审批部门按序逐家行政审批，变为由政府确定的部门或政务中心协调、组织各相关部门同步进行审批"①，在不改变原有制度设置和职能划分的基础上促进政府部门间行动一致。一方面，审批流程的整体化建设有效地应对了流程破碎的问题。并联审批通过"一窗式"的服务模式，从整体性的视角对审批流程进行整合，在具体运行过程中，通过一个服务窗口接收申请材料，并在规定时间内分别抄送至各并联审批部门，各并联审批部门在规定时间内完成审批，由服务窗口颁发审批证件，并借助电子信息技术对全流程进行限时和监督，促进了跨部门审批事项各相关部门间的行动一致；另一方面，审批流程的标准化建设有效促进了审批流程的连贯性。"不同部门间规范和标准的冲突构成了审批权集中行使的最大障碍"②，而审批流程的标准化建设是解决冲突的有效手段，标准化是综合性的标准化，围绕跨部门审批事项，对审批要件、表单内容、业务办理流程以及办事制度等进行统一、系统的标准化，从而有利于各相关部门的业务流程衔接，促进政府部门间的行动一致。可见，在现有的组织结构安排基础上，并联审批以流程优化为运行前提，在避免出现大规模组织机构变动的同时，促进了政府部门间的行动一致。

3. 以现代科技为技术支撑，促进了部门间行动一致

信息技术有助于消除组织之间的壁垒，赋予政府及其合作伙伴各种工具，以跨越组织界限进行有效的合作③，并联审批的运行方式与信息技术相结合，

---

① 杜昕星：《政府并联审批制度的应用研究——以江苏省宿迁市为例》，东南大学硕士学位论文，2016年，第10页。

② 骆梅英：《行政审批制度改革：从碎片政府到整体政府》，《中国行政管理》2013年第5期。

③ 参见［美］斯蒂芬·戈德史密斯、威廉·D.埃格斯：《网络化治理：公共部门的新形态》，孙迎春译，北京大学出版社2008年版。

"把技术作为实现战略目标的手段"①，在具体的运行中，以电子政务和"互联网＋政务服务"为技术支撑，通过打破政府部门间的信息不畅，促进了政府部门间的行动一致。一方面，电子政务是政府信息化建设的主要内容，有助于调整部门边界、增强政府部门间的协作。施行电子政务，以任务为中心对政府部门进行设计，"可以在保持现有的政府边界的前提下，使现有的部门实现资源共享和密切协作"②，有助于连接跨部门之间的工作流、信息流，形成政府部门间网状的互动关系，并联审批以此为技术支撑，通过审批信息的互动与共享，有助于跨部门审批事项各相关部门间的行动一致。另一方面，伴随着信息化的发展，进一步推进并联审批客观上要求各部门间的审批信息实现互通互联，并探索线上线下相结合的办理方式，而"互联网＋政务服务"的核心要义是促进互联网与政府公共服务体系的深度融合，目标是实现各试点城市间政务服务跨区域、跨层级、跨部门的"一号申请、一窗受理、一网通办"，更为关键的是政府数据的共享互通，为并联审批的发展提供了新的思路和技术支撑，进一步促进跨部门审批事项中政府部门间行动一致。可见，并联审批以电子政务和"互联网＋政务服务"为技术支撑，通过无缝隙、整体性的政务服务体系，对跨部门审批事项进行业务整合和服务创新，促进了政府部门间的行动一致。

三、并联审批促进政府部门间合作的效果

并联审批促进政府部门间合作的效果，体现在有效性与有限性两个方面。

---

① 陶勇：《协同治理推进数字政府建设——〈2018 年联合国电子政务调查报告〉解读之六》，《行政管理改革》2019 年第 6 期。

② 杜治洲、汪玉凯：《电子政务与政府协同管理模式的发展》，《中共天津市委党校学报》2006 年第 2 期。

（一）并联审批促进政府部门间合作的有效性

尤金·巴达赫把合作界定为"两个或两个以上的机构从事的任何共同活动，通过一起工作而非独立行事来增加公共价值"①，可见，政府部门间的"一起工作"和对外"增加公共价值"是政府部门间合作的两个关键点。而并联审批促进政府部门间合作的有效性亦体现在这两个方面，即促进了政府部门间的联合行动、增进了公共价值。

1. 促进了政府部门间的联合行动

发展并联审批的目的在于提升审批效率，解决办事人在政府部门间来回跑的问题，但其深入发展带动了政府部门间关系的改善。如浙江省实施的企业注册登记前置并联审批，加强了事项关联部门之间的联系，在以往的审批过程中，企业注册登记的审批和登记环节是相互分开的，分段负责的各职能部门只负责本职工作，相互之间很少联系。伴随着并联审批的施行，"登记机关与审批部门之间的合作变得紧密，建立了协作磋商机制"②，部门间相互合作形成的合力，提升了审批效率也强化了监督管理。究其原因，主要在于并联审批的本质属性是将行政部门整合、将办事流程精简、提升效率③，不涉及对政策法规等的更改，注重对跨部门办理事项流程整合④。通过并联审批工作机制，促使政府以整体的形式向群众和企业提供服务，如"城区埋设市政管线"审批事项涉及市政管委等 4 个部门，申请人需分别跑 4 个部门，实施并联审批后，申请

---

① ［美］尤金·巴达赫：《跨部门合作——管理"巧匠"的理论与实践》，周志忍、张弦译，北京大学出版社 2011 年版，第 6 页。

② 浙江省工商局企业处：《浙江省实施企业登记前置并联审批制度回顾与分析》，《工商行政管理》2002 年第 20 期。

③ 参见杜昕星：《政府并联审批制度的应用研究——以江苏省宿迁市为例》，东南大学硕士学位论文，2016 年，第 8 页。

④ 参见佘建国、孟伟：《以跨部门并联审批机制提升政府行政能力》，载《中国行政管理学会 2005 年年会暨"政府行政能力建设与构建和谐社会"研讨会论文集》，2005 年。

人只面对市政管委这一牵头部门，该事项成为"一件事"，而整体性服务的背后是政府部门间的联合行动。① 也就是说，通过并联审批，跨部门行政审批事项所涉及的各部门之间进行互动，形成了相对稳定、相互依赖的横向关系，同时保持了各主体间的独立性。

2. 增进了公共价值

并联审批是相对于以往"串联式"审批而言的，其"对有限行政资源进行重新排列组合"②，通过相关部门间政务协同，精简、优化了审批程序，大幅提升了审批效率，对经济发展和社会服务而言增进了公共价值。

作为行政审批制度改革的创新举措，并联审批的最大突破之处，是"行政审批服务观念由以前的'一站式'受理，转变为政府的主动服务"③，促进了政府部门从"管理者"向"服务者"转变。具体体现在：第一，并联审批倡导"以公民为中心"的服务理念，改变了以往"串联式"审批中办事人在部门之间"来回要跑上十几趟，时间要花费1个月甚至几个月"④ 的情况，降低了时间成本。同时，推行并联审批涉及对办事条件及程序的标准化建设、公开化查询等，有助于打破政府部门与办事人之间的信息不对称，且规范化的操作程序便于社会监督，以更好地提供公共服务。第二，并联审批倡导服务前移，体现了政府理念由"管理"向"服务"的转变，与服务型政府建设的方向一致。电子政务的发展提升了审批效率，但仍受制于传统"串联式"审批中的纵向"金字塔"结构、横向"鸟笼式"结构的限制，而并联审批的推行致力于提供"一站式"服务，基于职能分工基础上的流程优化，"适应

---

① 参见余建国、孟伟：《以跨部门并联审批机制提升政府行政能力》，载《中国行政管理学会2005年年会暨"政府行政能力建设与构建和谐社会"研讨会论文集》，2005年。

② 杨维立：《"并联审批"：建设服务型政府的新举措》，《中国人才》2006年第13期。

③ 成都市加快行政审批制度改革暨推进并联审批工作小组：《从"一站式"到"一窗式"的成都并联审批》，《领导决策信息》2007年第29期。

④ 解鸿翔、张晓雪、宋浩：《天津市实行卫生许可并联审批工作效果浅析》，《中国卫生事业管理》2004年第6期。

提高政府行政效能、提升公共服务水平和便民利民惠民的发展需要"①。第三，并联审批的发展，"为政府管理提供方便快捷的处理工具，使政府可以快速灵活地应对纷繁工作"②，压缩了审批时间、促进了行政效率提升，有助于打造保障民众获得优质、高效公共服务的服务型政府，其必将增进公共价值。

（二）并联审批促进政府部门间合作的有限性

并联审批是行政审批制度改革中的重要创新举措之一，其通过审批事项相关部门间并行推进的方式，"打破行政机关的组织界限，有效地整合行政审批资源，提高行政审批的整体性服务功能"③，在一定程度上解决了审批程序复杂、权责交叉、效率低下等阻碍行政审批制度改革的关键问题，并促进了政府部门间合作。但是，分化的组织结构从深层次上诱发政府部门间的合作困境，这也导致了并联审批促进政府部门间合作的有限性。

政府组织结构的分化包括纵向和横向两个方面，"前者形成了组织的各个层级，后者形成了组织的各个部门"④，二者构成了政府组织结构的基本要素。纵向上，为保持组织的专业化，在组织部门和工作量都增加的情况下，在部门以下划分出分支部门，从而形成了部门的纵向层级化。如第二章所述，"条块关系"和"职责同构"是纵向上制约政府部门间合作的主要因素，但其有助于实现政令的上下一致和畅通无阻，保证中央政府对地方政府的控制力和影响力。在近年来的理论与实践中，强调将五级政府体制调整为三级，但也存在一些省区所管理的人口过多、面积过大等问题，需要一个漫长的过程。层级式的管理体制与强调一级政府的独立与完善以及内部各部门之间的协调与配合的

---

① 朱步顺：《邗江区镇村三级并联审批及监察系统建设探究》，《中国信息界》2010 年第 6 期。
② 蔡成浩：《泰州推进并联审批与服务型政府建设的实践与思考》，《法制博览》2012 年第 10 期。
③ 中共桂林市委党校党外科级干部培训班第一调研组：《完善并联审批机制 提高桂林市政务环境满意度》，《中共桂林市委党校学报》2015 年第 1 期。
④ 谢庆奎：《中国政府的府际关系研究》，《北京大学学报》（哲学社会科学版）2000 年第 1 期。

"块块"的冲突与矛盾在所难免。而进行层级间事务差异化分工，即打破职责同构，也存在影响中央权威、形成地方主义的缺点。

横向上，政府的分部门化就是通常所说的"分工"，其源自政府工作内容的复杂化及自身的不断壮大，为提升行政效率及加强自身管理，客观上要求将复杂工作分类到具有权责关系的各职能部门进行处理。其按照管理目标、对象的内容和性质，对政府部门的职责和权限进行划分，这有助于提高事务执行环节的专业化，减少事务执行成本。通过行政审批制度改革减少政府的微观干预，有利于充分发挥市场机制的作用，实现市场对资源的高效配置。20世纪 90 年代末，行政审批制度改革由政府部门内部调整转变为审批权力的下放，但也带来一定的负面影响。地方政府部门增设审批项目，机构膨胀，在一定程度上造成政府部门权力化[①]，还存在相关部门利用行政审批制度谋取利益，甚至通过部门立法的形式固化部门利益的情况。长期以来，遏制部门利益也是理论与实践研究的重要议题，"法治是利益实现的过程，法治联系的利益是公民利益和公共利益"[②]，相关学者从公众的角度出发，提出在立法中引入信息公开机制，"提高信息公开程度，让公众能够全面了解立法的内容、背景以及相关主体的利益诉求"[③]，能有效遏制不正当的部门利益。从立法角度探讨对部门利益的约束还包括强化立法监督、规范立法程序、实行主管部门"回避制度"等。[④]有学者提出通过建立多元化法案起草机制、规范法律法规审议程序、增强立法透明度、严格法规审查和立法问责制度、建立立法后的评价机制等途径遏制部门利益法制化。[⑤]将各部门的权力与利益相分离，需要众多的机构和人员参与其中，需要分部门、分阶段进行，并且不仅需要各部门放弃既得利益，

---

① 周天勇：《中国行政体制改革 30 年》，格致出版社 2008 年版，第 134 页。

② 阎越：《行政立法中的部门主义及其防治》，《法制与社会发展》1999 年第 6 期。

③ 张瑞：《我国立法中的部门利益探究》，《中共山西省委党校学报》2017 年第 6 期。

④ 参见叶景升：《试论我国行政管理体制改革中的"部门利益"问题》，《中国集体经济》2018 年第 23 期。

⑤ 参见高凛：《论"部门利益法制化"的遏制》，《政法论丛》2013 年第 2 期。

还需要用财政支付改革成本，可见，遏制部门利益是一个漫长的过程。

在政府治理过程中，纵向整合与横向整合是两种存在张力的组织协调方式，工业社会的科层治理和后工业社会的竞争治理都无法解决政府治理中的协调困境。在倡导合作治理的今天，并联审批通过运行方式的优化在一定程度上能够缓解碎片化带来的部门主义、视野狭隘和各自为政等问题，但政府组织结构的分化不可避免、政府部门间的利益不会得到根本性的调和，这决定了并联审批促进政府部门间合作的有限性。

第五章　并联审批：跨部门行政审批事项改革中政府部门间合作的实现

在系统剖析跨部门行政审批事项改革中政府部门间合作困境以及并联审批促进政府部门间合作的优势的基础上，本章将阐释促进政府部门间合作的实现路径。基于目标和行动的维度，我们知晓合作的困境在于政府部门间的目标不一致、行动不一致，因而实现跨部门行政审批事项改革中政府部门间合作的关键在于政府部门间的目标一致、行动一致，本章将围绕并联审批如何促进政府部门间目标一致的形成、行动一致的生成展开论述。

一、并联审批促进政府部门间目标一致的形成

并联审批的运行，需要涉及同一审批事项的多部门间形成一致的目标，那么，并联审批如何促进政府部门间目标一致的形成呢？依据前文分析可知，并联审批产生于行政审批制度改革之中，有学者将我国行政审批制度改革的特征概括为，来自中央的改革力度不断加大且方式多样、地方政府因地制宜的率先性探索实践以及外部力量的推动，"是上下互动和自外而内的压力使然"[1]，而

---

[1]　朱旭峰、张友浪：《新时期中国行政审批制度改革：回顾、评析与建议》，《公共管理与政策评论》2014 年第 1 期。

并联审批面临着同样的行政生态环境。对并联审批促进政府部门间目标一致的形成应从政治、经济、社会三个维度进行分析。

其中，政治维度的分析从行政体制改革的持续推进这一宏观背景开始，并基于现实问题，对行政审批制度改革中的政府部门关系进行分析，最后对并联审批这一微观操作如何促进政府部门间目标一致进行阐述；经济维度的分析从经济发展的压力这一宏观背景开始，并基于现实问题，对营商环境建设中的政府部门关系进行分析，最后对并联审批这一微观操作如何促进政府部门间目标一致进行阐述；社会维度的分析从不断提升的公共服务需求这一宏观背景开始，并基于现实问题，对提供公共服务过程中政府部门间出现的"各司其职"式审批、办理程序烦琐式审批以及低效式审批进行分析，最后对并联审批这一微观操作如何促进政府部门间目标一致进行阐述。

（一）政治维度

1. 宏观背景：行政体制改革的持续推进

改革开放过程中社会主义市场经济体制逐步构建，作为上层建筑的政府机构也在进行适应性改革。总的来看，40 多年的历程中，行政体制改革从适应计划经济体制的苏联式传统行政管理体制，逐步转变为适应社会主义市场经济体制的现代行政管理体制。在传统的行政体制背景下，政府内部体系的运行过程中，每一个职能部门只需承担一定的责任。但随着全球化、信息化以及治理时代的发展，社会经济关系日益复杂化，各部门之间相互协调、共同应对公共事务的需求明显。但"各个部门在共同完成政府基本责任上缺乏制度化的协调机制"，"影响了整体政府的建设"①。在推进社会主义市场经济体制建立的过程中，作为上层建筑的政府机构也渐进式地推进了行政体制改革。但是，行政体制是一个复杂的结构体系，行政体制改革也必然需要条分缕析才能被理解，本

---

① 杨雪东：《国家治理的逻辑》，社会科学文献出版社 2017 年版，第 190 页。

部分从内层、中层和外层三个层次对行政体制改革进行阐释，沿着"从哪里来到哪里去"的思路，对并联审批在行政体制改革中的由来做具体分析，如图5—1所示。

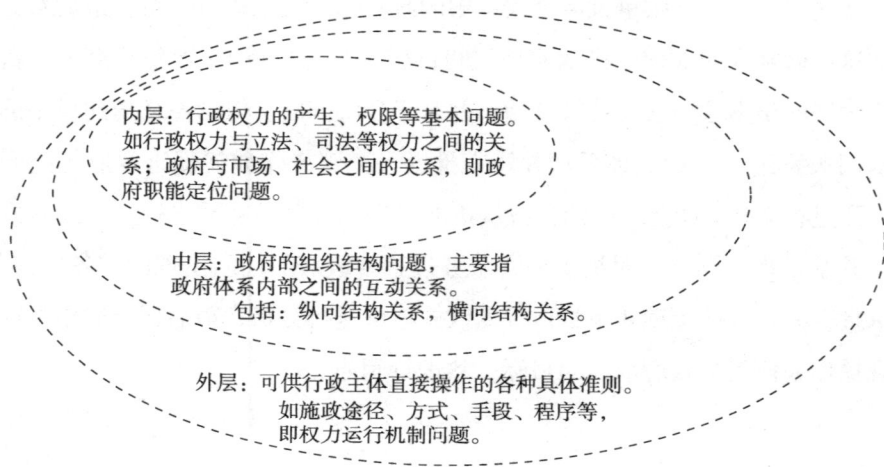

内层：行政权力的产生、权限等基本问题。如行政权力与立法、司法等权力之间的关系；政府与市场、社会之间的关系，即政府职能定位问题。

中层：政府的组织结构问题，主要指政府体系内部之间的互动关系。包括：纵向结构关系，横向结构关系。

外层：可供行政主体直接操作的各种具体准则。如施政途径、方式、手段、程序等，即权力运行机制问题。

图5—1　行政体制改革的层次划分 [①]

依据图5—1可知，"政府职能转变、优化政府结构以及构建政府权力运行机制构成了我国行政体制改革的三个重点" [②]，最内层是关于行政权力的产生及分配问题，其中政府与市场、社会的关系关乎政府职能定位，机构改革、职能改革主要解决此问题，而且行政审批制度改革也以此为主旨。中层关乎政府的组织结构问题，主要包括政府部门间的纵向和横向结构关系，是推进行政审批制度改革的重要影响因素，"大部制"改革主要针对的就是此层面的横向关系问题。外层主要指政府的权力运行机制，包括政府的施政途径、方式、程序等，并联审批作为行政审批制度改革中的创新方式则属于此层级。图5—1中三个层次之间是以虚线为界，表示三者之间相互联系，即通过运行机制的优化可以撬动组织结构（包括纵向与横向）关系，以及政府职能定位。

---

① 参见黄小勇：《中国行政体制改革研究》，中共中央党校出版社2013年版，第10页。

② 黄小勇：《中国行政体制改革研究》，中共中央党校出版社2013年版，第10页。

也就是说，行政审批制度改革属于微观层面的管理，在理念、规则、方式方法上必然受到整个行政体制的影响和约束，同时对行政体制产生深远影响。[1] 而并联审批作为行政审批制度改革的创新方式，必然受到行政体制改革的影响，同时作为一种提升审批质效的方式，并联审批的运行机制要求各相关部门同步推进审批业务，在提升审批效率的同时，将促进政府部门间横向关系的优化。

2. 现实问题：行政审批制度改革中的政府部门

一直以来，政府通过审批管理市场和社会，行政审批制度改革是行政体制改革最显性的部分，通过调整行政审批权和市场配置权之间的关系，是政府探索职能转变的一个重要突破口。至党的十八大前夕，六轮的行政审批制度改革较大程度清理、精简和规范了审批事项，完全取消非行政许可审批，并颁布施行《中华人民共和国行政许可法》，取得了较好的成绩。党的十八大以来，行政审批制度改革进入全面深化阶段，在推进"放管服"改革、以"最多跑一次"为代表的结果导向型改革中，执行审批职能的政府部门也面临着新的问题，如跨部门行政审批事项改革中的政府部门间合作困境。

政府部门的职能划分是以职能分工为基础的，而一个完整的审批事项会涉及同一层级的多个政府部门[2]，由此将完整的公共服务链条分割[3]。如何有效办理跨部门审批事项是现阶段行政审批制度改革的重点和难点，在具体实践中产生了一系列问题。首先，审批流程中公共权力交接不畅，"越多的组织部门参与到执行过程中，就越有可能导致执行不畅，执行过程中就越容易发生偏

---

[1] 参见徐湘林：《行政审批制度改革的体制制约与制度创新》，《国家行政学院学报》2002 年第 6 期。

[2] 在具体的审批情形中，也有只涉及一个部门的审批事项，在以往的改革中其办理时间等已经被有效压缩。在更为复杂的情况中，有的审批事项涉及纵向、横向多个部门，也是现阶段改革的重点和难点。但本书探讨的是并联审批运行方式中的政府横向部门间合作问题，故以上情形不在本书讨论范围。

[3] 参见蔡立辉、龚鸣：《整体政府：分割模式的一场管理革命》，《学术研究》2010 年第 5 期。

差"①，执行不畅、偏差等涉及不同部门之间合作的复杂性，每一个部门都可以减缓事项的进程甚至让其停滞。其次，政务服务资源整合不到位，因为政府部门是按照职能进行划分的，每个部门的权力都有相应的领域和范围，任何一个部门都无法囊括所有的事项，所以政务资源是分散的，而面向社会和市场所提供的公共服务是整体性的，在运行过程中职能分割和独立的办公系统，导致相关政府部门在审批过程中出现整合不畅而降低服务质效。最后，政府部门间协调困难，如审批过程中产生的互为前置问题。以上主要源于权责划分不清晰，如两个部门或多个部门之间职能、目标、标准、要求等不一致，以及在"重审批，轻管理"的模式下，审批权是部门利益的主要来源，各部门通过审批权力维护部门利益。党的十七大以来推行的"大部制"改革探索通过建立统一的大部门体制，促进政府部门间的协调运转，但机构间的合并不等于跨部门的合作，对于涉及范围广泛、事项繁多的行政审批，需要建立沟通、配合机制，将分散在整个审批流程上的各政府部门视为可连接的网络节点，面对不同的审批事项"相关节点积极配合形成统一行动体高效处理"②。可见，"在简政放权的背景下，跨部门合作是在现行体制下解决复杂公共问题的必然选择"③。

在跨部门行政审批过程中，存在着权力和责任的移交，如果审批过程非常顺利的话，"那么成功的原因也不在于每个执行方高效的工作，而在于这些机构彼此之间达成了相互的合作"④。在倡导行政审批制度改革过程中政府部门间合作的背景下，并联审批得到了发展，2008年由监察部等12个部门组成的行政审批制度改革工作部际联席会议召开，对涉及多个部门的审批项目，联席会议办公室主动征求相关部门意见，进行必要的协调。相对应地，各地方也推进

① Malcolm L. Goggin, Ann O'M. Bowman, James P. Lester, Laurence J. O'Toole Jr., Implementation Theory and Practice: Toward a Third Generation, New York: Harper Collins, 1990, p.182.
② 鲍凤:《"放管服"改革背景下的跨部门合作网络建构研究——以南京市若干行政审批局为例》,《现代经济信息》2019年第20期。
③ 杨政:《基于跨部门合作的地方政府行政审批制度改革研究》,《现代经济信息》2019年第20期。
④ [美]查尔斯·T.葛德塞尔:《为官僚制正名:一场公共行政的辩论》,张怡译,复旦大学出版社2007年版,第105页。

行政审批服务中心联席会议的召开。"这些联席会议有效促进了各地方政府在集中行政审批权……再造联合审批流程"①等发展。党的十九届三中全会通过的《中共中央关于深化党和国家机构改革的决定》提出，要加强政府部门间的配合联动，"使党和国家机构设置更加科学、职能更加优化、权责更加协同、监督监管更加有力、运行更加高效"，为推行并联审批提供了有力支持。相关研究指出，"与审批改革相关联的制度改革与制度建设具有同样举足轻重的作用，而且在一定程度上影响甚至左右着审批改革的进程"②，并联审批作为一种创新的审批方式，能够优化行政审批制度改革中的部门关系。

3. 微观操作：以并联审批促进政府部门间目标一致

综合上文分析，行政体制改革强调"职能转变"，表明现代的行政管理理念已经融入行政体制改革之中，即使最初的机构精简、压缩编制也是行政体制改革的组成部分，也涉及政府部门间关系的调整。依据行政体制改革的三层次划分，政府运行机制层面的改革会触动政府部门间关系的变化，所以，"政府自身建设和政府运行也是今后中国政府改革的重点和难点"③，其强调运行流程的精简、有效、合理。具体来看，政府运行机制主要包括决策、执行、监督三个环节，作为行政体制改革全面深化的突破口，行政审批制度改革属于行政执行层面，致力于权力运行机制的优化。但在推进行政审批制度改革的过程中，在政府部门之间，还存在公共权力交接不畅、政务服务资源整合不到位、政府部门间协调困难的问题。并联审批是行政审批制度改革中的一种创新方式，相比于"串联式"审批以政府部门为中心、"各自为政"式的运行模式，并联审批以审批事项为中心，强调的是政务协同背景下的部门联动。在其运行过程中，要求各相关部门以按时办结、同步推进为导向，在持续推进行政审批制度

---

① 朱旭峰、张友浪：《新时期中国行政审批制度改革：回顾、评析与建议》，《公共管理与政策评论》2014 年第 1 期。

② 王克稳：《论行政审批的分类改革与替代性制度建设》，《中国法学》2015 年第 2 期。

③ 李文钊、毛寿龙：《中国政府改革：基本逻辑与发展趋势》，《管理世界》2010 年第 8 期。

改革的背景下，不仅提升了审批效率，也促进了政府部门间目标一致的形成。

（二）经济维度

1. 宏观背景：经济发展的压力

在全球经济一体化的背景下，发展经济是各国政府提升自身综合竞争力的核心要求。改革开放带来了经济总量的持续增长，2019 年我国 GDP 总量约 99 万亿元人民币，人均 GDP 达 70892 元[①]，2020 年在新冠肺炎疫情的严重冲击下，我国 GDP 总量为 1013567 亿元人民币，比上年增长 2.2%[②]。从改革开放时的人均 GDP 仅为 156 美元到人均 GDP 迈入 1 万美元，在国内、外复杂多变的环境下，我国的经济取得了喜人成绩。但也应该看到，虽然我国 GDP 总量排名位居世界前列，但人均 GDP 水平依然偏低，我国发展仍面临不少挑战。有研究指出，"强大的国家（包括有效的政府）和繁荣的市场是经济增长的两大助推器，也是改革开放后中国经济治理的两个主要维度"[③]，繁荣的市场需要有效政府的大力促进，形成转化机制从而使资本运转起来。在实践中，政府对经济主体的市场准入制度将深刻影响资本及经济的发展，如一项调查显示，在秘鲁首都利马开设一家小型服装加工厂，需要填写各种表格、长时间排队、领取各种证明文件，最终用了 289 天完成企业注册，而这家小型服装加工厂只需要一个工人就可以运转，但办理注册共花费 1231 美元，是工人最低月薪的 31 倍。[④]这严重制约了其国家经济的发展。

李克强总理指出："行政审批制度改革是转变政府职能的突破口，是释放

---

① 参见《中华人民共和国 2019 年国民经济和社会发展统计公报》，国家统计局网站，2020 年 2 月 28 日，http://www.stats.gov.cn/tjsj/zxfb/202002/t20200228_1728913.html。

② 参见《2020 年我国 GDP 最终核实为 1013567 亿元》，《人民日报》2021 年 12 月 18 日。

③ 燕继荣等：《中国治理——东方大国的复兴之道》，中国人民大学出版社 2017 年版，第 78 页。

④ 参见［秘鲁］赫尔南多·德·索托：《资本的秘密》，于海生译，华夏出版社 2017 年版，第 16—17 页。

改革红利、打造中国经济升级版的重要一招"①。2013年以来，国务院共取消和下放行政审批事项800多项，并实现了国家投资项目在线审批"一条龙"服务、工商登记实行"先照后证"、企业注册实行"三证合一""五证合一"等，其中包含了优化审批流程的并联审批方式。以2015年实施的"三证合一"改革为例，取得的成效在世界银行《2019年度营商环境报告》中有所体现，中国总排名第46位，"开办企业"单项排名第28位。这一进步的取得与政府部门间的合作是分不开的。但是，我们也应该看到，在开办企业所需时间和办理步骤上，与排名更加靠前的国家相比仍有差距。可见，在创造良好的营商环境、释放市场活力方面，政府部门间应进一步加强合作，而并联审批是压缩审批时限、提升审批效率的有效方式，在审批流程上要求各相关部门"并联式"开展，并在规定时限内完成，并联审批运行方式能够进一步提高办事效率、优化营商环境，与此同时，将带来政府部门间关系的改善。

2. 现实问题：营商环境建设中的政府部门

党的十八届三中全会指出，经济体制改革的"核心问题是处理好政府和市场的关系，使市场在资源配置中起决定性作用和更好发挥政府作用"②。在此过程中，政府部门要发挥"保持宏观经济稳定，加强和优化公共服务，保障公平竞争，加强市场监管，维护市场秩序"③的重要作用。而且，在"放管服"改革背景下，大力推进行政审批制度改革，尤其是投资领域、商事制度改革等，以营造良好的营商环境。

营商环境是围绕企业开设、运营到结束的整个活动过程的周围条件总

---

① 魏礼群主编：《中国行政体制改革报告（2014—2015）No.4——行政审批制度改革与地方治理创新》，社会科学文献出版社2015年版，第2页。

② 《中共中央关于全面深化改革若干重大问题的决定》，人民网，2013年11月15日，http://finance.people.com.cn/n/2013/1115/c1004-23559387.html。

③ 本书编写组：《〈中共中央关于全面深化改革若干重大问题的决定〉辅导读本》，人民出版社2013年版，第6页。

和 ①，包括"硬环境"和"软环境"。在世界银行《2019 年度营商环境报告》中，中国各测评项目排名如图 5—2 所示。

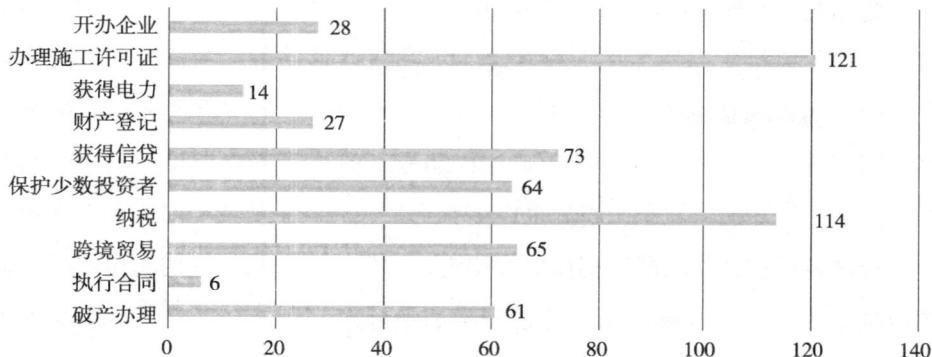

图 5—2　世界银行 2019 年营商环境测评中中国各项排名

　　如图 5—2 所示，营造良好的营商环境，需要提升开办企业、办理建筑施工许可、登记产权、获得信贷等方面政务服务的便利度。② 因为，高效便捷和成本节约的商业注册登记，能打造促进更多创业活动的有利营商环境③，如将以纸质化办公为基础的注册登记办理发展为电子化、"一站式"的服务方式，通过网络信息技术提供高效便捷的政务服务等。党的十八大以来，在"放管服"改革背景下，政府通过服务优化和制度创新等方式优化营商环境，不仅削减审批事项、简化审批程序，还探索"一站式"服务，通过相对集中行政审批权，"将分散式、封闭式、串联式的审批转变为集中式、开放式、并联式审批"④。那么，从企业的角度如何评价政务服务环境呢？相关研究对辽宁省四市的营商环境状况进行调查，政务服务方面的数据如表 5—1 所示。

---

① 参见张志超：《关于新形势下优化营商环境的思考》，《现代商业》2017 年第 35 期。
② 参见李军鹏：《改革开放 40 年：我国放管服改革的进程、经验与趋势》，《学习与实践》2018 年第 2 期。
③ 参见孙丽燕：《企业营商环境的研究现状及政策建议》，《全球化》2016 年第 8 期。
④ 李军鹏：《十九大后深化放管服改革的目标、任务与对策》，《行政论坛》2018 年第 2 期。

表5—1 辽宁省四市营商环境评估"政务服务环境"指标情况①

要素环境	指标	题项	A市	B市	C市	D市	均值
政务服务环境	服务意识	政府工作人员能主动提供服务	6.34	6.90	7.38	6.43	6.78
	服务效率	政府工作人员办事效率较高	6.35	7.03	7.50	6.58	6.89
	业务能力	政府工作人员能够清晰准确地解读政策	6.81	7.40	7.72	6.98	7.24
	责任担当	政府工作人员在工作中不推诿敢于担责	5.97	6.73	7.20	6.03	6.50
	网上审批	可在网上办理审批事项	6.66	7.76	7.62	7.08	7.31
	政府诚信	政府承诺的事项能够得到落实办理	6.58	7.30	7.67	6.62	7.07

　　由表5—1可知，企业对政府部门服务效率的评价不高，均值仅为6.89分（满分为10分），这反映了在优化营商环境方面政府部门服务效率有待提高。在行使公共权力的过程中，全国上下倡导"一盘棋"，打破行政层级和部门的界限，以提高公共管理的"整体性"，更好地实现公共目标。但是，政府部门依据职能分工进行设置，"每个部门负责'一块'功能"②，将审批事项的完整流程分割，并且不同部门对申请材料要求标准不一，烦琐的程序必然降低审批效率，使交易成本上升。放权让利在激活各级政府和部门的积极性和创造性的同时也强化了它们的自身利益，带来"部门职权利益化""部门利益法定化"等问题，造成公共权力的碎片化。审批权是部门利益的一种，在权责划分不清的情况下，各部门职能的交叉与重叠必然降低审批效率。在优化营商环境的过程中，相关文件探索推行投资项目的多评合一、施工图多图联审、一窗受理不动产登记等，旨在通过并联审批优化审批流程，促进政府部门间合作以提升审批效率。

3. 微观操作：以并联审批促进政府部门间目标一致

　　提升政府审批服务的质量和效率，并联审批需要相关政府部门以审批事项为中心进行沟通与合作，进而推动高质效目标的完成。相关研究指出，资源稀

---

① 参见张国勇、娄成武：《基于制度嵌入性的营商环境优化研究——以辽宁省为例》，《东北大学学报》（社会科学版）2018年第3期。注：此表格中的指标设计基于企业家满意度测评，题项的评分区间为0—10分，分值越高，表示越满意或越认同。

② 武靖州：《振兴东北应从优化营商环境做起》，《经济纵横》2017年第1期。

缺和相互依赖是促成合作的主要因素[①]，客观来说，"一个政策领域内政府部门间存在着权力、利益和资源的依赖关系"[②]，这种依赖关系在政府部门间是广泛存在的，在此基础上政府部门间建立起集体行动的长期协议，从而"建立起长期的各种合作关系，比如信息资源共享、联合执法等"[③]。杨志云等在"前提—过程—结果"模型中也提出了相互依赖、资源稀缺是影响合作的条件[④]，但"结构化互动是跨部门合作的基础"[⑤]，为政府部门间合作搭建了基础性平台。并联审批通过审批流程的优化，强调相关部门之间同时推进审批业务，并要求相关审批部门在规定时限内完成审批任务，不仅优化了营商环境，提升了审批效率，也促进了政府部门间目标一致的形成。

（三）社会维度

1. 宏观背景：公共服务需求的不断提升

改革开放以来，中国进入急剧的、全方位的社会转型期。经济方面，1978 年以来中国的 GDP 年均增长近 10%[⑥]，根据世界银行的数据，2017 年中国人均 GDP 为 8827 美元，略高于中等偏上收入地区的 GDP 均值。2019 年是中国进入中等收入国家的第 18 年，中国社会仍然处于跨越中等收入陷

---

① Cf.Moseley, A., James, O., "Central State Steering of Local Collaboration: Assessing the Impact of Tools of Meta-governance in Homelessness Services in England", *Public Organization Review,* 2008, 8（2）, pp.117-136.

② 刘晓洋：《水平式协同治理：跨域性公共问题治理之道》，《学习与实践》2016 年第 11 期。

③ 聂勇浩、颜海娜：《关系合约视角的部门间合作：以食品安全监管为例》，《社会科学》2009 年第 11 期。

④ 参见杨志云、毛寿龙：《制度环境、激励约束与区域政府间合作——京津冀协同发展的个案追踪》，《国家行政学院学报》2017 年第 2 期。

⑤ 张艺馨：《丹东市政府物价监管跨部门合作研究》，大连理工大学硕士学位论文，2018 年，第 22 页。

⑥ 参见《世界银行与中国》，世界银行网站，2021 年 3 月 29 日，https://www.shihang.org/zh/country/china/overview#1。

阱①的紧要关头。从战略发展趋势角度来看，经济发展到一定的阶段，必然出现相应的社会转型，并引发各种潜在的社会矛盾，产生更多、更新的风险和不确定性。

中国的改革是一个创造和复兴多元社会主体的过程②，改革开放以来的市场化改革，带来了社会结构多元化的转型，也"催生了各式各样的市场主体，促使整个社会成员的利益不断分化，利益结构日趋多元"③。从其自身发展来看，"它们不仅拥有以决策权为核心的自主性，而且在相对稳定的成长过程中也不断积累着自我资本"④。一方面，社会活动主体数量大量增加；另一方面，其主体意识不断得到增强⑤，更加注重对自身利益的关注和对公共服务的诉求，且主体意识的提升进一步提高其行为的自主性。

中国共产党第十九次全国代表大会报告中指出，现阶段我国社会的主要矛盾是人民日益增长的美好生活需要和不平衡、不充分的发展之间的矛盾。随着社会主要矛盾的变化，公众对于便捷、高效的公共服务诉求逐渐提升。而传统的公共服务模式以政府为本位，公共部门的职能结构、公共服务的流程等均按照政府要求进行设计。公众在办理跨部门事项时，需要依次前往不同部门进行办理，自行了解办事流程以及各部门办理该事项的要件，甚至有时候办事人还要熟悉一些办事的"潜规则"。面对公众日益增长的公共服务需求，"由民生领域开始的社会建设，逐步进入社会体制改革层面，除了将更多的资源通过再分

① 中等收入陷阱是 2007 年由世界银行提出的概念。在世界银行的标准下，一些中等收入经济体会长期停留在这一阶段，并且原有的经济增长机制和发展模式的矛盾凸显，原有的发展优势逐渐消失，迟迟不能进入高收入经济体之列。世界银行以 GNI（国民总收入，以购买力平价衡量，GDP 会略高于 GNI）对收入等级划分，依据 2018 年 7 月 1 日的最新标准为，低收入国家：GNI<995 美元；中等偏下收入国家：996 美元 <GNI < 3985 美元；中等偏上收入国家：3986 美元 < GNI < 12055 美元；高收入国家：GNI > 12056 美元。

② 参见杨雪冬：《改革路径、风险状态与和谐社会治理》，《马克思主义与现实》2007 年第 1 期。

③ 燕继荣等：《中国治理——东方大国的复兴之道》，中国人民大学出版社 2017 年版，第 102 页。

④ 杨雪冬：《国家治理的逻辑》，社会科学文献出版社 2017 年版，第 3 页。

⑤ 参见麻宝斌、于丽春、杜平：《收入水平、政治社会化与参与意愿——转型期公众政治参与机会认知的影响因素分析》，《武汉大学学报》（哲学社会科学版）2017 年第 4 期。

配的方式投入公共服务和社会保障领域之外，政府也开始注重探索更多样、更柔性的社会管理方式"①，并联审批是其主要探索方式之一。加之"互联网和信息技术的出现帮助治理突破了超大规模参与的科技壁垒"②，通过无界沟通、便捷交流、信息互通等方式有助于打破传统政府部门间的封闭性，如"通过国家人口信息管理系统的升级改造，居民第二代身份证的换发、异地办理和指纹信息登记，户口和身份证信息联网查询比对等，中国正逐步实现跨部门、跨地区的人口基本信息共享"③。为不断优化公共服务水平、满足公众需求，行政审批制度改革中通过并联审批的创新方式，探索无缝隙管理、"一站式"服务、"最多跑一次"的公共服务效果，其带来了高效、便捷的服务，有效增进了公众对政府权威的信任并满足了其对政府管理服务效能的需求，与此同时，也撬动了各政府部门间相互协调、相互配合、相互补充的合作关系。

2. 现实问题：面向公共服务的政府部门

"新中国成立初期，由于在部门设置上受到苏联计划经济传统的影响，建立了许多具体的专业化行业管理部门"④，但在当时的社会环境下，政府部门所面临的事项复杂程度低、确定性强，只要各司其职即可完成法制框架下的职责，政府部门间合作问题并不突出。伴随着经济社会的发展，以及群众和企业对高效、便捷公共服务需求的提升，一系列问题开始凸显。

首先，"各司其职"式审批带来群众和企业"来回跑，重复排队"问题。政府部门是基于职能分工设置的，将完整的审批流程分割，申请人需要往返于各部门之间办理审批事项，需要付出大量的时间成本。而且，面对涉及多部门审批的事项，各部门的办事标准往往不一致，并且存在同一要件在某一个部门已经被减掉，但在另一个部门仍然被要求提供的现象，如环境保护税的缴纳涉及到税务和环保两个部门，不涉及排放的企业在环保部门这里不需要填写相关申报表，而到税务部门办理时则被要求必须填写方可申报，这让办事企业颇感为难。其次，审批事项办理程序烦琐，交易成本高。通过"放管服"改革及以"最多跑一次"为代表的结果导向型改革，促进了政府部门由"管制型"向"服务型"转变，很大程度上避免了"门难进、脸难看、事难办"的情况。但是，一方面大量前置审批的存在，使群众和企业在准备审批材料的过程中常常需要前往多个部门、多次往返，一个部门或者一份材料出现问题会带来整个审批流程的停滞；另一方面，在联合审批机制不完善的情况下，虽然各部门针对审批事项和流程均进行了简化，但因为各部门间的相互独立，导致简化后的审批流程对于群众和企业来讲，办结事项仍然费时费力，如某市梳理的投资立项审批"涉及到 16 个部门，包含 85 个事项，606 个要件，办结时日为 272 日"①，足见办理过程相当复杂且耗时。最后，审批效率低，制度性交易成本高。借助电子化、信息化手段提供公共服务，让"数据跑腿"代替"办事人跑腿"能显著提升其效率，但在具体实践中，由于各部门之间信息共享不足致使"信息孤岛"问题突出，而且在信息系统建设方面，各部门往往自成体系产生割裂状态的"数据烟囱"，如某市就"有近 400 个政务信息化系统"②。不仅在各个部门之间存在信息壁垒，相互之间所提出的数据共享要求迟迟得不到满足，即便在同一部门内部职能处室之间也存在这一问题。

　　基于以上对面向公共服务的政府部门间存在问题的分析，解决这些问题的关键"不只在于技术革命，也在于管理创新；不应在于权力集中，而在于部门协调"③。并联审批作为行政审批制度改革中的创新方式，通过调整审批流程，使相关部门同时开展审批业务并在规定时限内完成审批任务，有助于满足民众和企业对高效、便捷公共服务的需求。

---

① 来源：被访谈人 B0102。

② 来源：被访谈人 A0103。

③ 郁建兴、高翔：《浙江省"最多跑一次"改革的基本经验与未来》，《浙江社会科学》2018 年第 4 期。

3. 微观操作：以并联审批促进政府部门间目标一致

综合上述分析，在面向群众和企业提供公共服务的过程中，政府部门间出现的"各司其职"式审批、办理程序烦琐式审批，以及低效式审批的问题，其主要源于各部门对其部门利益的保护。为了提供专业的服务，政府基于职能分工设立行政部门，在运行过程中政府部门会形成自身的部门利益，有时甚至凌驾于整体利益之上，加之办理流程的不公开、不透明，导致整体性公共服务水平的下降，急需提升政府部门面向群众和企业提供的公共服务质效。并联审批作为行政审批制度改革中的创新方式，其主要通过相关部门间"并联式"审批代替以往的"串联式"审批，通过审批流程的优化和办理时限的缩短，促进了政府部门提供公共服务的质量和效率，在不断满足公共服务需求的同时，促进了政府部门间目标一致的形成。

二、并联审批促进政府部门间行动一致的生成

在并联审批的运行过程中，需要涉及同一审批事项的多部门间一致行动，那么，并联审批如何促进政府部门间行动一致的生成？基于"推进政府改革是社会系统工程，不是简单的部门政策文件的物理相加，而是要各种制度产生化学反应"[①] 的认识，本节将从组织、流程、技术三个方面进行分析。

其中，组织方面包括政务服务中心和行政审批局，是集中相关部门审批权（或称行政许可权）的物理场所以及后来的"化学反应"场所，是并联审批促进政府部门间行动一致的组织载体；流程方面包括审批流程的整体化建设和标准化建设，是相关部门并联式审批的操作化前提基础，是并联审批促进政府部门间行动一致的运行前提；技术方面包括电子政务建设和"互联网＋政务服务"

---

① 张定安：《关于深化"放管服"改革工作的几点思考》，《行政管理改革》2016 年第 7 期。

建设，是各部门间信息交流的平台，是并联审批促进政府部门间行动一致的技术支撑。在实际运行过程中，三者之间是相互交织、共同发展的。

（一）组织载体

1. 政务服务中心

政务服务中心①，作为行政审批制度改革过程中形成的创新型组织，是并联审批促进政府部门间行动一致的组织载体。本部分将从必要性、可行性和产生的作用三个方面对此进行阐述。

（1）以政务服务中心为组织载体的必要性

政务服务中心，作为一种创新型服务模式最早可以追溯到英国撒切尔时期的"一站式"服务建设。伴随着我国政府职能转变的持续推进，以及党的十六大提出的服务型政府建设，各地纷纷建立政务服务中心来集中办理各种审批事项，"在短短的十几年间，全国已有约270个地级以上城市自发建设行政服务中心"②。政务服务中心并非自上而下设置的政府职能机构，各地方结合自身发展需要，因地制宜地进行建设，其分类及特点如表5—2所示。

表5—2 政务服务中心的不同方面分类及特点③

分析方面	具体分类	特点
机构性质	派出机构	一般不具备行政主体资格
	临时机构	依特定需要灵活设定，一般是获得相应授权的行政主体

① 全国地方政府，包括省、市、县、乡都建立了不同形式的政务服务中心，政务服务中心并没有形成统一的称谓，也称行政服务中心、行政审批服务中心、政务大厅、服务大厅、便民服务中心、"一站式"投资项目联合审批大厅、政务超市等，本书中都称作政务服务中心。

② 朱旭峰、张友浪：《新时期中国行政审批制度改革：回顾、评析与建议》，《公共管理与政策评论》2014年第1期。

③ 参见中国行政管理学会课题组、靳江好、文宏等：《政务服务中心建设与管理研究报告》，《中国行政管理》2012年第12期。

续表

分析方面	具体分类	特点
机构性质	事业单位	一般具有相应的行政授权，可介入行政审批活动或协调各审批部门
职能层级	咨询中心	帮助解决群众办事过程中"无处问"问题
	代办中心	负责进驻部门在审批中的活动，有部分业务协同权、审批权、服务权
	办理中心	独立办理各行政事项，无需转回原审批单位，真正实现"一站式"办理
功能预期	综合服务窗口	政府面向群众，将政府行政审批与社会事务全方位、系统地结合起来
	"专业性"机构	只办理行政审批服务，高效履行职责，突出专业性
	公共事务服务	以群众需要为出发点，汇总非审批服务、中介配套及社会民生服务
运行模式	虚体型模式	只提供集中的办公场所，仅作为对外收、发窗口，类似"收发室"
	协调型模式	不直接行使审批权，但有协调实施部分或全部行政许可权
	实体型模式	决策、执行、监督的分离和监督，载体是具有审批权的行政审批局
进驻中心的单位	审批机构	执行行政审批职能的政府机构，如规划局、公安局等
	事业单位	提供水电煤气、通信等公共服务的事业单位，如自来水公司等
	中介组织	提供代办与配套服务的社会中介组织，如银行等

　　表5—2对政务服务中心进行了不同方面的分类及特点概括，在机构性质方面，无论是派出机构、临时机构还是事业单位，在地位上都不同于具有行政审批权的政府职能部门，其"重点在于协调进驻窗口，窗口原属部门以及政府主管部门的关系"[①]。协调功能体现在职能层级的分类中，上表中的职能层级分类是依据纵向上对审批事项的协调程度划分的，"咨询中心"是政务服务中心的初级阶段；"代办中心"充分体现了其协调功能，如在北京市东城区行政服务中心探索并联审批实践中，中心设立的"综合协调科"在办事人和各职能部门之间起到了积极作用，审批过程中协调各部门推进办事事项，将整个审批过程"无缝连接"；[②]"办理中心"是后文要深入分析的行政审批局。"协调"在政务服务中心的功能预期和进驻中心单位之间是普遍存在的，上表中运行模式类

①　吴杰：《行政服务中心的困境与出路——基于泉州市的实证分析》，厦门大学硕士学位论文，2009年，第6页。

②　参见杨维立：《"并联审批"：建设服务型政府的新举措》，《中国人才》2006年第13期。

型划分是基于广义的视角，实际运行中大部分政务服务中心是综合网络等手段的协调型模式。政务服务中心的"协调"功能，有助于打破传统模式下以职能部门为中心的分割办理模式，形成横向的协作机制。加之政务服务中心"一窗受理、集成服务"产生的聚集性效应，并联审批以此为组织载体，有助于促进相关审批部门间流程优化、功能整合，为各部门间一致行动提供了组织基础。

（2）以政务服务中心为组织载体的可行性

最初的政务服务中心，主要将涉及某一类审批（如投资审批等）的所有部门集中起来，作用仅限于物理空间的集聚。但行政服务中心是服务型政府的微观结构载体①，为不断提升政府服务水平和效率，实践中许多地方开始推行并联审批的方式，以优化审批流程。1999 年浙江省金华市成立首个政务服务中心，"并联审批"是其所持的理念之一。② 在办理过程中，"联办件"等审批处理方式都为推行并联审批提供了基础。但也遇到了互为前置等问题，政务服务中心开始探索连接不同部门的"联合办理制"，即指当申请人所申请的审批项目涉及多个职能部门的审批业务时，政务服务中心为促进相关部门之间的协作而对该项目进行联合审批的一种制度。③ 实际上，"联合办理制"就是并联审批，各地政务服务中心都在积极推行，如北京市怀柔区行政服务中心推行的"跨部门并联审批制"。④ 并联审批这种横向协调机制并不涉及职能部门审批权限的变动，各部门只是在审批流程上同步推进，完成"合作"的义务，从而实现在不触动部门利益的情况下提升审批服务质效，也为其在政务服务中心的广泛推

---

① 参见汪永兴、赵敬丹：《当前我国服务型政府建设中存在的问题与对策分析》，《行政与法》2009 年第 8 期。

② 其所坚持的理念为"服务投资、方便市民、并联审批、全程代理、强化监督"。参见中国行政管理学会课题组、靳江好、文宏等：《政务服务中心建设与管理研究报告》，《中国行政管理》2012 年第 12 期。

③ 参见段龙飞：《机制创新与行政效能提升研究——以我国行政服务中心建设为例》，《改革与战略》2008 年第 1 期。

④ 参见佘建国、孟伟：《建立跨部门联办机制 提高政府行政能力——以北京市怀柔区行政服务中心为例》，《中国行政管理》2006 年第 2 期。

行提供了可行性。

我们可以从实行并联审批前后的部门关系对比，来进一步分析并联审批以政务服务中心为组织载体，增加政府部门间行动一致的可行性。传统公共服务模式下，公共部门的职能结构、公共服务的流程等均以政府为本位进行设计。群众和企业在办理跨部门审批事项时，需要依次前往不同部门，如图 5—3 所示。

图 5—3　传统公共服务模式下审批的办理流程

如图 5—3 所示，在通常情况下，企业和群众办理审批事项需依次前往不同部门，同时需自行了解办事流程以及各部门办理该事项的要件。在特殊情况下，企业和群众有时甚至要反复前往各相关部门，花费大量的时间成本。而政务服务中心推行并联审批后，"一站式"服务模式将审批事项办理分为前台和后台两个部分，前台直接面向群众和企业承接服务申请和返回服务结果，后台则是任务的实际执行部门，由政务服务中心"协调诸多相关的行政部门，实行跨部门的并联审批"[①]，如图 5—4 所示。

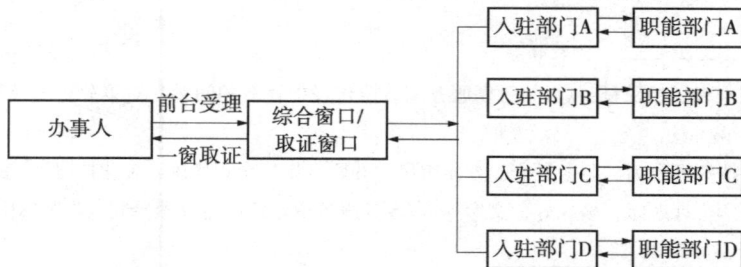

图 5—4　以政务服务中心为组织载体实施并联审批后的办事流程

---

① 沈荣华、杨国栋：《论"一站式"服务方式与行政体制改革》，《中国行政管理》2006 年第 10 期。

　　通过以上两图对比可以发现，以政务服务中心为组织载体，对办事人实行"一窗式"服务，使同一审批事项涉及的不同政府部门之间产生了由分散向集聚的变化。政务服务中心不仅实现了办事场所的物理集聚，还通过并联审批在相关部门之间实现了审批业务的互联。虽然这是一种程序式的集中，"行政审批中的审核与决定等核心权力往往还要返回原审批部门来完成"①，但政务服务中心是推行并联审批的平台，是一个实质的运行场所，使其成为组织载体具备了可行性。

　　（3）以政务服务中心为组织载体产生的作用

　　政务服务中心不仅"实现了不同部门在一个场所进行集中办公"②，还通过协调功能的发挥，探索实施审批流程再造，"推行不同部门之间的横向联动办理机制"③。并联审批以政务服务中心为组织载体，使不同政府部门以及来自不同政府部门的工作人员在同一时间内推进审批业务，改变了以往各自为政的局面，这种协作模式有效地促进了跨部门行政审批事项中相关政府部门间行动一致的生成。

2. 行政审批局

　　由上文可知，以政务服务中心为组织载体，并联审批能促进政府部门间的行动一致。但由于政务服务中心存在定位模糊、权力限制等问题，导致其作用更多局限于"收发室"和审批运行的"体外循环"方面。行政审批局，作为政务服务中心进一步发展的方向，必然是并联审批促进政府部门间行动一致的组织载体。本部分将从必要性、可行性和产生的作用三个方面进行阐述。

　　（1）以行政审批局为组织载体的必要性

　　行政审批局是一个集行政审批、行政服务和公共服务于一体的群众办事平

---

① 姜书彬：《相对集中行政许可权之"行政审批局"模式探析》，《机构与行政》2016 年第 6 期。

② 吴杰：《行政服务中心的困境与出路——基于泉州市的实证分析》，厦门大学硕士学位论文，2009 年，第 39 页。

③ 中国行政管理学会课题组、靳江好、文宏等：《政务服务中心建设与管理研究报告》，《中国行政管理》2012 年第 12 期。

台，不仅包括物理空间的集聚，还包括审批权力的集中。不同于政务服务中心的"协调者"地位，行政审批局是承担权力与责任的政府部门，其主要特点在于将各部门的行政许可权进行集中，二者之间的差异如表 5—3 所示。

表 5—3　由政务超市（政务服务中心）向执行局（行政审批局）
发展的三个阶段特征比较 [1]

内容 ＼ 阶段	政务服务中心	过渡阶段	行政审批局
核心目标	协调各部门审批权；提高审批效能；方便相对人办事	—	实现审管分离，加强事中事后监管；突破部门利益壁垒，增强取消审批事项的含金量
机构性质	法律地位不清晰	—	依法设立的政府部门
内部组成部分	各职能局"窗口"	各职能局的执行部门	各职能局的执行局
职权范围	审批权仍属于原职能部门，无实质性行政审批权，只有行政协调权	—	实质性的行政审批权与行政协调权
内部组成部分与原职能局关系	原职能局的派出机关	接近于"决策—执行"关系	"决策—执行"关系
原职能局的职能	决策执行混合	被剥离部分执行职能	以决策职能为主

表 5—3 对行政审批局和政务服务中心进行了比较，展现了以政务服务中心为基础性阶段向行政审批局渐近发展的过程，基于核心目标、机构性质、内部组成部分、职权范围、内部组成部分与原职能局关系、原职能局的职能等方面的比较，可知，"行政审批局的出现是为了实现对政务服务中心的超越"[2]。

行政审批局也具有"一窗受理、集成服务"的运行模式，但它的突出特点是"一枚印章管审批"，即对职能部门审批权的集中。如 2018 年 1 月 J 省首家

---

[1]　参见宋林霖：《"行政审批局"模式：基于行政组织与环境互动的理论分析框架》，《中国行政管理》2016 年第 6 期；李金龙、杜倩博、陈筱敏：《执行局：政务超市的渐进发展趋向》，《中国行政管理》2007 年第 6 期。

[2]　陈垄山、杜艮之：《推进"互联网＋政务服务"优化政务环境——以行政审批局为例》，《新西部》2019 年第 35 期。

行政审批局在 L 市挂牌成立，开启了"一个窗口接件、一张表单填报、后台联动办理、一枚印章审批"的服务新模式，同年 6 月，F 县"行政审批局正式运转并启用审批局公章，219 项行政许可事项审批划归行政审批局负责，业务主管部门负责事前勘验和事后监管"①。J 省 F 市行政审批局为归并审批服务职能，重新调整了部门三定方案，将 16 个部门 196 项审批事项划转至行政审批局，其他未划转事项由相关审批服务部门拟定行政审批职能调整方案，将分散在各科室的行政审批服务职能归并到行政审批服务科室，实行集中审批、专职审批，同时审批事项相关人员集中进驻，目前，该市在行政审批局一楼设立了9 个综合受理窗口，开展集成受理服务，实行"一窗受理、集成服务"审批模式。② 行政审批局是落实"放管服"改革理念的有效载体 ③，"在审批权集中的过程中实现审批工作质的飞跃，实现审批业务流程再造……并联审批、联审联办等……审批服务方式"④，是并联审批更为有效的组织载体。

（2）以行政审批局为组织载体的可行性

党的十八大以来，深化行政审批制度改革成为推进政府职能转变的重要抓手，中央成立全面深化改革领导小组对此次改革进行统一部署和规划，由习近平担任组长，且负责深化行政审批制度改革的牵头部门由以往的监察部改为中央编办。2015 年，《中央编办 国务院法制办关于印发〈相对集中行政许可权试点工作方案〉的通知》（中央编办发〔2015〕16 号）中要求在天津、河北、山西、江苏、浙江、广东、四川、贵州 8 个省市探索在国家级开发区设置相对集中行政许可权试点。在此之前，2008 年四川省成都市武侯区和 2014 年天津市滨海新区已经根据"编随事走、人随编走"的原则成立了行政审批局，在真正意

① 来源：被访谈人 B0102。

② 来源：被访谈人 B0105。

③ 参见宋林霖：《"行政审批局"模式：基于行政组织与环境互动的理论分析框架》，《中国行政管理》2016 年第 6 期。

④ 陈建山、杜艮之：《推进"互联网＋政务服务"优化政务环境——以行政审批局为例》，《新西部》2019 年第 35 期。

义上实现了审批职能划转，从而"打破现有部门的划分，对审批职能重新进行整合"①。行政审批局基于政务服务中心的基础发展而来，政务服务中心的优化审批流程、标准化建设等是行政审批局有效运行的基础。行政审批局也通过将"串联式"审批改为并联审批，推行"一站式"服务模式。由于各部门将审批权划转至行政审批局，在后台的审批中"新成立的职能科室全面办理特定的审批事项，从而保障审批事项在审批局内部循环"②，具体的运行方式如图5—5所示。

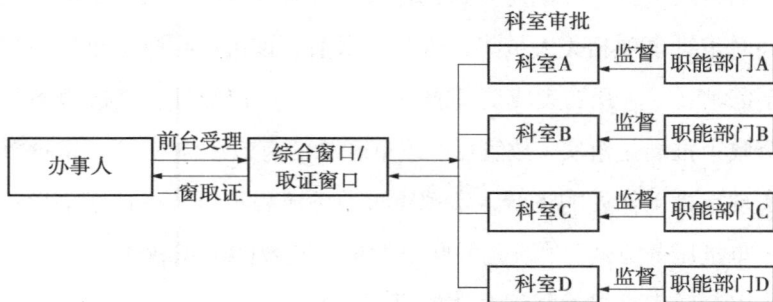

图5—5　以行政审批局为组织载体实施并联审批后的办事流程

如图5—5所示，行政审批局不仅为审批主体提供了由分散到集中的"集聚平台"，还通过相关职能部门将审批职能划转组建各职能科室进行"实体承办"，"逐步实现行政审批权的内在统一"③。可以说"成立行政审批局，就是政府部门之间的横向关系调整"④，为并联审批的运行奠定了坚实基础。行政审批局倡导通过以事项为中心的并联审批运行方式对审批流程进行再造，着力解决部门之间的配合问题。可见，行政审批局"就政府内部架构而言是一种政府部门间的横向关系调整"⑤，使其成为推行并联审批的组织载体具备可行性。

---

① 郭晓光：《成立相对集中审批权的行政审批局之思考》，《中国行政管理》2014年第8期。

② 杨伟伟：《行政审批局与行政服务中心：共性与差异争鸣》，《广州社会主义学院学报》2016年第1期。

③ 宫剑、龙海波：《"行政审批局"：改革模式的地方探索》，《中国经济报告》2016年第5期。

④ 姜书彬：《相对集中行政许可权之"行政审批局"模式探析》，《机构与行政》2016年第6期。

⑤ 于江：《实践与限度："行政审批局"模式探析》，《大连干部学刊》2016年第8期。

（3）以行政审批局为组织载体产生的作用

无论政务服务中心还是行政审批局，二者都遵循"前台综合受理，后台分类审批"的服务模式。但二者之间的不同主要在于，通常来讲，政务服务中心属于事业单位，而行政审批局属于行政执法单位，其可下设事业单位；政务服务中心是收、审分离，而行政审批局则收、审、管分离，相对于原审批部门则是决策权、审批权、监管权的分离。行政审批局是地位上具有行政审批权的政府工作部门，可以集行政审批、行政服务和公共服务于一体，是一种办事效率较高的审批模式，适合开发区、新区等要求速度第一的地区，也可以在后发地区进行试点建设。并联审批以此为组织载体运行，能够"把分散在各政府部门的'零件'装配成符合公众需要的'最终产品'"[1]，把"多门"变"一门"，促进了涉及同一事项的政府部门间行动一致的生成。

作为并联审批促进政府部门间行动一致的组织载体，政务服务中心与行政审批局是共存的，都形成于行政审批制度改革、都打造相对集中的服务模式、都实行并联审批流程[2]。二者之间并非相互替代，而是一种相互补充的关系，在推行并联审批的过程中，共同促进政府部门间行动一致的生成。

（二）运行前提

基于"无缝隙政府"以及"一站式"服务的理论与实践，"流程型组织是一种在分工的基础上强调无缝隙协同的整体性组织"[3]。"优化审批流程，是提高审批改革效果和质量的重要前提"[4]，并联审批是推进行政审批制度改革的创新方式，审批流程再造亦是其促进政府部门间行动一致的运行前提。本部分从

---

[1] 顾平安：《规范行政服务中心建设 统筹公共服务发展》，《国家行政学院学报》2008 年第 5 期。

[2] 参见杨伟伟：《行政审批局与行政服务中心：共性与差异争鸣》，《广州社会主义学院学报》2016 年第 1 期。

[3] 顾平安：《"互联网 + 政务服务"流程再造的路径》，《中国行政管理》2017 年第 9 期。

[4] 廖洪涛：《从网上"并联审批"透视行政审批制度改革》，《上海信息化》2003 年第 1 期。

审批流程整体化和标准化两个方面对审批流程再造进行分析，以阐释并联审批如何通过审批流程再造促进政府部门间行动一致。

1. 审批流程整体化

相对于以往政府部门间各自为政提供服务的方式，"无缝隙政府"以及"一站式"服务强调整体地、全盘地提供服务。在行政审批制度改革中，审批流程整体化能有效应对审批服务"碎片化"等问题。本部分从必要性、可行性以及产生的作用三个方面，对审批流程整体化为什么是并联审批促进政府部门间行动一致的运行前提进行分析。

（1）以审批流程整体化为运行前提的必要性

20 世纪 90 年代以来，伴随新公共管理运动的深入发展，"碎片化"的公共服务困境促进了"整体政府"理念的发展，并成为全球性趋势。在此背景下，"行政审批制度改革主要是通过搭建跨部门协同的制度框架和运行环境以顺应整体政府建设"[①]。在以往的审批过程中，以部门为中心的审批流程设计将审批业务流程分割于各职能部门，各职能部门依据自身的审批职责完成相应的业务，但整个审批流程是碎片化的，如图 5—6 所示。

如图 5—6 所示，各职能部门基于自身职能完成审批，却将整个审批业务流程分割，同时也增加了审批相对人的办事难度。如企业投资建设项目的施工许可阶段涉及建设部门、消防部门、气象部门、人防部门、公安交管部门、卫生部门、税务部门、规划部门、房管部门等，如果审批相对人逐一前往各部门需要大量的时间成本，并且，一旦出现部门间互为前置的现象时，整个审批流程无法推进。所以，需要对分割化、碎片式的审批流程进行整合再造，"需要打破部门间的隔阂，通过各部门工作程序的整合，建立起协调合作的机制"[②]，

[①] 包国宪、张蕊：《基于整体政府的中国行政审批制度改革研究》，《中国行政管理》2018 年第 5 期。

[②] 吴杰：《行政服务中心的困境与出路——基于泉州市的实证分析》，厦门大学硕士学位论文，2009 年，第 6 页。

提供"一站式""无缝隙"的整体化政务服务。在具体的实践中，为打造群众和企业满意的服务，以审批流程为轴线，通过将各部门的行政资源进行串联和并联组合、各个环节进行无缝隙连接，来增加审批流程的产出价值。① 在具体运行中，审批流程整体化也借助政务服务中心或行政审批局等组织，而且"与以往将工作划分为不同职能部门中狭窄的职务不同，（行政审批局）他们强调的是横向贯穿整个组织的核心流程"②。可见，审批流程的整体化有助于克服因部门职能分工而产生的工作流程碎片化，同时也为并联审批提供了运行前提，有利于政府部门提供整体化的、无缝隙的公共服务。

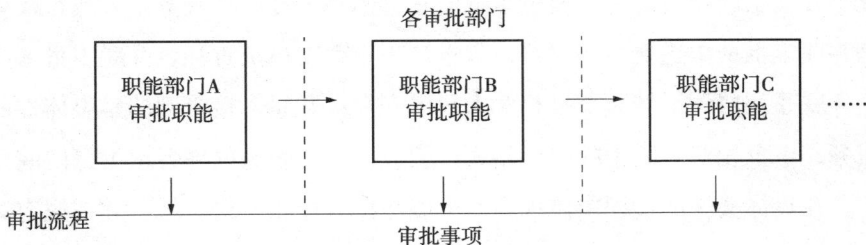

图 5—6 传统公共服务模式下审批的办理流程

（2）以审批流程整体化为运行前提的可行性

《国务院办公厅关于简化优化公共服务流程方便基层群众办事创业的通知》（国办发〔2015〕86 号）中强调，变"多头受理"为"一口受理""建立健全首问负责、一次性告知、并联办理……积极推行一站式办理"。从审批流程的角度来看，以部门为中心的审批流程设计将审批业务流程分割于各职能部门，"各自为政"式的"串联"审批使整个审批流程呈现出"碎片化"的特点，并且因不同的部门标准、流程考量等造成部门间审批的不一致甚至冲突。而且，在相对封闭的审批业务流程办理系统中，会出现某一审批环节因不符合标准而

---

① 参见汪智汉、宋世明：《我国政府职能精细化管理和流程再造的主要内容和路径选择》，《中国行政管理》2013 年第 6 期。

② 宋林霖：《"行政审批局"模式：基于行政组织与环境互动的理论分析框架》，《中国行政管理》2016 年第 6 期。

导致整个审批流程无法继续的问题。为解决审批流程"碎片化"问题，并联审批采用一窗式的服务模式，将整个审批流程整合，各部门不仅需要在规定时限内完成自身任务，还要对整个审批服务流程负责。如将涉及部门多、审批时限长的企业投资建设项目的审批流程整合为五个阶段，即出让前选址、用地及规划报建、项目核准、施工许可以及竣工验收，五个阶段组成完整的审批流程，并依据需要在各阶段内实行并联审批。

审批流程整体化体现在对内（政府部门间关系）和对外（审批相对人）两个方面。从外部的群众和企业等审批相对人角度来看，办事程序复杂、办理时限长是其面临的主要问题，通过审批流程整体化，在政务服务中心或行政审批局的并联审批窗口递交申请材料，审批流程则由窗口负责和各并联审批部门进行业务联系和协调运转。审批相对人只需和窗口联系，接受到的是整体性的高效服务。审批相对人眼中的"一站式"服务，需要政府内部各审批部门间相互合作，在具体实施的过程中体现为一个服务窗口接收申请材料，并在规定时间内分别抄送至各并联审批部门，各并联审批部门在规定时间内完成审批，由服务窗口颁发审批证件，并借助电子信息技术对全流程进行限时和监督。可见，审批流程的整体化运行，对外满足了申请人的便利化需求，对内促进了各审批部门之间的联合一致，使并联审批以此为运行前提促进政府部门间行动一致具备了可行性。

（3）以审批流程整体化为运行前提产生的作用

推进审批流程整体化是行政审批制度改革的重要内容，在具体的实践中主要通过"一个窗口受理"等形式对相关部门的审批权力进行规范，同时借助网络信息技术、平台等，在便利审批相对人的同时，有利于整体性审批流程的构建，促进了相关政府部门之间的协调与整合。而对相关审批部门的"审批权力的调整和整合，才是解决我国行政审批制度碎片化的根本方法"①，并联审批作

---

① 王媛元：《整体性治理视域下行政审批研究——基于浙江省"最多跑一次"改革》，《管理观察》2018年第27期。

为行政审批制度改革中的创新方式，是不同于传统审批的运行机制，而整体化的审批流程是其得以运行的前提基础，并且，在此基础上，能够促进相关审批部门间的行动一致。

2. 审批流程标准化

在行政审批制度改革过程中，"不同部门间规范和标准的冲突构成了审批权集中行使的最大障碍"[①]，推进审批流程标准化建设是解决审批标准冲突、打造"一站式"服务的有效手段，同时，也是并联审批的运行前提。本部分从必要性、可行性以及产生的作用三个方面，对审批流程标准化为什么是并联审批运行的前提基础进行回答。

（1）以审批流程标准化为运行前提的必要性

20 世纪 80 年代，西方国家效仿企业流程再造来推动政府流程再造，公共服务标准化是政府流程再造的关键领域。在我国，政府相关职能部门通过行政审批向市场和社会提供公共服务，行政审批作为一项服务于群众和企业的政府行为，涉及事项繁多、范围广泛，而且审批行为的重复性使其从内在本质上适合实行标准化。与此同时，推进行政审批流程标准化对规范审批权力、使审批相对人获得高质量同质化审批服务、通过统一规定来保证服务的稳定性与可对接性具有重要意义。标准化实际上是通过对过程的控制和改进来提升管理水平，提高服务质量[②]，审批的标准化建设体现在整个审批流程之中，包括围绕审批事项的输入、受理和输出各个环节。在具体的实践中，是围绕审批事项标准化建设展开的，因为这一环节中涉及依法对审批事项的审核、清理，是审批标准化建设的最重要环节，除此之外，行政审批标准化还包括其他内容，如表 5—4 所示。

---

① 骆梅英：《行政审批制度改革：从碎片政府到整体政府》，《中国行政管理》2013 年第 5 期。
② 黄小勇：《政府流程再造视野下的行政审批标准化建设》，《行政管理改革》2012 年第 4 期。

表5—4 行政审批标准化建设包括的主要内容及具体内容 ①

标准化建设的 主要内容	包括的具体内容
1. 审批事项标准化	依法对审批事项进行审核、清理是审批事项标准化的前提；对依法审核后的审批事项进行编码，明确审批事项的名称标准、要件标准、流程标准、办理时限等；对每一事项编码，类似于给每个事项一个"身份证"，并形成事项目录清单，通过不能随意增加审批事项的方式约束审批权力。
2. 审批要件标准化	以标准化格式明晰涉及一个部门或多个部门审批的要件。
3. 表单标准化	用统一的格式实现表单标准化，使其在多个审批环节、审批部门之间通用。
4. 审批流程标准化	针对每一个项目编制标准办事流程，制作流程图（办事指南），并规定具体的时限和责任部门；流程标准化还包括多个部门联合（并联）审批的标准化流程。
5. 办事制度的标准化	包括首问负责制度，此外还包括限时办结制度、责任追究制度、投诉举报制度、基础设施的标准化、收费标准化、责任标准化等。是审批流程标准化有效运营的保障。

如表5—4所示，审批流程的标准化主要包括审批事项、审批要件、表单内容、业务办理流程以及办事制度的标准化等内容，以解决标准冲突、部门的自由裁量等问题，其目的在于强化审批职能的程序性以及提供无差别的服务。从运行角度来看，标准化建设主要通过规范化的运作遏制部门的自由裁量权，将标准化的理念引入行政审批流程中，通过统一的标准向群众和企业提供稳定、高效、无差别的服务。可见，审批流程标准化以满足公众需求为出发点，通过流程的标准化处理，促进各相关部门的业务流程衔接，有利于打破以部门为本位的传统流程。而且，标准化是综合性的标准化，并非单个部门内部的标准化，而是以审批事项为中心，涵盖整个审批流程、整合各相关部门的统一的、系统的标准化。如在推进标准化建设的过程中，将办事要件整理成目录，并将其区分为可以进行部门间共享的材料、本部门产生的材料以及必须由办事人提交的材料。具体运行过程中，在审批流程标准化的基础上，面对同一审批事项，各部门具备了明晰的标准，避免了政府部门之间互为前置、相互推诿，审批行为更加规范，有利于部门关系的理顺，为推行并联审批提供了必要的运行前提。

---

① 参见黄小勇：《政府流程再造视野下的行政审批标准化建设》，《行政管理改革》2012年第4期。

（2）以审批流程标准化为运行前提的可行性

审批流程标准化建设是流程再造的主要形式，流程型组织是由不同业务部门的成员组成①，不同审批部门负责不同的审批环节，对环节之间的法定关系进行审查，有助于将存在法律因果关系的审批环节实行串联式审批，不存在法定因果关系的推行并联审批。在审批流程标准化建设的过程中，相关的工作流程和方法一经固定化，就会按照标准运行。所以，审批流程标准化建设之前需要对审批事项进行清理，也就是对政府部门权责的重新梳理与规范。在具体实践中，"三单"建设为其提供了有效支撑。第一，权力清单。通过摸清地方政府及部门的行政权，约束政府部门"法无授权不可为"，能够解决部门之间权力划分不清和冲突问题。如 2005 年河北省邯郸市公布的《邯郸市人民政府行政职权目录》是全国最早公布的权力清单，2008 年江苏省对行政权力进行编码管理，权力清单进一步成熟②。部门权力的清晰化有助于优化权力配置，推动各级政府及其部门权力的对接与互动，加强不同政府部门的协调配合。第二，责任清单。通过明确政府部门所承担的法定义务，强化政府责任，即"法定职责必须为"，构建科学完备的政府职责体系，明晰各政府部门的职责。第三，负面清单。通过划定政府权力的运行边界，最大限度退出市场空间，打造政府"法无授权不可为""清单之外无权力"。在"三单"建设中，对审批事项进行清查、规范、编码、网上公布、固化等操作，"最终实现'权力、流程、责任'三个要素的紧密结合"③，有助于审批流程的标准化建设，也使推行并联审批的运行方式更为可行。

审批流程再造有助于压减、理顺审批事项的前置条件，统一组织相关职能部门进行并联审批④，在审批流程标准化制定之后，"则是联合审批运行机制的

① 参见陈翔：《地方行政服务中心的定位和方向——基于安徽省的实证研究》，中国科学技术大学出版社 2008 年版，第 74 页。

② 参见黄小勇：《中国行政体制改革研究》，中共中央党校出版社 2013 年版，第 173 页。

③ 顾平安：《加快推进行政审批制度改革的二次设计》，《中国行政管理》2015 年第 6 期。

④ 参见顾平安：《"互联网＋政务服务"流程再造的路径》，《中国行政管理》2017 年第 9 期。

构建"①。在实践中,"围绕'一事项一标准、一流程一规范'的要求"②,通过牵头部门或者政务服务中心、行政审批局等相关组织,开展与并联审批标准和流程相匹配的"一口式""一条龙""一体化"等审批办理方式。通过审批流程的标准化建设,可以"整合相关部门的审批权,实现以项目为核心的并联审批无缝衔接"③,使并联审批以审批流程标准化为运行前提具备了可行性。

(3)以审批流程标准化为运行前提产生的作用

以往的行政审批制度改革主要集中在审批事项削减等"量化"领域,虽然取得的成效显著,但仍存在不必要的、重复的审批事项,"始终难以实质性地降低市民、企业获得政务服务的成本"④。审批流程标准化在依法审核、削减审批事项的基础上,对不必要的前置条件进行削减,解决部门之间互为前置的问题。在具体实践中,标准化建设多应用于基本建设项目的并联审批,在提升审批质效的同时,也促进了政府部门之间的分工优化、协作和执法(管理)的标准统一⑤,所以,并联审批以审批流程标准化为运行前提,能够促进相关政府部门间的行动一致。

审批流程是并联审批促进政府部门间行动一致的运行前提,在本部分中所论述的审批流程整体化、审批流程标准化都是在清理和削减审批事项、优化审批流程的前提下进行的,是对反复推敲和逐步改善的审批流程的完整呈现。而且,流程优化需要打破原有的分割式、破碎化审批流程,以方便群众和企业办事为出发点,通过流程整合优化,打破传统审批流程。无论是审批流程的整体化还是标准化,都是以审批事项为中心,整合各部门的综合性、系统性、覆盖

---

① 唐明良:《标准化与行政审批制度改革:意义、问题与对策》,《中国行政管理》2013 年第 5 期。

② 宋林霖、赵宏伟:《论"放管服"改革背景下地方政务服务中心的发展新趋势》,《中国行政管理》2017 年第 5 期。

③ 顾平安:《加快推进行政审批制度改革的二次设计》,《中国行政管理》2015 年第 6 期。

④ 郁建兴、高翔:《浙江省"最多跑一次"改革的基本经验与未来》,《浙江社会科学》2018 年第 4 期。

⑤ 参见高富平、孙英:《行政审批标准化管理的内涵、作用和局限性》,《晋阳学刊》2014 年第 4 期。

整个审批流程的实施方案。并联审批以流程的整体化、标准化为运行前提，有助于推动政府部门间行动一致，并优化部门关系。

（三）技术支撑

行政生态学认为，科技是影响行政组织系统结构重组的基本变量。信息技术要求政府组织从分散走向集中，从破碎走向整合。电子信息技术的发展，最大的贡献在于从时间和空间的维度打破信息流动的限制，进而突破传统的政务服务模式①，网上联合审批平台在政务服务中心和行政审批局等组织中广泛开发，通过建设集各种信息于一体的网络平台促进政府信息的流转和共享，为各部门间并联审批提供了技术支撑。本部分从电子政务建设和"互联网＋政务服务"两个方面，阐述并联审批如何通过技术支撑促进政府部门间行动一致。

1. 电子政务建设

通过前文分析可知，基于组织载体和运行前提，并联审批由开始的物理空间集聚发展到政府部门间审批职能重构，且审批流程不断走向科学化、规范化。伴随着信息技术的发展，并联审批方式发生了质的变化，如通过网络界面提供审批服务。电子政务建设是网络信息技术应用于包括并联审批在内的政务服务的基础，本部分将从必要性、可行性和产生的作用三个方面，对为什么电子政务建设是并联审批促进政府部门间行动一致的技术支撑进行阐释。

（1）以电子政务为技术支撑的必要性

现代信息技术对人类社会产生了深远影响，将其应用于政府领域，也深刻地改变了政府的办公方式。电子政务是信息时代将高科技应用于政府管理的产物，能够有效提高政府的服务效率和管理水平，并促使政府内部的运行机制产生根本性变化。电子政务将涉及多部门的行政审批事项置于网络信息系统中运

---

① 参见骆梅英：《行政审批制度改革：从碎片政府到整体政府》，《中国行政管理》2013年第5期。

行，有助于政令的上传下达和横向沟通，因为网络化的扁平管理体系有助于政府部门间的信息共享和办事效率的提升，从技术上支持政府部门从管理型向服务型转变。

2006年1月1日中国政府网站正式开通，成为各级政府发布政务信息、提供在线服务的综合平台，标志中国电子政务建设取得了初步成效。电子政务的基础性工作不断得到加强，一些地方政府和部门也建立了相应的电子政务管理机制。总体上看，电子政务是一个不断发展的过程，如图5—7所示。

如图5—7所示，电子政务一般要经历三个发展阶段：第一，起步阶段，即电脑化政府阶段，只能完成填表等的自动化、电子化。第二，单项在线服务阶段，即以网络为基础的互补联结政府，主要是各单一政府部门发布各种信息，办事人可以登录网站查看。第三，双向互动阶段，即以网络为基础的整合型政府，其对不同层级、不同部门、不同网站进行整合，在横向方面通过整合不同部门来简化办事流程、提升效率；在此基础上，提供线上处理和无缝隙服务，主要表现为以审批事项为中心，整合各相关部门，以网上统一入口或通过政务服务中心、行政审批局窗口统一接收申请，各审批部门依托网络进行同步审批。我国的电子政务建设经过前期的发展，总体进入双向互动、政府部门间协同阶段，而且对在线处理和无缝连接也有一定的探索，这一阶段的关键是"跨部门的共享和应用"[1]，这对于推进并联审批运行方式的发展是非常必要的。也就是说，并联审批的发展离不开电子政务建设，其需要借助电子政务的技术支撑，来实现各相关部门间的行动一致。

（2）以电子政务为技术支撑的可行性

"电子政务具有跨部门、跨层级、跨主体、跨地域等多方面的特性，协同的内容也包括数据信息、业务流程、服务内容以及政策决策等多个方面"[2]，随着电子政务的广泛应用，"全国普遍推行了行政审批电子监察……网上行政审

---

[1] 彭维民：《电子政务要有三个明白人》，《数码世界》2006年第10期。

[2] 冉龙亚：《中山市"互联网+政务服务"改革跨部门合作研究》，华中科技大学硕士学位论文，2018年，第14页。

批和行政服务等重点应用项目"①。《国务院办公厅关于促进电子政务协调发展的指导意见》（国办发〔2014〕66 号）强调，"围绕服务型政府建设，逐步形成网上服务与实体大厅服务、线上服务与线下服务相结合的一体化新型政府服务模式，不断提升政府网上公共服务水平"，伴随着行政审批制度改革的推进和电子政务的深入发展，推行网上政务大厅成为必然趋势。

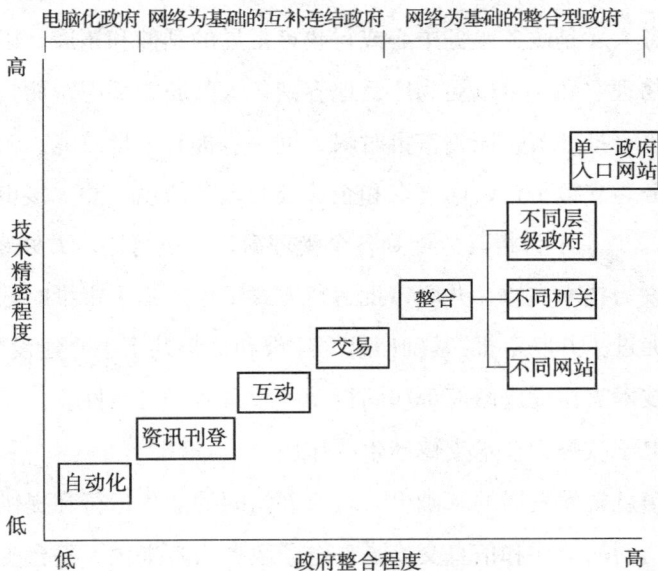

图 5—7　电子政务的发展阶段 ②

网上办事大厅提供网上预约、办事信息咨询等业务，也可以通过政务网了解办理事项的进展情况，方便群众和企业办事。在传统的职能分工背景下，审批权分散在各个职能部门，经常出现多头审批、重复审批、审批程序烦琐等问题。政务服务中心和行政审批局，在一定程度上实现了审批权的相对集中，伴随着电子政务的发展，"网上审批作为推动审批的信息化、标准化建设也是主要

---

① 吴爱明、刘文杰：《政府改革——中国行政改革模式与经验》，新华出版社 2010 年版，第 154 页。

② 参见彭锦鹏：《全观型治理：理论与制度化策略》，《政治科学论丛》2005 年第 23 期。

方向和重要手段，也可以达到行政审批物理集中的效果"①，并促进了原有组织架构之上的横向权力优化，实现跨部门的政务协同。与实体性组织相比，"政府门户网站正在取代窗口式和部门式的政府服务方式"②，在促进"一站式"服务方面发挥着重要作用。"实现网络互联和信息共享是保障和支撑改革的关键"③，在具体的实践中，网上政务大厅与政务服务中心局域网进行联通和互动，促进了进驻政务服务中心的各部门间协同，以及办理审批过程中前台和后台的协同④。

网上政务大厅是政务服务中心或行政审批局的延伸和拓展，以网络的形式拓展原有的物理空间，可以更为广泛地容纳各入驻职能部门，而且通过网络的连接可以减少审批环节、压缩审批时限，进一步提升审批效能。⑤网上政务大厅以电子政务为支撑平台，向群众和企业公开政务信息，并承接申报、按流程审批等业务，"共享平台将其分配到各个受理窗口，进行同步并联审批"⑥。以电子政务建设为技术支撑，并联审批运行方式不仅压缩了审批时限、提升了审批效率，还促进了并联审批"基础信息库建设和资料共享中心建设"⑦，使并联审批以此为技术支撑促进政府部门间行动一致具备了可行性。

（3）以电子政务为技术支撑产生的作用

在电子信息技术发展的基础上，政府部门间的业务运行和提供公共服务越来越需要部门间的交往和信息交换⑧，电子政务为其提供了平台支持。在具体

---

① 沈毅、宿玥：《行政审批局改革的现实困境与破解思路》，《行政管理改革》2017 年第 5 期。

② 顾平安：《规范行政服务中心建设 统筹公共服务发展》，《国家行政学院学报》2008 年第 5 期。

③ 许峰、王昌印：《"最多跑一次"改革的地方政府创新再造及模式探索》，《行政与法》2018 年第 6 期。

④ 参见姜晓萍：《成都市的"规范化服务型政府"建设》，《中国行政管理》2004 年第 11 期。

⑤ 参见李林：《深化行政审批制度改革 推进法治政府建设——以海南省行政审批制度改革为视角》，《法学杂志》2012 年第 11 期。

⑥ 段晶晶：《大数据背景下行政审批流程再造的思考》，《中外交流》2017 年第 35 期。

⑦ 戴雪冰：《建立高效能、低成本的审批服务新机制——青岛市网上审批系统建设管理创新实践》，《电子政务》2009 年第 8 期。

⑧ 参见王璟璇、杨道玲：《政府网上办事服务的模式分析及整合建议》，《电子政务》2015 年第 6 期。

的实践中，以网上政务大厅为代表，通过网络"将涉及联审联办、并联审批的前置、后置环节连接起来"①。在运行的过程中，并联审批以电子政务建设为技术支撑，通过构建完整的审批链条和提供无缝隙的审批服务，促进了政府部门间的行动一致。

2."互联网＋政务服务"

电子政务建设为并联审批促进政府部门间行动一致提供了基础性的技术支撑，但"政务信息资源利用程度是衡量组织管理水平的重要标志，缺乏资源共享的信息平台无法真正形成业务流程之间的'无缝隙'协同"②，如何实现信息共享的整体化以及电子化管理与服务是政府面临的挑战。不同于将现有审批流程简单上网实现电子化，"互联网＋政务服务"基于互联网思维对审批服务进行业务整合和流程创新，来打造无缝隙、整体性的政务服务体系，为推行并联审批提供了更为有力的技术支撑。本部分将从必要性、可行性和产生的作用三个方面对为什么"互联网＋政务服务"是并联审批促进政府部门间行动一致的技术支撑进行阐释。

（1）以"互联网＋政务服务"为技术支撑的必要性

相对于长期处于封闭发展体系之中的电子政务，互联网可以和任何行业相融合，其开放性平台特征更符合"政府即平台"的理念。而且，对于"互联互通难、业务协同难、资源共享难"③的问题，如果通过政务服务与互联网有效融合，将有助于电子政务摆脱低水平应用、低开放程度的政府部门信息化问题④，因此推行"互联网＋政务服务"成为必然趋势。在 2016 年《政府工作报告》中，李克强总理首次提出"大力推行'互联网＋政务服务'，实现部门间

---

① 顾平安：《加快推进行政审批制度改革的二次设计》，《中国行政管理》2015 年第 6 期。
② 顾平安：《"互联网＋政务服务"流程再造的路径》，《中国行政管理》2017 年第 9 期。
③ 汪玉凯：《"互联网＋政务"：政府治理的历史性变革》，《国家治理》2015 年第 27 期。
④ 参见陈涛、董艳哲等：《推进"互联网＋政务服务"提升政府服务与社会治理能力》，《电子政务》2016 年第 8 期。

数据共享，让居民和企业少跑腿、好办事、不添堵"。同年，国家发改委等 10 部委联合制订"互联网 + 政务服务"实施方案，并由国务院办公厅转发，在《国务院办公厅关于转发国家发展改革委等部门推进"互联网 + 政务服务"开展信息惠民试点实施方案的通知》（国办发〔2016〕23 号）中，强调"进一步推动部门间政务服务相互衔接，协同联动"。加之 2016 年后续颁布的一系列文件①，明确了"互联网 + 政务服务"的实施方案，也反映了此项改革的重要性。

"互联网 + 政务服务"是实现政府部门间互通互联的网络平台。在以往发展电子政务的过程中，基于政府各部门的业务需求形成了大量专网和系统，导致专网之间横向互动困难、协调难度大。如承担具体审批职责的行政审批局，有利于打破传统上部门分割的办理方式，"但是由于大多数部门都在使用国家部委或省级行业主管部门统一建设的审批专网"②，使行政审批局被各专网分割，阻碍审批信息共享。"互联网 +"可以"连接一切，万物互联"③，将其应用到政务服务领域，"可以通过政府部门间的数据互联互通"④，让数据代替群众和企业跑腿，与此同时，"互联网 + 政务服务"可以更好地结合线上线下服务，"由于各职能部门往往需要市民、企业按照特定流程携带身份证等证明材料前往不同部门办理手续，大部分政务事项仍然不能通过政务服务网完成"⑤，而"互联网 + 政务服务"依托最新的大数据等信息技术，实现真正意义上的"一站式"服务，如"浙江政务服务网依靠强大的云计算技术实现了 40 多个省级部门……的数据共通"⑥，让信息代替群众和企业跑腿。

---

① 包括《国务院关于加快推进"互联网 + 政务服务"工作的指导意见》（国发〔2016〕55 号）、《国务院办公厅关于印发〈"互联网 + 政务服务"技术体系建设指南的通知〉》（国办函〔2016〕108 号）等一系列文件。

② 郭晓光：《成立相对集中审批权的行政审批局之思考》，《中国行政管理》2014 年第 8 期。

③ 参见马化腾等：《互联网 +：国家战略行动路线图》，中信出版社 2015 年版。

④ 后向东：《"互联网 + 政务"：内涵、形势与任务》，《中国行政管理》2016 年第 6 期。

⑤ 郁建兴、高翔：《浙江省"最多跑一次"改革的基本经验与未来》，《浙江社会科学》2018 年第 4 期。

⑥ 王舵：《"互联网 + 政务"：电子政务发展新模式》，《人民论坛》2016 年第 23 期。

并联审批主要通过跨部门行政审批事项的各相关部门间"并联式"推进审批业务，而达到提升审批效率的目的。在推进"并联式"审批的过程中，必然要求相关部门间的审批信息互联互通，以及伴随信息化进程的线上线下办理方式的有效结合。如果进一步深入推进并联审批，符合时代要求的"互联网＋政务服务"必然成为其技术支撑，以此为平台，有助于政府部门间行动一致。

（2）以"互联网＋政务服务"为技术支撑的可行性

"'互联网＋政务服务'的具体支撑形态包括政务服务中心、行政审批局、并联审批、一网通办等多种形态"①。推进"互联网＋政务服务"的实施方案中，强调以"一号"申请、"一窗"受理、"一网"通办为目标。其中，"一窗"受理强调创新政务服务模式，强调"并联办理"。在具体的实践中，并联审批不仅需要线下各职能部门的跨部门协同，还需要线上的"一站式"数据共享。"互联网＋政务服务"的"核心要义是促进互联网与政府公共服务体系的深度融合"②，这需要依托一张既能与互联网相融合，又能使各审批部门相互联通的政务网，如政务大厅信息平台、政务一张网、不动产登记信息平台、投资在线审批平台、并联审批系统等。

并联审批系统建设在政务服务领域较早开始探索，以改善投资环境为例，2001年，上海市黄浦区在企业注册并联审批依托传真运行一年的基础上，提出建设网上并联审批系统。其依托内网和应用平台，搭建虚拟审批中心，"18个审批部门在网上'合署办公'，信息整合共享"③，以区工商大厅为统一窗口的模式运行企业注册网上并联审批，"一站式"并联审批系统依据标准化的流程，将分散于多部门的审批流程转化为网上的自动流程进行处理。湖北省襄

---

① 陈建山、杜艮之：《推进"互联网＋政务服务"优化政务环境——以行政审批局为例》，《新西部》2019年第35期。

② 周民、贾一苇：《推进"互联网＋政务服务"，创新政府服务与管理模式》，《电子政务》2016年第6期。

③ 廖洪涛：《从网上"并联审批"透视行政审批制度改革》，《上海信息化》2003年第1期。

阳市于 2012 年在国内首创，基于互联网开发建立了联审联办工作平台 [①]，2016年以来，伴随"互联网 + 政务服务"的发展，并联审批系统依托互联网系统，通过信息流将业务流程连接，促进政府部门间共同展开业务行动，如图 5—8 所示。

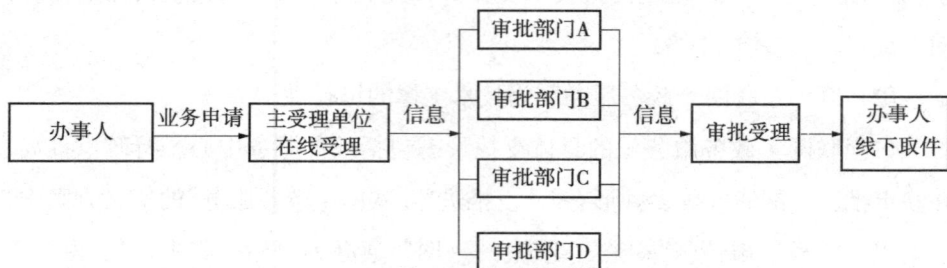

图 5—8　网上并联审批系统审批流程示意图

如图 5—8 所示，以互联网为依托，通过信息流将各审批业务部门相连接，即依托"互联网 + 政务服务"形成的网上并联审批系统，可以有效地改变以往"串联式"的审批流程，进而实施各个环节同时进行的并联审批。在具体实施过程中，依据流程整体化和标准化建设，一般情况下，审批相对人只需填写一张表格，依据"材料清单"提交一份申请材料，"共享平台将其分配到各个受理窗口，进行同步并联审批" [②]。可见，并联审批以"互联网 + 政务服务"为技术支撑具备可行性，并且依托互通式的审批网络有助于政府部门间的行动一致。

（3）以"互联网 + 政务服务"为技术支撑产生的作用

"互联网 + 政务服务"是借助互联网、移动互联网、云计算和大数据等新技术形成的全新电子政务模式，对重塑审批业务流程、改善服务方式等具有重要意义，同时有助于构建整体的、开放的、协同的、智慧的政府，使各部门在

---

① 参见李一宁、金世斌、刘亮亮：《完善政务服务工作运行机制研究》，《中国行政管理》2017年第 6 期。

② 段晶晶：《大数据背景下行政审批流程再造的思考》，《中外交流》2017 年第 35 期。

审批流程中实现无缝对接。在具体的运行中，以"互联网 + 政务服务"为技术支撑形成的并联审批系统，依托互联网，通过信息流转将审批流程连接，并可以根据需要，调整各部门的审批流程，可以重组和优化审批流程[①]。并联审批以"互联网 + 政务服务"为技术支撑，将有效促进政府部门间行动一致的生成。

　　现代信息技术是并联审批促进政府部门间行动一致的技术支撑，本部分对电子政务建设和"互联网 + 政务服务"进行了论述，基于前者形成的网上政务大厅是传统政务服务中心和行政审批局的延伸，通过网络打破空间、时间限制向群众和企业提供公共服务；后者更加具备"万物互联"的特性，有助于部门间的信息共享。在二者基础上逐步建立、发展的并联审批系统更加有效地推进了并联审批运行方式。并联审批以电子政务建设和"互联网 + 政务服务"为技术支撑，有助于推动政府部门间行动一致的生成，并进一步优化部门间关系。

---

① 　参见蒋录全、吴瑞明、王浣尘：《电子政务中的网上行政审批》，《情报杂志》2004 年第 6 期。

第六章　并联审批促进政府部门间合作的案例分析：以 J 省不动产登记改革为例

在新时代的背景下，行政审批制度改革不断走向纵深，在企业注册登记领域、不动产登记领域等直接面向群众和企业服务的跨部门行政审批事项改革中已经开始了并联审批的实践。在案例分析方面，本研究以 J 省不动产登记改革为例进行分析，不动产登记（亦可称为不动产物权登记），指"不动产登记机构依法将不动产权利归属和其他法定事项记载于不动产登记簿的行为"[①]，以其为分析案例主要缘于：第一，从审批流程来看，其是典型的跨部门行政审批事项，如房屋登记，具体包括房屋交易、缴税、不动产登记等办事环节，涉及房管部门、税务部门、自然资源部门等，对此进行的不动产登记并联审批改革，是推进行政审批制度改革过程中具有典型性的做法，以此为案例进行分析，有助于探索同类跨部门行政审批事项的优化；第二，不动产登记改革是跨部门行政审批事项改革中较早进行改革的领域，已经建立不动产登记中心等运行载体，能够更加充分地展现并联审批促进政府部门间合作的形成过程、运行过程及效果。可见，以不动产登记改革为具体案例，对并联审批促进政府部门间合作进行分析，可以更好地剖析和解决问题。

[①]　《不动产登记暂行条例》，中国政府网，2014 年 12 月 22 日，http://www.gov.cn/zhengce/content/2014-12/22/content_9325.htm。

一、不动产登记改革中政府部门间合作的需求、困境及生成逻辑

（一）合作需求

1. 对审批效率的需求引发不动产登记改革中政府部门间合作

党的十八大以来，我国进入了经济增长速度的换挡期、结构调整的阵痛期以及前期刺激政策的消化期"三期叠加"阶段，同时，伴随着社会经济及信息技术的发展，民众需求更加多样化，客观上需要政府部门提升审批效率为群众和企业提供便捷、高效的政务服务。在全国推进"放管服"改革、以"最多跑一次"为代表的结果导向型改革的背景下，J 省"为了推进'只跑一次'改革，同时也是深化'放管服'改革，通过统计，对办件量排名进行整理，结果显示，不动产登记办件量大、群众关注度高，可以作为便民利企的抓手"[1]。截至 2018 年 6 月，"全国有 335 个地市、2853 个县区共设立 3001 个不动产登记办事大厅、3.8 万个窗口，8 万多名一线登记工作人员平均每天为 30 多万企业和群众提供不动产登记服务"[2]，可见经济社会对不动产登记需求之大，以及提升其审批效率的必要性。而且，不动产登记是营商环境调查[3]中的重要一项，相关评估主要围绕其办理方式、流程、时限等方面展开。实质上，部门分割的管理模式是不动产登记程序烦琐、档案无法有效对接、申请人在部门之间往返以及多次排队等问题的根源，同时也是进一步推进不动产统一登记的障碍。从实际情况来看，为提升不动产登记水平，对所涉部门全部进行合并是不现实的，那么，建立在现有的制度安排和职责分工基础上的部门间高效合作成为推进不动产登记改革的关键。

---

[1]　来源：被访谈人 A0102。

[2]　杨斌：《我国不动产登记的现状及发展趋势》，《中国管理信息化》2019 年第 3 期。

[3]　国务院第五次大督查营商环境调查充分借鉴世界银行营商环境评价指标体系，兼顾代表性、可操作性，选取开办企业、工程建设项目报建、房产交易登记、用电报装、用水报装、用气报装、获得信贷，总计 7 项重要指标进行评价。

2. 提升政府整体性效用的需求形成不动产登记改革中政府部门间合作

党的十八大以来，行政审批制度改革进入全面深化阶段，提升审批效率的同时，政府部门也面临着进一步提升自身整体效用的挑战。在不动产登记过程中，相关机构设置影响其管理模式。长期以来，不动产登记实行多部门分级管理，2007 年颁布的《中华人民共和国物权法》规定"不动产登记，由不动产所在地的登记机构办理"，提出实行统一的不动产登记制度。2015 年施行的《不动产登记暂行条例》进一步规定，"不动产登记由不动产所在地的县级人民政府不动产机构办理；直辖市、设区的市人民政府可以确定本级不动产登记机构统一办理所属各区的不动产登记""县级以上地方人民政府应当确定一个部门为本行政区域的不动产登记机构，负责不动产登记工作，并接受上级人民政府不动产登记主管部门的指导、监督"，明确建立统一的不动产登记制度。但是，由于机构体制等原因，不动产统一登记制度尚未真正确立[①]。从纵向层面来看，我国目前设有从中央到地方四个层次（国家、省、市、县）的不动产登记机构。在横向层面上，与国际上由司法机关或成立专门部门来执行这一事项不同，我国的不动产登记由不同的行政部门负责管理，以居民房屋登记为例，涉及自然资源部门、住房与建设部门、地税部门等。由于"各部门要求的要件、手续，以及采用的信息系统不一致"[②]，带来了程序烦琐、效率低下、档案无法有效对接等问题，为提升政府的整体性效用，需要不动产登记改革中各相关部门进行合作。

（二）合作困境

1. 不动产登记改革中政府部门间形成合作难

由上文可知，不动产登记改革中各相关部门间存在着合作需求，但是真正形成合作是困难的，究其原因，在于自然资源部门、住房与建设部门、地税部

---

① 参见杨帆：《浅析我国不动产登记制度》，《测绘与空间地理信息》2018 年第 3 期。

② 来源：被访谈人 B0101。

门因职能分工而形成的"权责壁垒"，其促使各部门不断强化职能领域内的职责，导致形成合作难。具体体现在以下三个方面：

第一，"权责壁垒"阻碍了不动产登记服务水平的提升。以房产过户为例，其涉及的登记、交易、缴税窗口等是分散设置的，申请人办理房产过户手续需要多次往返于各个窗口，且需要多次重复提交材料。从表面上看，这是由于硬件设置的分散化而产生的问题，实则是由于各部门以权力、责任为界，形成的"权责壁垒"，阻碍了不动产登记服务水平的提升。第二，"权责壁垒"增加了相关部门间的沟通成本。对不动产登记整体流程的了解，有助于部门间合作的形成，但各部门审批条件、申请材料、流程、环节等方面未形成统一的、规范的标准，在审批条件中如"合理布局"，以及申请材料中如"其他需要提交的材料"等弹性较大的规定比较多，加之各部门间的信息不畅，导致政府各部门需要花费大量的人力、物力进行沟通协调，增加了政府部门间合作的沟通成本。第三，"权责壁垒"使各部门间整体性价值考量缺失。在不动产登记改革中，各相关部门往往根据自身负责的业务和部门利益来决定具体的行为，只注重自身负责的部分而缺乏整体性的思考，进而导致各部门对政府整体性价值考量的缺失，增大部门间的协调难度，使政府部门间难以形成有效合作。

2. 不动产登记改革中政府部门间合作执行难

即使不动产登记改革中各相关部门间形成了合作的意愿，但是还面临着合作执行难的问题。因为"权责壁垒"的存在会导致部门之间产生结构性缝隙，在不动产登记运行过程中会产生"分割式"审批，从而使自然资源部门、住房与建设部门、地税部门间合作执行困难。具体体现在以下两个方面：

第一，不动产登记"分割式"审批，部门间"各司其职"导致审批流程破碎，使合作执行难。我国的不动产登记一直采取权责分散、多部门管理的模式，这种分散的登记使各部门之间处于分割的状态，各不相同的不动产登记流程，加之长期以来形成的部门利益，使各部门在不动产登记中的行动更加分散化，进而导致不动产登记中相关部门间合作执行困难。第二，不动产登记"分割式"

审批，部门间"各自为政"导致审批标准不一，使合作执行难。我国的不动产登记工作分管在不同部门之间，处于分散管理的状态，各部门之间的手续不同、系统各异。登记信息的不一致、登记系统的不对接是提升不动产登记服务质量和效率的阻碍因素，甚至导致 2014 年的《不动产登记条例（征求意见稿）》"难产"，如"仅房屋不动产登记就跨了两个部门，不仅给起草登记条例的部门带来工作衔接上的困难，也使登记条例无法形成统一的文本"①，增加了部门间的不一致性，导致政府部门间合作执行困难。

（三）生成逻辑

不动产登记改革中合作形成难、执行合作难，是其合作困境的外在表现，为了探究其背后的成因，本部分通过生成机理和深层诱因两个层面对政府部门间合作困境的生成逻辑进行分析。

1. 不动产登记改革中政府部门间合作困境的生成机理

第一，政府部门间目标不一致。首先，不动产登记改革中各相关部门的"自利"与推进行政审批制度改革的目标不一致。客观来讲，不动产登记改革中各相关部门的目标是不一致的，如房屋不动产登记中自然资源部门、住房与建设部门的系统难以高效对接，其原因在于各政府部门基于"自利"而目标各异。进一步地，其与行政审批制度改革便民利企的目标亦不一致，如以"一站式办公"和"一条龙办理"为主要特点的政务服务中心，在推进行政审批制度改革方面发挥了巨大作用，但是各部门却将政务服务中心作为"接件窗口""只收件不办理"，审批过程依然是各部门"多头受理"、部门独立审批为主，而部门利益的存在，导致不动产登记改革中政府部门与行政审批制度改革的目标之

---

① 《国内不动产登记难在跨部门展开合作》，中研网，2014 年 7 月 22 日，https://www.chinairn. com/news/20140722/172619760.shtml。

间存在偏差。其次，不动产登记改革中各相关部门的服务水平与经济社会发展要求不一致。不动产登记主要包括面向群众和社会机构两个部分，与群众生活和企业发展都息息相关。面向群众的主要是单件业务申请，主要业务包括：个人一手房办证、二手房过户、拆迁安置房办证及个人林权、海域登记。批量业务申请主要面向房地产开发企业、银行、中介经纪机构，主要业务包括：预购商品房预告登记、预购商品房抵押权预告登记、一手房办证（商品房分户登记）、二手房过户、抵押权办理（首次登记、注销登记）、首次登记办理（土地、房屋、林权、海域）。企业不动产登记，对企业有效盘活资金、解决融资问题起到了至关重要的作用，而房产是中国家庭极为重要的财富，不动产房屋登记是房地产物权登记的主要方式。伴随着经济社会的发展，群众和企业需要高效、便捷的不动产登记服务，而其分散审批、程序烦琐导致申请人重复提交材料、来回跑等问题，使不动产登记相关部门的服务水平与经济社会的发展要求不符。

第二，政府部门间行动不一致。首先，分散化审批导致不动产登记改革中政府部门间行动不一致。从不动产登记本身来看，以房屋登记为例，涉及自然资源部门、住房与建设部门、地税部门等共同完成审批工作。在审批过程中，各部门之间是平等关系，而且在分散化审批模式下，各部门分散行动、各管一段，如"原来房屋登记的时候，需要一个房屋登记证书，还有一个土地登记证书，是分别办理的，部门之间没有沟通"[1]，这种多头行动带来了审批信息分散和冲突等问题，加之各部门对自身利益的维护，导致各部门之间行动不一致。其次，流程破碎导致不动产登记改革中政府部门间行动不一致。流程破碎主要表现为整体性建设和标准化建设不足，如以往的不动产登记，没有梳理完整的办事指南去向申请人解读审批部门如何对相关申请进行审查和核实，也没有对申请人应具备哪些条件、提供哪些要件、如何提出申请进行明确规定，审批部门在行动上具有更多自由裁量空间，导致各部门之间行动不一致。最后，信息

---

① 来源：被访谈人 A0102。

不畅导致不动产登记改革中政府部门间行动不一致。《中华人民共和国物权法》规定，法律、行政法规对不动产统一登记未作规定前，当事人可以向房产登记机构或者土地登记机构申请一并办理城市房屋所有权和土地使用权登记。也就是说，房产登记机构和土地登记机构应当通过信息共享等办法，为当事人一并办证提供便利。但在以往的不动产登记中，如房屋登记，有关登记申请的受理、申请资料的传递、费用缴纳等，这种审批信息流在部门之间处于相互隔离的状态，缺乏数据交换、信息共享，使各审批部门间无法围绕高效办结审批事项而采取一致行动。

2. 不动产登记改革中政府部门间合作困境的深层诱因

不动产登记改革中政府部门间合作困境，表现为部门间的"权责壁垒"导致形成合作难，以及运行过程中的"分割式"审批导致合作执行难。而分化的组织结构，是其合作困境的深层诱因，表现在纵向、横向关系两个方面。

自然资源部门和住房与建设部门，是不动产登记中的核心部门，二者在针对群众和企业的房屋登记初始登记、变更登记方面联系密切。但是，从纵向关系来看，这些具体的部门处于层级结构之中，虽然在横向上它们是各级政府的组成部分，但也需要接受上级部门的领导，并对其负责，如在信息系统建设的过程中，自然资源部门和住房与建设部门更多听从于上级部门的统一规划，从而导致房屋登记中两部门间信息系统对接的困难，瓦解着部门间的合作意愿。在横向关系上，我国不动产登记依据财产的类别分别设立登记机关，由不同的行政部门负责管理。在推动不动产统一登记的过程中，遇到"市、县级不动产登记职责和机构整合工作严重滞后"[1]的问题，成为改革的最大难题和障碍，而其背后的根源在于对部门利益的维护。可见，部门利益的存在，削弱了部门间的合作动力。

---

[1] 李倩：《充分认识不动产登记职责整合的重要性和紧迫性——国土资源部不动产登记局负责人解读〈关于地方不动产登记职责整合的指导意见〉》，《中国自然资源报》2015年4月20日。

二、不动产登记改革中并联审批的发展历程及
促进政府部门间合作的优势与效果

（一）不动产登记改革中并联审批的发展历程

不动产登记业务包括土地登记、房屋登记、林权登记等，登记类型包括初始登记（取得权利）、变更登记（权利变动）、注销登记（权利消亡），但"其登记的流程大致相同，只是在登记部门和登记内容上有所差别"[①]。所以，对不动产登记任一具体审批事项进行深入分析，阐述的问题具有普遍性。笔者将以不动产登记中的房屋登记为分析对象，探究不动产登记改革中并联审批的发展历程。

一直以来，我国不动产登记实行多部门的分散登记和管理，2007 年《中华人民共和国物权法》的施行，标志着统一不动产登记制度正式确立。改革过程中自然资源部门下设的不动产登记局，对分散在自然资源、房管、林业、农业等部门的土地登记、房屋登记、林业登记等职责统一承担，但"房屋交易管理职责继续由房产管理部门承担"[②]，在具体的审批过程中，需要两部门之间的统筹协调。在此阶段，房屋登记依旧采取分散审批的方式，但是伴随着不动产登记部门、房管部门入驻政务服务中心，申请人可以在"一门"内的不同窗口办理，属于部门间的联合办公。

党的十八大以来，为增强群众和企业的获得感和幸福感，在"只跑一次"

[①]　王履华等：《不动产登记信息数据整合及管理基础平台建设研究》，《地理信息世界》2014 年第 4 期。

[②]　《国土部住建部〈关于做好不动产统一登记与房屋交易管理衔接的指导意见〉》（国土资发〔2015〕90 号），吉林省自然资源厅网站，2018 年 6 月 5 日，http://zrzy.jl.gov.cn/jlsbdcdj/flfg_1231/201806/t20180605_5196417.html。

改革的背景下，为促进房屋交易、税收、不动产登记业务流程的有效衔接，J
省原国土资源厅起草《关于深入推进全省不动产登记"只跑一次"工作的通知》
的基础上，结合房屋交易工作实际，围绕窗口设置、流程再造、资料整合、数
据共享等方面进行修改完善，并会同省住建厅、省地税局联合印发通知，提出
最终实现房地产管理部门承担的房屋交易、税务部门承担的税收、国土资源部
门承担的不动产登记全过程"只跑一次"的目标。首先，设立房屋交易与不动
产登记窗口，一次性收取房屋交易、税收申报和不动产登记所需全部材料；其
次，对申请材料进行分类，送房屋交易、税务、不动产登记部门后台实施并联
办理；最后，将不动产登记结果等依据申请人意愿送达。在审批过程中，房屋
交易、税务、不动产登记部门按照相关规定，将审批信息在部门间流转，并互
认办理结果，为不动产登记并联审批提供了有力支持与保障。可见，在此阶
段，不动产登记改革中并联审批的运行方式已经形成，而不动产登记已经从简
单的部门间联合办公转化为部门间的相互合作。

（二）不动产登记改革中并联审批促进政府部门间合作的优势

不动产登记改革中政府部门间合作困境的生成机理，在于相关部门间目标
不一致、行动不一致，而并联审批的运行方式为促进不动产登记改革中政府部
门间合作提供了一个微观且必要的切口。并联审批促进不动产登记改革中政
府部门间合作的优势体现在运行过程中，包括形成过程和执行过程两个方面，
前者有利于政府部门间目标一致的形成，后者有利于政府部门间行动一致的
生成。

1. 形成过程：促进了不动产登记改革中政府部门间目标一致的形成

第一，并联审批是推进"只跑一次"改革的有效举措，有助于不动产登记
改革中政府部门间目标一致的形成。党的十八大以来，行政体制改革进入全面
深化阶段，以行政审批制度改革为突破口，通过"放管服"改革和以"最多跑

一次"为代表的结果导向型改革转变政府职能，J 省在推进结果导向型改革的过程中，将其命名为"只跑一次"改革，而不动产登记办件量大、受群众和企业关注度高，是"只跑一次"改革中便民利企的抓手。由于我国的不动产登记管理权限分散在不同部门之间，无论是面向群众的单件业务申请，还是面向房地产开发企业等的批量业务申请，不动产登记的完整审批流程中涉及不同部门，各部门要件不一致导致程序烦琐、耗时长，使"只跑一次"改革的推进难度大。而作为行政审批制度改革的创新方式，并联审批应用于不动产登记改革，其"一窗受理"避免了向多部门申请，同步推进提升了审批效率、压缩了审批时限，有助于"只跑一次"改革的推进，与此同时，围绕不动产登记具体审批事项，其有助于不动产登记改革中政府部门间目标一致的形成。

第二，不动产登记改革中的并联审批是相对于以往串联审批的一种运行方式。在以往的审批过程中，不动产登记采取"串联式"的审批方式，即审批程序是在房管部门、税务部门、自然资源部门之间依据先后顺序进行的，这种顺序性要求下一部门的审批以上一部门的审批结果为要件，导致审批效率低下、耗时长，极端情况下出现的"互为前置"会使整个审批流程陷入死循环。而"据不完全统计，全国每天办理的不动产登记业务量总计 30 万笔左右"①，其关系到家庭和企业的切身利益。在并联审批运行方式下，申请人向前台窗口一次性提交不动产登记相关申请材料，后台各审批部门在规定时限内同步完成审批并汇总出件，这种运行方式能够较大地提高办事效率、更好地满足企业和民众需求，将其运用于不动产登记改革中，使涉及多个部门的审批环节并联以提升审批效率。如 J 省 B 市推行"一窗受理，一事通办"，将税务、国土等业务窗口进行"一窗"整合，同步综合受理，提升了服务质效。

综上，并联审批应用于不动产登记改革，有助于提供无缝隙的审批服务，是进一步推进"只跑一次"改革、提升群众和企业对政务环境满意度的有效举

---

① 刘聚海等：《不动产登记信息管理基础平台支撑下的"互联网＋不动产登记"总体框架研究》，《国土资源信息化》2019 年第 1 期。

措。可见，不动产登记改革中并联审批的形成过程包含了政府自身改革因素，以及来自群众和企业的经济社会因素。相对应地，其有利于不动产登记改革中政府部门间目标一致的形成，具体体现在政治和经济社会方面，在政治方面，并联审批是推进"只跑一次"改革的有效举措，在经济社会方面，并联审批是相对于串联审批的一种审批方式，其强调各审批部门的共同推进有利于目标一致的形成。

2. 执行过程：促进了不动产登记改革中政府部门间行动一致的生成

第一，基于组织载体进行集中化审批，促进了不动产登记改革中政府部门间的行动一致。政务服务中心和行政审批局是不动产登记并联审批的组织载体，前者更多的是对各相关部门的"协调"，但是在深化改革的背景下，也开始对入驻政务服务中心的窗口进行改造，如 J 省的不动产登记相关部门，"我们原来是分几个窗口（入驻政务服务中心的），窗口现在也在做综窗的改造"。并联审批强调审批流程的同步推进，以政务服务中心为组织载体进行集中审批，使不动产登记涉及的不同政府部门之间产生了由分散向集聚的变化，而改造后的"综窗"可以一次性收取申请人的申请材料，为办理环节的并联审批提供了基础。行政审批局是承担权力与责任的政府部门，通过"一枚印章管审批"，如 J 省的 L 市成立行政审批局，并联审批以此为组织载体，进一步促进了不动产登记相关部门间流程优化、功能整合，促进了各部门间的行动一致。

第二，以流程优化为运行前提，促进了不动产登记改革中政府部门间的行动一致。一直以来，推行的不动产统一登记，主要是将涉及不同不动产的审批权向统一部门集中，但"如果让国土部拿走全国个人住房信息联网系统，或是让住建部负责土地、林业、海洋等不动产登记，这样的做法都是不合适的"①。而涉及同一业务的平行部门之间是相互依赖的，部门间的行动一致就在于横向

---

① 《国内不动产登记难在跨部门展开合作》，中研网，2014 年 7 月 22 日，https://www.chinairn.com/news/20140722/172619760.shtml。

地将部门间的任务联结在一起，这便指向了实践中的部门间流程设计。J 省为不动产登记建立了完整的、标准的办事指南，如国有建设用地使用权及房屋所有权登记—转移登记—新建商品房（俗称购买新房），办事指南中整体化地体现了申请、受理、审核、登簿四个环节，并对所需要件进行标准化规定，包括：不动产登记申请书（登记机构提供）、申请人身份证明（原件）、商品房买卖合同（原件）、（已经办理预告登记的）提交不动产登记证明（原件）、不动产销售发票（原件）、契税完税证明或减（免）税凭证（原件）。而并联审批以审批流程的整体化、标准化建设为运行前提，有利于各相关部门的业务流程衔接，促进了政府部门间的行动一致。

第三，以现代科技为技术支撑，促进了不动产登记改革中政府部门间的行动一致。在不动产登记改革中，并联审批的运行方式与信息技术相结合，"把技术作为实现战略目标的手段"[①]，打破政府部门间的信息不畅。如 J 省自然资源厅，"实现了与 J 省政务服务一张网的结合，与申请人进行了信息共享，企业或者群众可以登录 J 省网上政务服务大厅，进行相关的行政审批事项的申报"[②]，在实现实体大厅和网上大厅相结合的同时，实现线上和线下、电子和人工相结合，及时处理审批事项。房屋登记涉及土地管理部门、房产管理部门等，在不动产登记改革实践中是关系到群众和企业的高频事项，但"原来房屋登记的时候，需要一个房屋登记证书，还有一个土地登记证书，是分别办理的，部门之间没有沟通"[③]。为提升审批效率，满足经济社会发展的要求，J 省B 市在 2016 年，通过与住建部门协调将房产交易业务委托不动产交易中心办理，并将地税窗口与不动产登记窗口合并，统一受理，"地税局与国土局分工协作，建立信息共享机制""将市区内房屋信息查询端口接入地税咨询窗口"，为后台进行的并联审批提供了技术支撑。可见，现代科技促进了不动产登记的

---

① 陶勇：《协同治理推进数字政府建设——〈2018 年联合国电子政务调查报告〉解读之六》，《行政管理改革》2019 年第 6 期。

② 来源：被访谈人 B0105。

③ 来源：被访谈人 A0102。

业务整合和服务创新，并联审批以此为技术支撑，促进了政府部门间的行动一致。

综上，在并联审批的执行过程中，其强调通过一个部门或者窗口向申请人提供收取申请材料的服务，通过后台并联式运行对跨部门行政审批事项统一受理，并在规定的时限内由各部门提出意见，对于符合要求的申请送达审批结果。而政务服务中心、行政审批局等促进集中化审批的组织建设以及对审批流程的整体化、标准化建设，以科技手段为基础的信息化平台建设，为并联审批的运行方式提供了前提基础。在此基础上，并联审批促进了不动产登记改革中部门间行动一致的生成。

（三）不动产登记改革中并联审批促进政府部门间合作的效果

1. 不动产登记改革中并联审批促进政府部门间合作的有效性

其有效性主要体现为，加强了不动产登记改革中相关部门间的联动，增进了公共价值。不动产登记改革中并联审批的推行，使自然资源部门、住房与建设部门、地税部门之间可以同步推进审批工作，而无需一部门的审批以另一部门的审批结果为依据，在共同推进的过程中，审批流程的标准化建设助力了各部门间的互动，而并联审批要求各部门随时跟进审批状态，也加强了各部门间业务信息的交流。与此同时，不动产登记实施并联审批后，群众和企业办理不动产登记由过去必须跑多个部门，交多份材料，甚至重复递交材料，变为只需在一个窗口交一份材料，方便了办事人，也降低了群众和企业的办事成本。而且，按照专业化审批的要求，审批业务将工作重心移至窗口，精简审批项目、简化审批流程、减少审批环节，并推出了网上并联审批与实体大厅审批相结合的审批模式，从而实现了集约化办理行政审批事项。在实际工作中，并联审批能够有效解决互为前置问题，通过一窗受理、一表填报、"绿色通道"等方式极大地提升了群众和企业的满意度和获得感，增进了公共价值。

2. 不动产登记改革中并联审批促进政府部门间合作的有限性

其有限性主要体现为，不动产登记改革中政府部门间合作困境的深层诱因是分化的组织结构，即不动产登记涉及的自然资源部门、住房与建设部门、地税部门的纵向管理体制瓦解各部门间合作的意愿，而自然资源部门、住房与建设部门、地税部门的横向部门划分，因追求其部门利益而削弱了部门间合作的动力。以其中的自然资源部门为例，不动产登记是立足于土地物权的基础之上的，而自然资源部门（原国土资源部门）历来是土地物权的主管部门，所以其成为不动产登记中的重点部门，作为一类主要的不动产管理部门，其无论在技术上还是在管理上都具备了一定的基础和优势。一直以来，其与住房与建设部门的跨部门合作是推进不动产登记改革中的难题，而根本原因在于对部门自身利益的维护。并且，自然资源部门属于垂直管理部门，垂管部门顶端机构与地方政府就事务决策权分配而言，"垂直部门的本质是决策权和执行权合一"[1]，但其存在和其他政府部门之间配合不力的问题，实际上缺少与"块"的协调。可见，不动产登记改革中并联审批在促进政府部门间合作方面，具有显著的效果，但分化的组织结构的存在也使其作用具有一定的限度。

三、并联审批促进不动产登记改革中政府部门间合作的实现

基于目标和行动的维度，实现跨部门行政审批事项改革中政府部门间合作的关键在于部门间的目标一致的形成、行动一致的生成，从而形成政府部门间的高效合作。所以，在不动产登记改革中，并联审批促进政府部门间合作体现在目标一致的形成、行动一致的生成两个方面。

---

[1]　李瑞昌：《政府间网络治理：垂直管理部门与地方政府间关系研究》，复旦大学出版社 2012 年版，第 121 页。

（一）目标一致的形成

无论个人还是组织，都需要存在指引方向的目标，政府部门间因为有了共同的目标，不仅促使原有行为发生变化，同时也为共同行动提供动力。为提升审批效率，不动产登记审批流程中采用并联审批的方式，从地方政府的角度来看，不仅有推进行政审批制度改革中的政治因素，也有招商引资促进地方经济发展、营造良好营商环境的经济因素，以及提升群众和企业办事满意度的社会因素。本部分主要从政治、经济、社会维度分析并联审批在不动产登记改革中如何促进部门间目标一致的形成。

1. 并联审批促进不动产登记改革中政府部门间目标一致的政治维度

（1）"只跑一次"改革的推进

2013年和2018年推行的第七次、第八次行政体制改革，把职能转变放到更加优先的位置①，并以行政审批制度改革为突破口，通过"放管服"改革和以"最多跑一次"为代表的结果导向型改革转变政府职能。2016年底，浙江省在全国率先实施"最多跑一次"改革，2018年该项改革得到党中央和国务院认可，在全国范围内推广。J省在贯彻落实党中央、国务院决策部署的过程中，将其命名为"只跑一次"改革，先后印发《全面推进"只跑一次"改革实施方案》《J省人民政府关于进一步做好"只跑一次"改革有关工作的通知》等文件对其进行部署。所谓"只跑一次"，指群众和企业在办理一件事情的过程中，在申请材料齐全、符合法定受理条件的前提下，从提出申请到最终事项办结的全过程只需到相关部门最多跑动一次，甚至零跑动的改革。总的来说，"只跑一次"改革基于前期"放管服"改革的基础，将改革推向纵深，其以企业、民众的需求为出发点，关注重点领域和高频事项，最大限度地降低企业、民众办事成本、提高满意度。不动产登记办件量大、受关注度高，是"只跑一次"

① 参见宋世明：《中国行政体制改革70年回顾与反思》，《行政管理改革》2019年第9期。

改革中便民利企的抓手。

（2）J 省推进不动产登记"只跑一次"中的政府部门

长期以来，我国实行多部门分散登记和管理的不动产登记制度。2007 年颁布的《中华人民共和国物权法》，标志着统一不动产登记制度正式确立。2014年发布的《不动产登记暂行条例》，是贯彻落实不动产统一登记制度的重要举措，同年，自然资源部（原国土资源部）正式挂牌成立不动产登记局，即按照国家要求，将分散在自然资源、房管、林业、农业等部门的土地登记、房屋登记、林业登记等职责整合到一个部门，由自然资源部门统一承担，但房屋交易管理职责继续由房产管理部门承担，两部门之间关联性强，工作中需统筹协调。2016 年，自然资源部会同相关部门制定的《不动产登记暂行条例实施细则》公布并实施，补充了对不动产登记实务的操作性指导。J 省在该省 2014 年《政府工作报告》中，提出"整合不动产登记职责和机构，将房屋、林地、草原和土地登记的职责统一由一个部门承担"。在《J 省人民政府办公厅关于印发 J 省标准化体系建设发展规划（2016—2020 年）的通知》中，指出由 J 省自然资源厅（原国土资源厅）等有关部门负责"重点推进不动产统一登记等标准研制"。在推进不动产登记"只跑一次"改革中，自然资源部门是牵头部门，原因在于其历来是土地物权的主管部门，无论在技术上还是在管理上都具备了一定的基础和优势。

在不动产登记内容方面，J 省属于内陆省份，无海域，草原、林地所有权归国家或集体，自然人、法人具有使用权，首次登记后，变动登记较少且注销登记几乎没有，土地和房产是不动产登记的主要内容。相对于土地登记而言，房屋属于比较活跃的不动产，在首次登记、变更、抵押等方面办件量大，提升该项内容的审批效率对不动产登记改革意义重大。从审批流程来看，房屋登记属于跨部门审批事项，包括房屋交易、缴税、不动产登记等办事环节，涉及房管部门、税务部门、自然资源部门等。围绕不动产登记审批事项，对各部门的审批业务流程进行优化，是促进不动产统一登记效率提升至关重要的环节。

（3）以并联审批促进不动产登记改革中政府部门间目标一致

为实现房地产管理部门承担的房屋交易、税务部门承担的税收、国土资源部门承担的不动产登记全过程"只跑一次"的目标，2018 年 3 月 20 日，J 省自然资源厅（原国土资源厅）与省住建厅、省地税局联合印发《关于深入推进全省不动产登记"只跑一次"工作的通知》，设立房屋交易与不动产交易窗口，统一受理房屋交易（包含转让、抵押）、税收申报和不动产登记事项，房屋交易、税务、不动产登记部门后台实施并联办理，同时推进"互联网＋不动产登记"服务模式、推进房屋交易、税务、不动产登记部门间信息共享。并联审批，即在"一窗受理，一事通办"的窗口受理申请人的申请后，推进房屋交易、税务、不动产登记部门实施同步推进的并联方式，改变了以往后一部门审批以前一部门审批结果为要件的"串联式"审批方式。可见，以房屋交易审批事项为中心进行流程设置和优化，推进按时办结、同步进行的并联审批运行方式，追求的是政务协同背景下的部门联动，促进了各部门间目标一致的形成。基于政治维度，其目标体现为，在规定时限内完成审批任务以促进"只跑一次"等改革的推进。

2. 并联审批促进不动产登记改革中政府部门间目标一致的经济维度

（1）以营商环境建设促进经济发展

党的十八大以来，政府部门需不断退出微观事务管理，提升市场机制对经济活动的调节作用，同时，进一步转变政府职能，为市场主体营造更高服务质量和效率的"软环境"，即营商环境。在地方政府层面，营商环境是社会经济发展的重要评价维度，如国务院第五次大督查按照"1+5+ 地方特色 + 营商环境调查"的设计展开。相关研究基于各地发布的 2018 年《政府工作报告》，对全国 31 个省、自治区和直辖市的营商环境进行评估，J 省 2018 年的"综合执行效率指数""指标执行能力指数"均位列全国第 10 名，2019 年的"地区发展信心指数""发展潜力指数"分别位列全国第 12 名、第 19 名。[①]J 省的数据

---

① 参见营商环境评价研究课题组、王吉发、卞圣凯：《基于〈政府工作报告〉的地区营商环境评估研究》，《沈阳工业大学学报》（社会科学版）2020 年第 1 期。

显示，其执行能力较好，但是信心指数偏低，表明有潜在的制约性因素阻碍 J 省经济发展。

J 省地处东北地区，国务院高度重视振兴东北老工业基地的发展战略，早在 2003 年，中共中央国务院正式印发《关于实施东北地区等老工业基地振兴战略的若干意见》（中发〔2003〕11 号），推动东北经济发展。为巩固前期阶段性改革成果并探索进一步突破，2009 年，国务院印发《关于进一步实施东北地区等老工业基地振兴战略的若干意见》（国发〔2009〕33 号）。但自 2011 年开始，东北地区经济发展增速同比下降，至 2016 年，东北三省的经济增速居全国末位。表 6—1 中，对 J 省 2012—2019 年全省 GDP 总值、J 省 GDP 增速与全国 GDP 增速对比以及 J 省 GDP 增速全国排名进行统计，阐述促进 J 省经济发展的迫切性，具体数据如表 6—1 所示。

表 6—1　2012—2019 年 J 省 GDP 总量、增速及排名情况 [①]

年份	J 省 GDP 总量（亿元）	J 省 GDP 增速（%）	全国 GDP 增速（%）	J 省 GDP 增速全国排名
2012	11937.82	12	7.9	第 11 位
2013	12981.46	8.3	7.8	第 27 位
2014	13803.81	6.5	7.4	第 27 位
2015	14274.11	6.5	7.0	第 28 位
2016	14886.23	6.9	6.8	第 25 位
2017	15288.94	5.3	6.9	第 27 位
2018	15074.62	4.5	6.7	第 30 位
2019	11726.82	3.0	6.1	第 31 位

由表 6—1 中数据可知，2012 年至 2019 年，除 2019 年总量有所下降，J

[①]　数据来源：依据中华人民共和国国家统计局网站、J 省人民政府网站、新华网、人民网、会计网、闽南网、搜狐网、央广网、百度文库、证券投资网、中国产业信息、中国新闻网相关数据整理。

省 GDP 总量总体上呈上升趋势。在 GDP 增速方面，2012 年至 2019 年，J 省 GDP 增速持续下降，自 2014 年起，低于全国 GDP 增速，且在全国 GDP 增速排名中除 2016 年、2017 年有所起色之外，其余年份位次持续下降，直到 2019 年降至末位。J 省为促进经济发展进行优化发展环境的积极探索，通过颁布《J 省优化营商环境条例》促进"软环境"建设，包括实行企业投资项目"多评合一"、并联审批，压缩企业开办时间。而不动产登记关乎小微企业、工业企业、房地产开发公司等的发展前景，进一步优化不动产登记申请、受理、审核、登薄、发证等业务环节，能提高办事效率，"降低企业融资成本，为企业发展创造良好的投资环境"①，有助于优化营商环境，促进地方经济发展。

（2）J 省不动产登记改革促进营商环境建设中的政府部门

2018 年 6 月 28 日，全国深化"放管服"改革转变政府职能电视电话会议召开，李克强总理提出，目前不动产登记时间为 15 天，五年内不动产登记时间压缩三分之二以上。为深入推进审批服务便民化，不断增强企业和群众的改革获得感，2019 年 3 月 11 日发布的《国务院办公厅关于压缩不动产登记办理时间的通知》（国办发〔2019〕8 号），提出通过流程精简优化，"一窗受理、并行办理"等方式，减压不动产办理时间，"全国所有市县一般登记、抵押登记业务办理时间力争分别压缩至 10 个、5 个工作日以内；2020 年底前，全部压缩至 5 个工作日以内"②。

那么，在 J 省进行不动产登记的审批流程包括哪些内容呢？2008 年，世界银行对中国营商环境进行调查，其中包括 J 省省会城市进行不动产登记的程序、耗时和费用，具体如表 6—2 所示。

由表 6—2 可知，在 J 省省会办理不动产登记，需要 8 个程序，耗时 55 天，以及缴纳相应的费用。而且，从其办理程序可见，房管部门、税务部门、自然

① 蒋敬：《"后不动产"时代不动产登记发展方向探讨》，《住宅与房地产》2018 年第 22 期。
② 《国务院办公厅关于压缩不动产登记办理时间的通知》（国办发〔2019〕8 号），中国政府网，2019 年 3 月 11 日，http://www.gov.cn/zhengce/content/2019-03/11/content_5372847.htm。

资源部门的审批顺序是依次进行的，即在审批流程中，下一部门的审批以上一部门的审批结果为要件，这种"串联式"的审批方式，是造成审批耗时长的主要原因。

表 6—2 2008 年 J 省省会不动产登记程序、内容、耗时及费用 [①]

程序	内容	耗时	相关费用（人民币：元）
1	提交注册申请文件；	10 天	无
2	缴纳税费；	1 天	契税：交易价格的 3%；印花税：交易价格的 0.1% 加 10 元；营业税及附加：房产增值的 5.5%
3	支付手续费和注册费；	1 天	手续费：交易价格的 1%；注册费：65 元人民币，超过 100 平方米的建筑物加收 0.3 元 / 平方米
4	获得新建筑物所有权证书；	1 天	无
5	申请土地权属转移登记；	申请处理 10 天；公示 30 天	无
6	向邻居发送边界设置通知；	与程序 5 同时发生	无
7	缴纳土地权属登记费；	1 天	注册费：0.5 元 / 平方米；管理费：1 元 / 平方米；测绘费：0.2 元 / 平方米；复印费：10 元
8	取得新的土地证。	1 天	无

为推进国务院的决策部署，按照 J 省软环境建设办公室《关于印发 J 省营商环境优化提升工作实施方案的通知》，J 省自然资源厅制订了《J 省自然资源厅营商环境优化提升工作实施方案》，强调通过信息技术的应用，以及"一窗受理、集成服务"的并联式审批流程，"推动一窗受理从'物理整合'到'化学融合'"，不断压缩 J 省不动产登记办理时限。在 2017 年登记时间已压缩50% 的基础上，2018 年，通过前台统一收件、后台并联审批，并搭载不动产登记网上审批系统，将不动产登记从 15 个工作日压缩到 5 个工作日，提前 5

---

① 参见世界银行集团：《2008 中国营商环境报告》，社会科学文献出版社 2008 年版，第 70—71 页。

年达到了国务院的要求。在国务院第五次大督查营商环境①7 项重要指标调查中，J 省"房产交易登记指标在 31 个省（自治区、直辖市）中位列第 2 名，在全省参评指标中排第 1 位"②。

（3）以并联审批促进不动产登记改革中政府部门间目标一致

推行不动产登记改革，是优化 J 省营商环境的重要举措。不动产登记改革的核心是压缩审批时限、提升审批效率，主要通过精简和优化不必要的、烦琐的审批环节，整合各相关审批部门的业务、信息、人力等资源，转变以往的运行方式，规范、高效地向市场经济主体提供服务。在具体的实践中，通过"一窗受理、集成服务"的并联式审批流程提升服务质效，如 J 省 B 市推行"一窗受理，一事通办"，将税务等业务窗口进行"一窗"整合，实行前台窗口统一受理、后台并联审核、信息互联共享的"一口进、一口出"的办理模式，其不动产登记全部 82 项业务，"只跑一次"实现率为 92%以上，其中 40 项实现即办，极大提升了办事效率。"在政府部门审批的过程中，并联审批涉及社会管理的方方面面，在具体实施的过程中从群众和企业最关心的问题着手，也重点应用在了经济建设领域，如应用于不动产登记改革，这对优化各地的营商环境效果是显而易见的"③。可见，以企业不动产登记审批事项为中心进行流程设置和优化，采取按时办结、同步推进的并联审批运行方式，在促进审批效率提升、优化营商环境的同时，也带来了各相关部门间的联动合作，促进了各部门间目标一致的形成，基于经济维度，其目标体现为，在规定时限内完成审批任务以优化营商环境，促进地方经济发展。

---

① 国务院第五次大督查营商环境调查充分借鉴世界银行营商环境评价指标体系，兼顾代表性、可操作性，选取开办企业、工程建设项目报建、房产交易登记等 7 项重要指标进行评价。总体来看，相关项目与世界银行衡量营商环境的项目相一致，如开办企业、办理施工许可（工程建设项目）、不动产登记、获得电力等。
② 来源：被访谈人 A0101。
③ 来源：被访谈人 B0104。

3. 并联审批促进不动产登记改革中政府部门间目标一致的社会维度

（1）公共服务需求的不断提升

中国共产党第十九次全国代表大会报告中明确指出，"中国特色社会主义进入新时代，我国社会主要矛盾已经转化为人民日益增长的美好生活需要和不平衡不充分的发展之间的矛盾"，人民日益增长的美好生活需要必然包括对便捷高效的公共服务的需求。党的十九大以来，在推进行政管理体制改革的进程中，"坚持以人民为中心"作为新时代坚持和发展中国特色社会主义的基本方略之一，体现为着力建设人民满意的服务型政府。中国的改革是一个创造和复兴多元社会主体的过程[①]，改革开放以来的市场化改革，带来了社会结构的多元化转型，产生了各种类型的社会主体。从其自身发展来看，"它们不仅拥有以决策权为核心的自主性，而且在相对稳定的成长过程中也不断积累着自我资本"[②]。不仅表现在社会活动主体数量大量增加，也表现在其主体意识的不断增强，更加注重对自身利益的关注，且自主意识的提升有助于进一步提高其行为的自主性。即在中国的社会转型过程中，社会经济结构、政府与民众关系等都处于深刻的变迁之中，相互交织的关系也打破了原有的边界，伴随着经济社会及信息技术的发展，公民意识觉醒，需求更加多样化。从政务微博粉丝增长情况可见一斑，如图 6—1 所示。

从图 6—1 中数据可知，2012—2014 年全国政务微博粉丝总量持续上升，年涨幅在 2014 年增长迅猛，无论在总量还是在比例上都保持良好势头。可见，公民对政务服务的关注度持续上升。但"与社会的急速变化相比，政府的治理能力则显得较为薄弱和滞后"[③]，政府部门需要对自身进行调整和改变，重新定位。有效的政府一定是高效的、便民的政府。面对公众日益增长的服务需求，"由民生领域开始的社会建设，逐步进入社会体制改革层面，除了将更多的资源通过再分配的方式投入公共服务和社会保障领域之外，政府也开始注重探索

---

① 参见杨雪冬：《改革路径、风险状态与和谐社会治理》，《马克思主义与现实》2007 年第 1 期。

② 杨雪冬：《国家治理的逻辑》，社会科学文献出版社 2017 年版，第 3 页。

③ 燕继荣等：《中国治理——东方大国的复兴之道》，中国人民大学出版社 2017 年版，第 103 页。

更多样、更柔性的社会管理方式"①，通过各领域的便民服务改革提升公共服务水平。不动产登记关乎国计民生，房屋产权交易登记等与全社会息息相关，是不断满足公共服务需求的重要抓手。

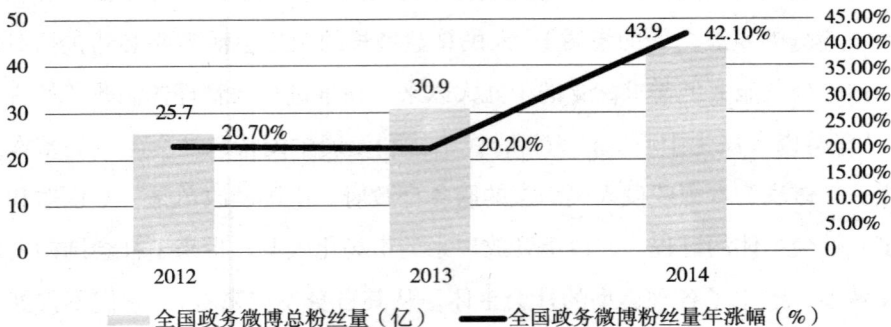

图6—1 2012—2014年中国政务微博粉丝增长情况②

（2）J省不动产登记改革中面向公共服务的政府部门

伴随着我国社会主要矛盾的改变，公众对于公共服务的需求逐渐提升。J省同全国情况相一致，物质财富的增加通过其城乡居民收入、消费支出可以展现，如图6—2所示。

从图6—2中数据可知，2015—2019年，J省城镇、农村常住居民的人均可支配收入、人均消费支出总量均持续上升。物质财富的增加促进了文化、政治生活的发展，如J省省会在机遇之城的"文化与居民生活"的分变量"文化活力"中排在第一位③。在市场经济的推动下，过去通行的政府管制"一刀切"的管理方式越来越不能适应多元化的社会现实，在人民对美好生活的需求日益增长的同时，也对政府职能转变提出更高的要求。

---

① 燕继荣等：《中国治理——东方大国的复兴之道》，中国人民大学出版社2017年版，第120页。

② 参见新华网舆情监测分析中心：《全国政务新媒体综合影响力报告（2014）》，2014年，第15页。

③ 参见普华永道、中国发展研究基金会：《机遇之城2016》，2016年，第31页。

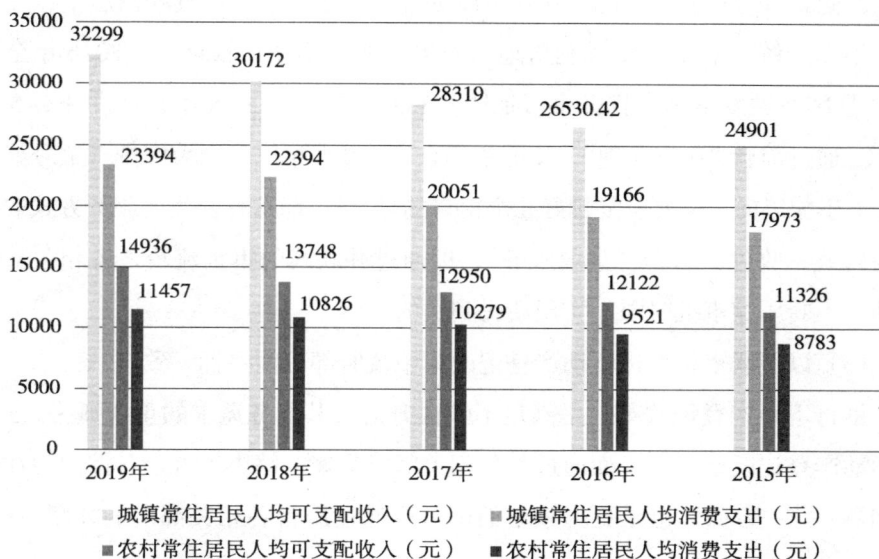

图 6—2　2015—2019 年 J 省城乡居民收入及消费支出 ①

　　传统的公共服务模式以政府为本位，公共部门的职能结构、公共服务的流程等均按照政府要求进行设计。公众在办理跨部门的事项时，需要依次前往不同部门进行办理，自行了解办事流程以及各部门办理该事项的要件。审批事项的业务流程缺乏完整性，分散在各相关政府部门，在办事人眼中，办理审批业务特别复杂，需要跑若干部门，如办理房屋交易，需要前往房管部门、税务部门、不动产登记部门等，审批程序烦琐，有时甚至需要重复提交审批材料。而且各部门只负责整个审批流程的某一环节，缺乏对业务流程的整体把握，加之碎片化的结构下部门间信息不通畅，往往造成群众往返多次、重复排队、等候时间长等问题，降低了政务服务质效。

　　为执行国务院对不动产登记改革的决策部署，J 省 2014 年启动不动产登记制度改革，2015 年完成了省、市、县三级不动产统一登记职责整合，成立

---

① 参见《数据 人民生活指标》，吉林省人民政府网站，2020 年 2 月 19 日，http://www.jl.gov.cn/sj/sjcx/jyb/rmshzb/index.html。

不动产登记经办机构 52 个，2016 年经过流程再造、窗口设置和信息平台建设等，不动产统一登记制度顺利落地，发出第一本不动产权证书，2016 年全省 60 个县区共颁发不动产权证书（证明）35386 份，至 2018 年累计发证 215 万本 ①。通过前台"一窗受理"，使办事群众"与过去相比，到大厅排一个号就可以了，不像以前，需要重复排好几个窗口的号"②。而这种便民的服务方式取决于前台统一收件、后台"集成服务"，即通过并联式的审批流程，各相关部门联动，不断压缩审批时限，实现便民利民的目标。

（3）以并联审批促进不动产登记改革中政府部门间目标一致

推行不动产登记改革，是满足不断提升的公共服务需求的重要抓手。J 省的不动产登记改革，一方面通过将各相关部门集聚，解决了群众各部门间往返跑问题；另一方面，也是更为核心的部分，通过后台各相关部门的并联审批，转变以往顺次进行的"串联式"运行方式，从而向群众提供高效、便捷的服务。并联审批以优化公共服务为核心准则，在不改变各部门原有职能和结构的前提下，各部门间相互协调、相互配合、相互补充，旨在逐步实现无缝隙管理和"一站式"服务，满足群众日益增长的服务需求。可见，以群众办理不动产登记审批事项为中心进行流程设置和优化，采取按时办结、同步推进的并联审批运行方式，在促进审批效率提升、实现便民利民的同时，也带来了各相关部门间围绕审批事项的合作，促进了各部门间目标一致的生成，基于社会维度，其目标体现为，在规定时限内完成审批任务以达到便民利民的要求，不断满足民众对公共服务的需求。

（二）行动一致的生成

共同的目标指引组织前进的方向，同时也为共同行动提供动力。当政府部

---

① 参见张强、张力军：《全力推动"只跑一次"改革——省国土资源不动产登记系统实现服务升级记事》，《吉林日报》2018 年 8 月 15 日。

② 来源：被访谈人 C0102。

门间行动一致时，其行动效率更高，行动阻力更小，更有利于合作。为提升审批效率，不动产登记审批流程中采用并联审批的方式，在实现路径方面，通过政务服务中心或行政审批局的组织载体统一受理、通过流程优化缩短办理时间、通过不动产登记网上申请系统实现实时流转。基于此，本部分主要从组织载体、运行前提、技术支撑三个方面对不动产登记改革如何促进政府部门间行动一致进行分析。

1. 并联审批促进不动产登记改革中政府部门间行动一致的组织载体

在 J 省推动不动产登记改革中，通过政务服务中心或行政审批局等组织载体推行"一窗受理、集成服务"的并联审批运行方式。通过前台"一窗受理"实现对不动产登记各审批部门的"物理整合"，后台"集成服务"采用并联审批的运行方式促进各审批部门的"化学融合"。通过组织载体，并联审批运行方式促进了不动产登记改革中政府部门间的行动一致。

（1）前台"一窗受理"

窗口服务在推动不动产登记改革中具有重要作用。在推进不动产登记改革中，为全面提升不动产登记便民利企服务水平，2018 年，自然资源部为总结不动产登记窗口的经验做法，探索窗口建设新机制，促进窗口建设规范化、标准化，全面提升不动产登记服务水平，推行"全国百佳不动产登记便民利民示范窗口"创建活动。J 省推荐"J 市不动产登记服务中心""C 市不动产登记服务中心"等 12 家创建单位。①

从地理空间来看，将不动产登记的相关部门进行物理空间上的整合，减少了当事人在办事地点间的往返跑，有利于缩短办理时间；从办事人员角度来看，前台收件人员、后台审批人员、专业咨询人员的分类有利于提高其专业化水平，会提升不动产登记的服务质效及民众满意度。在具体的实践中，一般情

---

① 参见《我省示范窗口创建单位争创"全国百佳不动产登记便民利民示范窗口"》，吉林省自然资源厅网站，2018 年 4 月 11 日，http://zrzy.jl.gov.cn/jlsbdcdj/gzdt/bdcsngzdt/201804/t20180411_5196462.html。

况下，不动产登记局①下设的不动产登记中心进驻政务服务中心，如自 2018 年 7 月 23 日开始，J 省 T 市整合不动产涉税登记事项，使原来 4 个地方"兜圈子"实现"总窗受理"，每年为群众减少排队 3 万余次。2018 年 11 月，水、电、燃气、暖气、土地租金缴存等不动产登记关联事项全链条入驻不动产登记中心，买房及不动产过户在全省率先实现"一站式服务"。从办事人的角度来看，"节约了很多时间，也省去了多次叫号，解决了反复排队的问题"，"办理时间上也明显缩短了，办理房屋登记基本当天就可以取证"②。

以房产过户为例，其涉及的登记、交易、缴税窗口等是分散设置的，办理房产过户手续需要多次往返各个窗口，且多次重复提交材料。L 市整合不动产登记业务硬件，将原先分布在政务大厅二楼两侧的房地产交易大厅和不动产登记大厅改造为仅在一侧的联合服务大厅，按照业务类型分为涉税登记区及普通登记区，通过市不动产登记中心办公的国土、房产、税务、交易等部门工作人员联署办公，实现了"一窗受理，集成服务"。在成立行政审批局的市县，如 M 市为推进不动产登记改革，将原不动产抵押登记业务规定的 10 个工作日、其他登记业务 20 个工作日，全部压缩至 3 个工作日办结，整合房产、税务、不动产窗口，设置 6 个综合窗口，实行一窗受理模式。通过将相关部门整合到同一地点，实施"一站式"服务。

(2) 后台"集成服务"

前台窗口统一收件，经初步审核无误后，进入后台集成服务环节。不动产登记实行"一窗受理、集成服务"的工作模式，如果选择证书邮寄，则可以在申请要件齐全的情况下，实现整个业务流程"只跑一次"。为此，将涉及不动产登记的自然资源部门、房管部门、地税部门的窗口进行整合，设立房屋交易和不动产登记综合受理窗口，统一受理不动产登记等事项。综合窗口在前台负

---

① 不动产登记局晚于不动产登记制度出现，2014 年 5 月，原国土资源部在原有职能的基础上，承担了不动产登记局的职责，这是不动产登记机构最初成立的形态；不动产局属于自然资源部门的内设机构，可以依托自然资源部门的业务和数据基础，更便于工作的展开。

② 来源：被访谈人 C0101。

责一次性收取所需全部材料，一次性指导完成面签。从申请人角度来看，以往办理不动产登记业务需要跑自然资源、房管、地税三个部门，在最初的政务服务中心需要跑三个窗口，变为"一窗受理、集成服务"后，只需前往一个窗口办理，而且申报的材料由原来的三套变为一套。申请件受理后，进入后台审批环节，房管部门交易确认、地税部门纳税申报、自然资源部门不动产登记审核等业务流程按照规定的程序和时限并联进行。如图 6—3 所示。

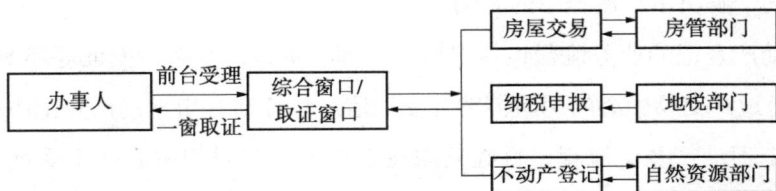

图 6—3　不动产登记后台并联审批的办事流程

如图 6—3 所示，房屋交易、纳税申报、不动产登记信息通过后台并联式进行，变"群众窗口间来回跑"为申报材料部门间流转。综上，政务服务中心 / 行政审批局是并联审批运行方式的组织载体，基于此进行业务操作，并联审批促进了不动产登记改革中政府部门间行动一致的生成。

2. 并联审批促进不动产登记改革中政府部门间行动一致的运行前提

"优化审批流程，是提高审批改革效果和质量的重要前提"[1]，审批流程再造是并联审批促进不动产登记改革中政府部门间行动一致的运行前提。从审批流程来看，J 省不动产登记按照"申请—受理—审查—决定"四个环节进行流程再造，简化办事事项、精简规范申报材料，在此基础上推进各部门间并联审批，不仅进一步压缩了办理时限，也促进了不动产登记改革中政府部门间行动的一致。

（1）审批流程的整体化建设

在整合不动产登记业务硬件的基础上，通过设置综合窗口，由前台工作人

---

① 廖洪涛：《从网上"并联审批"透视行政审批制度改革》，《上海信息化》2003 年第 1 期。

员统一收件，后台审批则由自然资源部门、房管部门、地税部门等工作人员联席办公，并联式审批，为企业和群众提供一个窗口办公、一次性取件（对于不能现场取得证书的办理者，可选择免费物流送达）、一站式服务。我国的不动产登记一直采取权责分散、多部门管理的模式，这种分散的登记使各部门之间处于分割的状态，这不仅给当事人带来了不必要的麻烦，各不相同的不动产登记流程也给不动产登记档案管理增加了难度。不动产登记审批流程的整体化建设，有助于解决审批流程中的弊端。

不动产登记的业务流程包括申请、受理、审核、登簿、发证等环节。J省L市将房地产交易中心的房屋档案及登记信息整合到L市不动产登记中心，并使用一个不动产登记流程，百姓只需在L市不动产登记中心一个受理窗口提供相关材料就可办理房屋产权交易登记业务、档案查询业务、查封和解封等业务，彻底改变了过去多头跑、重复提供材料现象。不动产登记审批流程整体化改革之前，办事人办理不动产证涉及缴纳土地租金或土地租让金的，需要先到建设银行缴费、再到财政局换票据、再到税务局缴税、最后到房产交易中心和不动产登记中心办理，整个过程涉及部门多、流程多、耗时多、跑路多，增加了办事人的时间成本。审批流程整体化改革之后，J省L县充分整合办事资源，加大了涉及房产不动产的各部门间业务合作，将涉及不动产登记的财政、银行、税务等部门业务全部进驻县政务大厅，建设银行在L县不动产大厅推出缴费服务、县财政局票据业务委托不动产中心办理、县地税局缴税业务以及公积金业务整体进驻大厅，全面整合房产交易中心和不动产登记中心，将房屋交易业务委托不动产登记中心统一管理，将从事房产交易的15名工作人员全部抽调到县不动产登记中心，完成窗口整合和流程再造，办事人只需提交一次材料，即可通过交易登记"流水线"办理完全部业务，形成完整的不动产登记链条。同时，各单位审批办主任全部进驻大厅，保证在大厅可以完成审批业务，进一步促进了不动产登记审批流程的整体化建设。

（2）审批事项的标准化建设

在推进不动产登记办事事项标准化的过程中，J省坚持省级顶层设计、统筹推进，自上而下、自下而上相结合的原则，由省级各部门单位分别牵头负责省市县乡村五级群众和企业办事事项的标准化建设。目的在于解决同一审批事项在不同层级政府间事项名称、办理环节、申报材料、办理时限不一样、差距大等问题。J 省的省自然资源厅作为第一批推进办事事项标准化的部门之一，主要依据办事事项的 41 个要素对办事事项进行梳理和拆分。事项拆分是标准化的重点，要以设定依据、申请材料为依据进行拆分，每一事项只对应唯一的设定依据且申请材料之间不可组合。经过办事事项的标准化建设，J 省自然资源厅及下辖的自然资源部门的办事事项可以达到"一网通办"的要求，可以在网上运行起来，为协同房管部门、地税部门等跨部门间的不动产登记提供了优势条件，在标准化的基础上，并联审批促使部门间的行动更顺畅高效。

在具体的实践中，J 省 B 市探索推行"一件事"套餐服务，从群众和企业的需求侧出发，对于涉及多个部门、多个办理环节的审批事项，按照"一件事情"进行梳理，编制"一事通办"事项清单。此外，"《J 省不动产登记规范化建设指南》提出了 10 个方面 77 条建设标准，为市、县不动产登记窗口建设指明了方向；加强部门衔接，多次与省住建厅沟通协调，完成房屋交易与不动产登记衔接；开展不动产登记时间压缩工作，不断优化办事流程，减少审批环节，大幅提高登记效率。所有市县的异议登记、查封登记都能做到即时办理，一般登记时限压缩至 15 日以内，比方案规定办结时间少50%。"①

综上，不动产登记审批流程的整体化建设、审批事项的标准化建设优化了审批流程、构建了职责清晰的审批链条，使各相关部门更加明晰审批流程与审批环节，其构成了并联审批运行方式的前提基础，基于此进行业务操作，并联审批促进了不动产登记改革中政府部门间行动一致的生成。

---

① 张强、张力军：《全力推动"只跑一次"改革——省国土资源不动产登记系统实现服务升级记事》，《吉林日报》2018 年 8 月 15 日。

3. 并联审批促进不动产登记改革中政府部门间行动一致的技术支撑

新兴网络技术的发展，为不动产登记改革中并联审批运行方式提供了技术支撑。在不动产登记改革中，"交易登记一体化"服务平台、在"互联网＋"基础上形成的"互联网＋不动产登记"工作模式，便于部门间信息的互通、共享，以此为技术支撑推行并联审批，不仅有助于提升办事效率和服务质量，也促进了不动产登记改革中政府部门间行动的一致。

（1）建立统一的不动产登记平台

在传统的政府管理背景下，各部门按职责进行分工，以职能为中心的运行模式在政务资源之间建立了层层壁垒，使群众和企业办事来回跑、反复提交材料的问题长期存在。21世纪初，电子政务在我国逐步建立并推行，但信息公开是单维度的，无法带来部门和办事人员之间的互动以及部门间信息的互通、融合。建立统一的网络平台，是实现跨部门政务信息融合、解决信息孤岛等问题的有效方式。2014年3月26日，不动产登记工作第一次部际联席会议在北京召开，会议决定，自2014年起，通过基础制度建设逐步衔接过渡，统一规范实施，用三年时间全面建立不动产统一登记制度，用四年时间运行统一的不动产登记信息管理基础平台。2018年前，不动产登记信息管理基础平台投入运行，不动产统一登记体系基本形成，实现不动产审批、交易和登记信息实时互通共享和依法查询。

我国的不动产登记工作分管在不同部门之间，处于分散管理的状态，各部门之间的手续不同、系统各异。一直以来，登记信息的不一致、登记系统的不对接是提升不动产登记服务质量和效率的阻碍因素，也成为了J省推动不动产登记改革需要解决的首要问题。在J省开展"只跑一次"改革的背景下，J省自然资源厅积极贯彻，围绕"建设一张网络、研发一套系统、完善一个平台"，加强信息共享，推动不动产登记支持数据互联互通。通过省自然资源厅的谋划、部署和推动，克服资金、技术等限制因素，历时3个月时间，斥资240余万元，于2018年6月29日建成开通覆盖全省的"不动产登记网上申请系统"，使J省成为全国第一个全省统一建设开通网上申报系统的省份。至2018年6

月，全省 13 个登记信息平台，全部顺利接入国家级平台，完成存量数据整合汇交，大力推进了不动产信息共享，推动了不动产登记信息平台与房产、税务、法院、民政、公安、工商、省政府电子政务办等单位相关信息系统互联互通①，形成外网申报、内网审核的工作模式。

通过建立统一的不动产登记平台，将各级不动产登记机构的信息纳入统一的平台进行有效管理，将不动产登记审批过程中各相关部门间的审批信息实时共享，增进了各政府部门间的联系和沟通，为推行不动产登记并联审批提供了操作平台，并联审批以此为技术支撑，有助于不动产登记改革中政府部门间的行动一致。

（2）建立"互联网＋不动产登记"工作模式

推进"互联网＋政务服务"建设，是党的十八大以来基于改革和现实需要而进行的一次重大部署。国务院先后出台《关于加快推进"互联网＋政务服务"工作的指导意见》和《"互联网＋政务服务"技术体系建设指南》等文件，使"三个一"（一号申请、一次提交、一网通办）成为其建设方向。信息平台建设主要围绕三个维度展开，一是纵向维度，涉及中央、省、市之间的纵向互联，目的在于加快涉及跨越不同层级政府之间的审批事项办理流转速度、缩短办理时限；二是涉及政府组织内各职能部门政务服务的横向互联，目的在于提升跨越不同部门之间的同一事项的办事效率；三是对于经济发达、审批任务较重的地区，基于地理位置的可及性，跨越省区、地域的互联。

在"互联网＋政务服务"建设的背景下，J 省全面推行"互联网＋不动产登记"工作模式。形成"窗口办"与"网上办""掌上办"互补，"有形"窗口与"无形"窗口并行，最终实现"只跑一次"。② 为在具体实践中全面推行"互联网＋不

---

① 为了做到"让数据多跑路、群众少跑腿"，J 省自然资源厅多次与公安、民政、地税、工商等 6 个部门面对面对接，共同探讨数据共享联通的方式方法，将个人身份、婚姻、企业证照、纳税等电子信息全部纳入网上申请系统中，让数据有效支持申请材料提交、网上审核等各个工作环节，有效实现了提交材料少、操作简单化的目标。

② 参见《吉林省全面推进"只跑一次"改革实施方案》，中国政府网，2018 年 2 月 27 日，http://www.gov.cn/zhengce/2018-02/27/content_5269206.htm。

动产登记"工作模式，J省在T市开展税务和房产信息数据共享试点，2018年4月建成并运行，在全省率先实现房屋契税和房产交易信息数据共享，减少重复提交材料，实现了网签备案、交易数据、影像资料、房屋档案、契税完税等信息实时共享。建成房产交易和契税缴存平台，年均减少重复提供证件4万多件。建立不动产登记手机APP，公布收费标准、办理时限、办事流程及相关法律法规文件等。通过"互联网＋不动产登记"工作模式，群众办理不动产登记时，可以应用互联网和手机进行网上预约，可以不限时间、不限场地提交申请材料，"只跑一次"就可以办理不动产登记并领取证书（对于申请以邮寄方式寄送不动产登记证书的，提供免费邮寄服务）。通过"无形"窗口与"有形"窗口相结合，彻底解决了办事群众往返跑路、排队等候等问题。网上申报全面开启了"24小时不打烊随时办"新模式，是不动产登记里程碑式的跨越，"目前，已累计办理不动产登记1.6万件"[1]。

以跨部门并联审批为主要形式的政务协同是决定"互联网＋政务服务"运行实效的关键因素之一[2]，与此同时，"互联网＋不动产登记"有助于实现政务信息资源的互通、共享，在此基础上对不同部门的信息资源进行融合，并联审批以"互联网＋不动产登记"为技术支撑，有助于实现政务资源融合，并促进相关政府部门间的行动一致。

综上，建立统一的不动产登记平台、建立"互联网＋不动产登记"的工作模式是对现代信息技术的应用，有助于构建数据整合、效率高、服务优的现代政务服务，为不动产登记改革中政府部门间数据整合提供了基础性平台，并联审批以此为技术支撑，有助于在原有部门间职责分工的基础上，促进不动产登记改革中政府部门间行动一致的生成。

---

[1] 来源：被访谈人B0103。

[2] 参见刘洋、吴丹、张春燕：《政务协同及资源融合的逻辑关系和实践价值——基于"互联网＋政务服务"》，《山西大同大学学报》（社会科学版）2019年第5期。

第七章　研究结论与启示

一、研究结论

总结以上各章节，本书对并联审批促进政府部门间合作问题研究的主要结论体现在以下方面：

第一，政府部门间合作困境的生成逻辑包括生成机理和深层诱因两个层面。在跨部门行政审批事项改革场域内，虽然实现更高效率、获取更大效用引发政府部门间的合作需求，但是实践中的政府部门间合作常常面临困境，如"权责壁垒"导致形成合作难，"分割式"审批导致合作执行难。面对政府部门间合作困境，对其生成逻辑的追寻，是回答如何促进政府部门间合作的前提基础，本研究通过两个层面对其进行剖析。从合作过程的系统角度出发，基于目标和行动的维度是解释政府部门间合作困境的可行切入点，而究其原因，其合作困境的生成机理在于政府部门间的目标不一致、行动不一致。从更深的层次进行剖析，分化的组织结构是政府部门间合作困境的深层诱因，主要表现为，其所形成的纵向关系瓦解政府部门间的合作意愿，所形成的横向关系削弱政府部门间合作动力。

第二，并联审批促进了政府部门间合作，但面对合作困境生成逻辑的不同层面，其有效性与有限性并存。并联审批是产生于行政审批制度改革的创新方式，其发展历程展现了从简单的各部门联合办公向各部门相互合作的转化，而且，并联审批具有促进政府部门间合作的优势，体现在其形成过程有利于政府部门间目标一致的形成、执行过程有利于政府部门间行动一致的生成。总的来看，并联审批促进政府部门间合作取得了积极效果，即基于政治、经济、社会的维度促进了政府部门间目标一致的形成，基于组织载体、运行前提、技术支撑促进了政府部门间行动一致的生成，从而促进了政府部门间的联合行动、增进了公共价值。但由于分化的组织结构纵向上瓦解政府部门间合作意愿、横向上削弱政府部门间合作动力，客观上决定了并联审批促进政府部门间合作的限度。但合作是"进化"的，需要经过一个发展的过程才能实现①，而并联审批不失为一种有益的探索。

第三，基于目标一致和行动一致构建的分析框架，能够对并联审批如何促进政府部门间合作进行解释。本书以并联审批这一运行方式探究政府部门间合作的问题，并基于目标和行动的维度构建分析框架，其中，目标一致、行动一致是并联审批促进政府部门间合作的分析逻辑。该分析框架从并联审批促进政府部门间目标一致形成，以及行动一致生成两个方面，对并联审批如何促进跨部门行政审批事项中政府部门间合作的实现进行解释。在政府部门间目标一致形成方面，并联审批在不改变原有制度设置和职能划分的基础上，以审批事项为中心，从政治、经济、社会三个维度促进了政府部门间目标一致的形成。在并联审批促进政府部门间行动一致生成方面，并联审批通过组织载体、运行前提和技术支撑，促进了传统上以政府部门为核心的"职能驱动型"服务模式向以审批流程为核心的"流程驱动型"服务模式的转变，促进了政府部门间行动一致的生成。因此，基于目标一致、行动一致，并联审批促进了跨部门行政审批事项改革中政府部门间合作的实现。

综上所述，本书的结论是，基于目标和行动的维度，并联审批促进了政府

---

① 参见［美］罗伯特·阿克塞尔罗德：《合作的进化》，吴坚忠译，上海人民出版社 2007 年版。

部门间合作，但由于分化的组织结构，其促进政府部门间合作也呈现出了有效性和有限性共存的结果。

二、研究启示

第一，合作是治理时代政府部门间关系的变革方向。20 世纪 90 年代以来，在全球化、信息化、公民社会崛起以及治理理论不断发展的背景下，治理时代悄然来临。广义的治理依然突出国家或政府的关键角色，而狭义的治理将焦点集中于国家与政府，关注的是政治权力的使用方式和效果 [1]，在政治学和行政学研究领域多采用狭义定义。无论在实践还是在理论方面，治理都挑战着政府的角色和职能定位，其不仅强调政府与多元组织之间的互动与合作，也要求政府部门之间加强合作与协调，在管理系统内形成一个建立在信任和互利基础上的合作网络，以有效应对不断出现的跨界跨域问题。与此同时，新公共管理运动产生的"碎片化"组织结构及分割的组织管理模式弊端日益凸显，无法应对频繁的跨越政府部门边界的问题，如流行性疾病、自然灾害等。总的来看，政府部门间关系是持续的、动态的，"是以竞争和合作两种形式进行的正式和非正式的关系" [2]，在治理时代的背景下，政府部门间合作成为政府治理的新趋势。如何促进政府部门间合作是政府改革实践的主题，也是公共管理研究的重要议题，在新时代的背景下，"政府要提高应对和解决复杂公共问题的能力，首先必须推进政府体系内部各部门之间的合作" [3]。但"跨部门合作是一个复杂、动态的过程，不仅需要所有合作主体在长期努力过程中实现，同时还要把握客

---

[1] 参见杨雪东：《国家治理的逻辑》，社会科学文献出版社 2017 年版，第 256 页。

[2] 谢庆奎：《中国政府的府际关系研究》，《北京大学学报》（哲学社会科学版）2000 年第 1 期。

[3] 余亚梅、唐贤兴：《政府部门间合作与中国公共管理的变革——对"运动式治理"的再解释》，《江西社会科学》2012 年第 9 期。

观情况的变化进行适时调整"①。

第二，作为政府部门间的一种联合行动，并联审批的发展方向是制度化。本书中的并联审批，指涉及两个及以上审批部门分别实施的行政审批事项，在牵头部门或服务中心窗口受理申请人的申请后，所涉及的审批部门在规定时限内实施同步审批的方式。其运行过程体现为，各相关部门以审批事项为中心而形成的联合行动。这种跨部门的联合行动，不仅是对全面深化改革的推进、经济社会迅猛发展的回应，而且通过组织载体（政务服务中心、行政审批局）、运行前提（审批流程的整体化、标准化建设）、技术支撑（电子政务、"互联网＋政务"）产生了积极的效果，促进了政府部门整体性的向群众和企业提供公共服务，即通过一起工作而非独立行事来增加公共价值。党的十八届三中全会提出推进国家治理体系和治理能力现代化，政府的治理能力对经济社会的发展是至关重要的，即"如果没有有效的政府，经济的、社会的和可持续的发展是不可能的。有效的政府——而不是小政府——是经济和社会发展的关键"②。而作为政府部门间的一种联合行动，并联审批有助于政府治理能力的提升，其未来的发展方向是制度化。亨廷顿认为，"制度就是稳定的、受珍重的和周期性发生的行为模式"③，我们在合作中建构诸种制度的意义在于形成可预期的、可复现的合作行动④，并联审批的制度化亦有助于不断"复现"政府部门间的联合行动。

第三，目标和行动的分析框架具有延展性，为推进现代国家治理体系提供启发。首先，基于目标和行动维度政府部门合作类型的划分。依据本书的研

① ［美］尤金·巴达赫：《跨部门合作——管理"巧匠"的理论与实践》，周志忍、张弦译，北京大学出版社 2011 年版，第 6 页。

② 世界银行《1997 年世界发展报告》编写组编著：《1997 年世界发展报告：变革世界中的政府》，蔡秋生等译，中国财政经济出版社 1997 年版，第 17—18 页。

③ ［美］塞缪尔·P. 亨廷顿：《变化社会中的政治秩序》，王冠华、刘为等译，上海人民出版社 2008 年版，第 10 页。

④ 参见柳亦博：《合作治理：构想复杂性背景下的社会治理模式》，中国社会科学出版社 2018 年版，第 170—171 页。

究结论，并联审批通过目标一致的形成、行动一致的生成促进政府部门合作，即一致性是促进合作的前提基础。但"组织间冲突常常深植于选定的结构图示中"[1]，冲突往往成为合作的对立面。通过将目标与行动、一致与冲突进行组合，可以划分政府部门间合作类型，如表7—1所示。

表7—1　政府部门间合作类型

行动＼目标		目标	
		一致	冲突
行动	一致	高合作 主动高效型合作	中合作 被动服从型合作
	冲突	中合作 主动低效型合作	低合作 冲突虚假型合作

　　如表7—1所示，通过对四种状态进行组合，形成政府部门间的三类合作，即高合作、中合作和低合作。其主要表现为四种合作形式：（1）主动高效型合作，指政府部门间目标一致，行动一致的合作类型，其基于目标一致的加强作用，行动一致的加强作用，合作会取得积极的效果，是理想的合作类型。（2）主动低效型合作，指政府部门间目标一致，行动冲突的合作类型，虽然其目标一致具有加强作用，但行动冲突会带来分化作用，合作效果不理想。（3）被动服从型合作，指政府部门间目标冲突，行动一致的合作类型，虽然其行动一致会带来加强作用，但目标冲突具有分化作用，合作效果不理想。（4）冲突虚假型合作，指政府部门间目标冲突，行动冲突的合作类型，其实质上是不合作，因为目标冲突、行动冲突均具有分化或抵消作用，政府部门间没有取得真实的合作。

　　其次，政府部门合作类型的优化。由目标一致、行动一致形成的高效性合

---

①　[美]詹姆斯·W.费斯勒、唐纳德·F.凯特尔：《公共行政学新论——行政过程的政治》（第二版），陈振明、朱芳芳等译，中国人民大学出版社2013年版，第98页。

作是政府部门间合作的理想类型，但政府部门间目标的一致性不是固定不变的，可能由一致走向冲突，也可能由冲突走向一致。政府部门间行动的一致性亦如此。两者的变化都会对政府部门间合作类型产生决定性影响，这为优化政府部门间合作类型提供了启示。本研究根据政府部门间目标、行动的一致性变化、政府部门合作类型的变化，通过二维象限图进行表示，如图7—1所示。

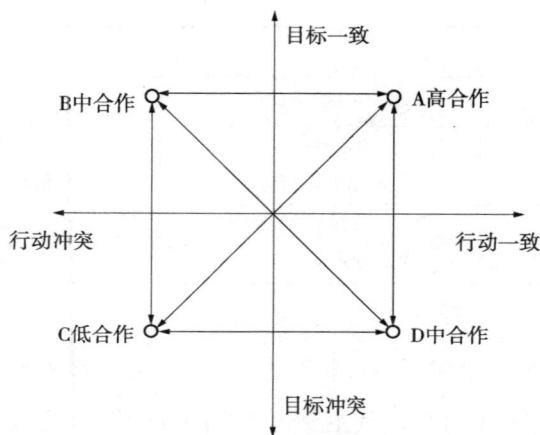

图7—1 目标、行动一致性程度及政府部门合作类型的变化

如图7—1所示，目标、行动维度的变化表现为纵向、横向移动，其中纵向的箭头表示目标维度在一致与冲突之间的变化，即从C到B或从D到A表示目标一致性的增强，反之则表示目标冲突性的增强；横向的箭头表示行动维度在一致与冲突之间的变化，即从B到A或从C到D表示行动一致性的增强，反之则表示行动冲突性的增强。斜向的箭头表示政府部门合作类型的变化，即从D到B、从C到A，从B到D、从A到C，这样的变化是目标和行动两个维度同时变化引起的。可见，基于目标和行动的维度的变化能够对政府部门间合作类型进行优化。并且，从广义的管理视角来看，该分析框架具有内外的延展性，可以对内延伸至联合监管、联合执法、联合服务，对外延伸至政府与非政府机构的合作，对推进和完善现代国家治理体系具有启发意义和参考价值。

主要参考文献

1. 艾琳、王刚:《行政审批制度改革的理性思考》,《中国行政管理》2014 年第 8 期。

2. 艾琳、王刚:《行政审批制度改革中的"亚历山大绳结"现象与破解研究——以天津、银川行政审批局改革为例》,《中国行政管理》2016 年第 2 期。

3. Ajzen, I., "The Theory of Planned Behavior", *Organizational Behavior and Human Decision Processes*, 1991, 50 (2).

4. Alvin Toffler, *The Third Wave*, New York:Bantam Books, 1981.

5. 鲍凤:《"放管服"改革背景下的跨部门合作网络建构研究——以南京市若干行政审批局为例》,《现代经济信息》2019 年第 20 期。

6. 包国宪、张蕊:《基于整体政府的中国行政审批制度改革研究》,《中国行政管理》2018 年第 5 期。

7. 鲍勇剑:《协同论:合作的科学——协同论创始人哈肯教授访谈录》,《清华管理评论》2019 年第 11 期。

8. 丁煌、方堃:《基于整体性治理的综合行政执法体制改革研究》,《领导科学论坛》2016 年第 1 期。

9. 杜昕星:《政府并联审批制度的应用研究——以江苏省宿迁市为例》,东南大学硕士学位论文,2016 年。

10. 段龙飞:《机制创新与行政效能提升研究——以我国行政服务中心建设为例》,《改革与战略》2008 年第 1 期。

11. 傅小随:《中国行政体制改革的制度分析》,国家行政学院出版社 1999 年版。

12. 龚虹波:《整体政府视角下的联合审批政策网络分析——以宁波市旅馆业联合审批改革为例》,《中国行政管理》2018 年第 9 期。

13. 顾平安:《"互联网 + 政务服务"流程再造的路径》,《中国行政管理》2017 年第 9 期。

14. 郭晓光:《成立相对集中审批权的行政审批局之思考》,《中国行政管理》2014 年第

8 期。

15.[德] 赫尔曼·哈肯：《大自然成功的奥秘：协同学》，凌复华译，上海译文出版社 2018 年版。

16. 黄小勇：《中国行政体制改革研究》，中共中央党校出版社 2013 年版。

17. 贾义猛：《优势与限度："行政审批局"改革模式论析》，《新视野》2015 年第 5 期。

18. 景跃进等：《当代中国政府与政治》，中国人民大学出版社 2016 年版。

19.[德]克里斯托夫·兰多、安东·埃希巴赫：《三角平衡：达到目标的简洁执行方法》，刘开君译，东方出版社 2009 年版。

20.[美] 拉塞尔·M. 林登：《无缝隙政府：公共部门再造指南》，汪大海、吴群芳等译，中国人民大学出版社 2014 年版。

21. 赖先进：《论政府跨部门协同治理》，北京大学出版社 2015 年版。

22. 李瑞昌：《政府间网络治理：垂直管理部门与地方政府间关系研究》，复旦大学出版社 2012 年版。

23. 李辉：《论协同型政府》，吉林大学博士学位论文，2010 年。

24. 李文钊：《论合作型政府：一个政府改革的新理论》，《河南社会科学》2017 年第 1 期。

25. 李文钊、毛寿龙：《中国政府改革：基本逻辑与发展趋势》，《管理世界》2010 年第 8 期。

26.Ling, T., "Delivering Joined-up Government in the UK：Dimensions，Issues and Problems", *Public Administration*, 2002, 80（4）.

27. 柳亦博：《合作治理：构想复杂性背景下的社会治理模式》，中国社会科学出版社 2018 年版。

28. 麻宝斌：《行政审批制度改革的价值取向与行为选择》，《中共福建省委党校学报》2003 年第 2 期。

29. 麻宝斌、仇赟：《大部制前景下中国中央政府部门间行政协调机制研究》，《云南行政学院学报》2009 年第 3 期。

30.[美] 曼纽尔·卡斯特：《网络社会的崛起》，夏铸九等译，社会科学文献出版社 2006 年版。

31.[美] 梅里利·S. 格林德尔编：《打造一个好政府——发展中国家公共部门的能力建设》，孟华、李彬译，商务印书馆 2015 年版。

32.Parsons, T., "Suggestions for a Sociological Approach to the Theory of Organizations-I", *Administrative Science Quarterly*, 1956, 1（1）.

33.Patrick Dunleavy, Helen Margetts, Simon Bastow, Jane Tinkler, *Digital Era Governance*: *IT Corporations, the State, and E-Government*, New York: Oxford University Press, 2006.

34. 彭锦鹏：《全观型治理：理论与制度化策略》，《政治 科学论丛》2005 年第 32 期。

35.Perri, 6., "Joined-Up Government in the Western World in Comparative Perspective: A

Preliminary Literature Review and Exploration", *Journal of Public Administration Research and Theory*, 2004, 14（1）.

36.Perri 6, Diana Leat, Kimberly Seltzer, Gerry Stoker, *Towards Holistic Governance*: *The New Reform Agenda*, New York：Palgrave, 2002.

37.Pollitt, C., "Joined-up Government: A Survey", *Political Studies Review*, 2003, 1（1）.

38. 佘建国、孟伟：《建立跨部门联办机制 提高政府行政能力——以北京市怀柔区行政服务中心为例》，《中国行政管理》2006 年第 2 期。

39. 石亚军、于江：《大部制改革：期待、沉思与展望——基于对五大部委改革的调研》，《中国行政管理》2012 年第 7 期。

40.[美] 斯蒂芬·戈德史密斯、威廉·D.埃格斯：《网络化治理：公共部门的新形态》，孙迎春译，北京大学出版社 2008 年版。

41. 宋林霖：《"行政审批局"模式：基于行政组织与环境互动的理论分析框架》，《中国行政管理》2016 年第 6 期。

42. 宋林霖、何成祥：《大数据技术在行政审批制度改革中的应用分析》，《上海行政学院学报》2018 年第 1 期。

43. 宋世明：《试论从"部门行政"向"公共行政"的转型》，《上海行政学院学报》2002 年第 4 期。

44. 宋世明：《中国行政体制改革 70 年回顾与反思》，《行政管理改革》2019 年第 9 期。

45.Stephen Goldsmith、William D.Eggers, *Governing by Network*: *The New Shape of the Public Sector*, Washington: Brookings Institution Press, 2004.

46. 孙迎春：《国外政府跨部门合作机制的探索与研究》，《中国行政管理》2010 年第 7 期。

47. 唐世平：《制度变迁的广义理论》，沈文松译，北京大学出版社 2016 年版。

48. 陶勇：《协同治理推进数字政府建设——〈2018 年联合国电子政务调查报告〉解读之六》，《行政管理改革》2019 年第 6 期。

49.[挪威] Tom Christensen，Per Lægreid：《后新公共管理改革——作为一种新趋势的整体政府》，张丽娜、袁何俊译，《中国行政管理》2006 年第 9 期。

50. 王飞：《项目式协调：政府内部平级部门间合作发生的制度逻辑》，《北京社会科学》2019 年第 2 期。

51. 王克稳：《论行政审批的分类改革与替代性制度建设》，《中国法学》2015 年第 2 期。

52. 王浦劬：《论转变政府职能的若干理论问题》，《国家行政学院学报》2015 年第 1 期。

53. 王浦劬等：《政治学基础》（第二版），北京大学出版社 2006 年版。

54. 魏礼群主编：《中国行政体制改革报告（2014--2015）No.4——行政审批制度改革与地方治理创新》，社会科学文献出版社 2015 年版。

55. 许峰、王昌印：《"最多跑一次"改革的地方政府创新再造及模式探索》，《行政与法》2018 年第 6 期。

56. 燕继荣等：《中国治理——东方大国的复兴之道》，中国人民大学出版社 2017 年版。

57. 杨雪东：《国家治理的逻辑》，社会科学文献出版社 2017 年版。

58. 杨志云、毛寿龙：《制度环境、激励约束与区域政府间合作——京津冀协同发展的个案追踪》，《国家行政学院学报》2017 年第 2 期。

59. [美] 尤金·巴达赫：《跨部门合作——管理"巧匠"的理论与实践》，周志忍、张弦译，北京大学出版社 2011 年版。

60. 郁建兴、高翔：《浙江省"最多跑一次"改革的基本经验与未来》，《浙江社会科学》2018 年第 4 期。

61. 余亚梅、唐贤兴：《政府部门间合作与中国公共管理的变革——对"运动式治理"的再解释》，《江西社会科学》2012 年第 9 期。

62. [美] 詹姆斯·汤普森：《行动中的组织——行政理论的社会科学基础》，敬乂嘉译，上海人民出版社 2007 年版。

63. [美] 詹姆斯·W. 费斯勒、唐纳德·F. 凯特尔：《公共行政学新论——行政过程的政治》（第二版），陈振明、朱芳芳等译，中国人民大学出版社 2013 年版。

64. 张成福、李昊城、李丹婷：《政府横向协调机制的国际经验与优化策略》，《中国机构改革与管理》2012 年第 5 期。

65. 张定安：《关于深化"放管服"改革工作的几点思考》，《行政管理改革》2016 年第 7 期。

66. 张康之：《从协作走向合作的理论证明》，《江苏行政学院学报》2013 年第 1 期。

67. 张康之：《为了人的共生共在》，人民出版社 2016 年版。

68. 张锐昕、杨国栋：《中国地方政府行政审批制度改革模式的探索及其应然走向——基于吉林省相对集中审批模式的分析》，《内蒙古社会科学》（汉文版）2012 年第 2 期。

69. 张翔：《中国政府部门间协调机制研究》，南开大学博士学位论文，2013 年。

70. 张兴、吴世坤：《公共管理视角下的跨部门合作研究——一个文献评价》，《重庆行政》（公共论坛）2016 年第 4 期。

71. 周民、贾一苇：《推进"互联网＋政务服务"，创新政府服务与管理模式》，《电子政务》2016 年第 6 期。

72. 周天勇：《中国行政体制改革 30 年》，格致出版社 2008 年版。

73. 周志忍：《深化行政改革需要深入思考的三个问题》，《中国行政管理》2010 年第 1 期。

74. 周志忍、蒋敏娟：《中国政府跨部门协同机制探析——一个叙事与诊断框架》，《公共行政评论》2013 年第 1 期。

75. 朱春奎、毛万磊：《议事协调机构、部际联席会议和部门协议：中国政府部门横向协调机制研究》，《行政论坛》2015 年第 6 期。

76. 朱光磊：《当代中国政府过程》（第三版），天津人民出版社 2008 年版。

77. 竹立家：《用公共精神消除部门本位主义现象》，《人民论坛》2018 年第 2 期。

78. 竺乾威：《大部制改革与权力三分》，《行政论坛》2014 年第 5 期。

79. 朱旭峰：《服务型政府与政府机构改革：一个公共物品的集体供给理论》，《中国行政管理》2010 年第 3 期。

80. 朱旭峰、张友浪：《新时期中国行政审批制度改革：回顾、评析与建议》，《公共管理与政策评论》2014 年第 1 期。

附　录　不动产登记改革案例相关材料收集

（一）访谈主题

围绕"并联审批如何促进政府部门间合作"这一核心问题，笔者对 J 省不动产登记改革相关人员进行访谈，对相关问题进行探索。

（二）访谈时间、地点及人员

从第一次访谈（2018 年 7 月）到最后一次访谈（2019 年 10 月），访谈的时间跨度超过 1 年，历经了不动产登记改革的推进过程，能够从整体上对其如何通过并联审批的方式促进效率提升，促进政府部门间合作进行全面了解；访谈地点包括 J 省及其所辖的市、县（区）的政务大厅、行政审批局及相关部门；为深入了解不动产登记的推进、变化过程，笔者访谈了相关改革负责人、一线办事人员、业务办理申请人等 10 人。此外，笔者也参与了多场相关主题的座谈。

（三）访谈内容

访谈的主要内容围绕访谈主题展开。在访谈中，通过聚焦不动产登记改革的执行群体，深入了解并联审批运行方式对部门间关系带来的变化，从内部机理对变化进行阐释。这样的安排，不仅可以看到政府部门间关系的变化，还可以呈现变化过程中所遇到的来自纵向层级间、横向部门间、法律法规、人事等方面的"拦路虎"。作为补充，笔者还对专门负责改革的人员进行了访谈（有时候是几个人一起，以讨论的形式展开；但是只要时间和条件允许，就会采取单独访谈的方式），可以从总体上把握改革的思路及方向，与来自一线办事人员的具体办事环节阐述相互补充，更加清晰地勾画出改革的样貌。此外，如果在不动产登记改革中，并联审批的运行方式促进了政府部门间合作，各部门将基于合作更为高效地提供审批服务，服务对象在申请办理业务的过程中将切实感受到，所以笔者也对业务办理申请人进行了访谈。

（四）访谈方式

在访谈过程中，包括计划内的问题，即不动产登记改革中，哪些环节采取了并联审批的方式？在推进过程中，这种审批方式带来了相关部门间哪些具体环节的变化？改革的阻力主要是什么？等等。除此之外，也认真倾听受访者关于某一具体问题的深刻见解，使获得的信息不局限于访谈问题，还包括其他重要方面。在征得受访者允许的前提下，对访谈进行了录音，以备研究所用。

在访谈开始前，笔者首先向受访人阐述访谈目的，并且承诺在文章的写作中不会暴露其个人身份，所以书中不动产登记改革相关案例都是真实的，但是地名、人名全部隐去，一些具体的部门尽量做模糊化的处理。文中对受访者原话的引用，尽量做到一字不差。在整理的过程中，不可避免地会对一些材料有所编辑，但尽可能避免编辑过程中带有个人偏见。

（五）被访谈人员情况表

表中的内容对受访对象进行分类和介绍：

本研究中受访人员情况表

访谈编码	受访者分类	访谈内容
A0101	政府职能部门	1. 不动产登记改革前，审批的方式、流程、时限； 2. 不动产登记改革背景，审批发生的变化； 3. 不动产登记相关部门间发生的变化。
A0102		
A0103		
B0101	政务服务中心 / 行政审批局	1. 不动产登记中心入住情况； 2. 不动产登记办理要件、前台收件窗口设置； 3. 后台办理过程中，牵头部门、配合部门等之间互动情况； 4. 网络平台运行情况。
B0102		
B0103		
B0104		
B0105		
C0101	业务办理 申请人	1. 不动产登记的办理地点、提交材料、办理时间； 2. 不动产登记办理进程查询情况。
C0102		

责任编辑：郭彦辰
封面设计：胡欣欣

图书在版编目（CIP）数据

并联审批促进政府部门间合作研究：基于目标和行动的维度／于丽春 著 . —北京：
　人民出版社，2023.5
ISBN 978－7－01－025235－3

I. ①并… 　II. ①于… 　III. ①行政管理－审批制度－研究－中国 　IV. ① D631

中国版本图书馆 CIP 数据核字（2022）第 215549 号

并联审批促进政府部门间合作研究
BINGLIANSHENPI CUJIN ZHENGFUBUMEN JIAN HEZUOYANJIU
——基于目标和行动的维度

于丽春　著

人民出版社 出版发行
（100706　北京市东城区隆福寺街 99 号）

北京九州迅驰传媒文化有限公司印刷　新华书店经销

2023 年 5 月第 1 版　2023 年 5 月北京第 1 次印刷
开本：710 毫米 ×1000 毫米 1/16　印张：14.75
字数：210 千字

ISBN 978－7－01－025235－3　定价：75.00 元

邮购地址 100706　北京市东城区隆福寺街 99 号
人民东方图书销售中心　电话（010）65250042　65289539